北京纪胜

［英］裴丽珠◎著

王慕飞◎译

中国文史出版社

出版说明

　　1840 年，鸦片战争打开了中国闭关锁国的大门，大量外国人来华，或居住，或经商，或考察，或传教，或工作。他们中的很多人记录下了在华的经历和所见所闻所感。

　　翻阅这些浸染着岁月沧桑的文字，我们可以看到从一个别样的视角描述的中华辽阔的大地、壮美的山河、悠久的历史，当然，还有贫穷落后的社会和苦难深重的人民。我们选择其中"亲历、亲见、亲闻"性的文字及历史图片资料，比如裴丽珠女士的《北京纪胜》、利特尔先生的考察记《穿越扬子江峡谷》、乔斯林勋爵的《随军六月记》等等，编辑本丛书，以期为了解、研究近代中国提供助力。

　　这些异域的作者，由于不同的文化背景与生活背景，在给我们带来观察、审视近代中国别样角度的同时，也或多或少失之因缺乏对中国社会历史文化的深刻了解而产生误会与误读，甚至是偏见。虽然，本丛书重在采择"亲历、亲见、亲闻"的叙述性文字，对整章整节等大量议论、评价类文字进行了删节，但作者的观点和情感常常是渗透在文章的字里行间的，请读者在阅读过程中予以注意。

此外，有些作品中的地名、人名是作者根据当地百姓的口语发音记录下来的，时至今日已不可考，所以在翻译过程中只能根据语音翻译，特此说明。

编者
2018 年 8 月

前言

　　有一些外国人写了很多关于北京的书，但是在这么多书中只有两部书得到了广泛的认可。一部是樊国梁（驻北平主教，法国人）里程碑式的著作《北京》，另一部是哈辛斯·比却林神父所著的《北京记》。①

　　外国人的这些著作中，精确描写北京的书是非常少的，这主要是因为他们很难搜集到珍贵的资料。一个研究者，越是对一个古城着迷，他就越是能深刻地体会到在研究过程中的巨大困难。即使是中国人自己，除了在古城本身的历史和碑文中的记载之外，也没有其他的获得珍贵资料的途径了。②

---

　　① 哈辛斯·比却林神父所著的这一部小书，是这么多年来，由外国人撰写的关于北京的书中，资料最为详实可靠的一部书。这部书的精确性是毫无疑问的。布雷特施耐德和其他汉学家都把这部著作作为经典之作，本书的许多观点都被这些汉学家引用到了自己的著作之中。

　　② 中国关于描写北京的著作首推 1774 年版的钦定《日下旧闻考》，第二部较为著名的描写北京这个大都市的书应该是 1593 年版的《顺天府志》（明代谢杰撰，沈应文续）。第三本书应该是《宸垣识略》了，这本书是 1888 年在哈辛斯神父的《北京记》的基础上完成的。虽然，这些国内国外的著作都包含着重要的资料，然而这些大家却没有对北京的细节做一个精练的总结，这个总结对我们来说应该是关于北京最本质的东西。

我相信，以一名西方人（个人绝对不行）的能力而言，没有办法恰如其分地去欣赏北京，因为这前提是需要对中国的过去有通透的了解，对中国的特色与宗教的无限同情，对穷困人民的语言与茶余饭后的话题，对街坊传唱的乐曲，对作坊行话的熟稔，以及对知识分子的思想与对统治阶层的动机有所了解。

因此，对于充满疑虑和渴望且又宽容的读者，本书采纳了一些人的建议，他们认为纪事应该涵盖更广泛的领域，而不是通常的"导游册"。此外最关键的是，本书不能有学究气，只有这样，本书才能赢得更多的读者。是的，我绝不能把本书写成导游册，因为那只是搜集了别人的资料之后再做一番整理，只是比别人书中的内容更丰富，更详实。其目的就是要成为当地居民或者是游览者的一位老朋友，然后，如数家珍般地带着他们游遍整个北京城还有郊区，而这却不是本书的宗旨。

我也不想罗列出北京城内寺庙和宫殿的清单，因为它们在北京城随处可见。本书有其独特的视角，我不能让无休止的景物描写掩盖了这个特色，因为对北京城的欣赏，应该是一种享受，而不是一种忍耐，而如果要记住那些数也数不清的景物，没有耐心是不行的。太多的（外国）游客都困惑于北京城那如迷雾般的历史，他们更是分不清这些历史涉及的这个王子那个皇帝或者这个将军那位高僧。由于缺乏足够的兴趣而且也没有多少可供参考的书籍①，他们无法澄清困扰他们的这些迷雾。

------

① 对于这些读者，参考书籍只是为了找到一个更深一层的主题。这些参考书，多数我都提到了，它们都可供选择，但也有一些较为古老的书籍，它们已经绝版了，不可能再买到，而且也很难找到，估计也只有某位专家的私人藏书馆中有。

参观北京城最好的方式，不是看了一次就离开了，而是一再地看，反复地看，在不同的季节中去观赏北京，在不同的心情下去观赏北京，直到将观赏北京城变成生命中的一部分，变成生命的不可磨灭的记忆。只有将自己置于真实的古城（北京城）氛围中，才能如此有力、如此梦幻般的将北京城的一切融入自己的思想和灵魂里。根据笔者多年的经历，我可以肯定地说，你对北京城的景物越是熟悉，它们就越是深深地镌刻到你的内心里。毕竟，北京城是华北所有城市的模型和总和。那些令人神往的一两处景观，不是要急着参观，而是要与之建立一个长期且亲密的"友谊"。这种"友谊"能使我们更加了解，更加痴迷于这些景观，而且也给予我们其他游览者所无法认知的目的和意义。

谁能忘记佛教寺庙那慈悲的庄严，谁能忘记消除恐惧之后陵墓所带来的绿色平静；谁能忘记，"听到召唤而飞落的鸽子，那浮到水面觅食的游鱼。"谁又能忘记昔日显赫帝国的辉煌？首先，对于西方人来说，理解古代中国辉煌文明的意义是非常困难的，这比理解意大利文明要难得多。例如，正如豪威尔斯在他的《托斯卡纳城》一书中所说，我们对任何生活方式、时代和文明的最直接理解的首要条件，就是我们每时每刻都会发现我们自身沉闷、无聊且缺乏历史的厚重感。因此，我们很容易设想我们与伟大的洛伦佐或者恺撒·博尔吉亚而不是和（中国的）永乐皇帝或乾隆皇帝一起喝下午茶。

所以，如果我们想从北京城中获益最多，那么我们必须摒弃我们自身文明的偏见，而且我们应该明白不能只凭一个阶层的好恶去欣赏这个文明。建筑学和历史学的结合应该成为北京城最华丽的印象，但是对远东人的平常生活以及他们在工作中、祈祷中甚至是在欢乐中的各种象征性的仪式都应该成为北京印象中不可或缺的一部分。

裴丽珠

目录

第一章

北京——历史的框架 *

---

* 对于北京早期历史的详细细节，参见布雷特施耐德博士著，科林·德·帕兰希译：《北京及其周边地区的考古研究》以及艾尔·法维的《北京：历史的描述》。那些对中国历史感兴趣的人可以参考霍克斯·波特的《中国历史框架》，这本书是介绍性研究的最简明提纲，或者可以参考李雍兵的《中国历史纲要》，这本书从中国作家的角度做了较为全面的论述，也可以参考德·马拉、麦考恩和博尔杰的经典历史著作。

如同人一样，城市也有着它们的个性。有些城市平平常常且让人转瞬即忘，而有些城市则让人印象深刻。尽管人们的兴趣点各有不同，但是大多数旅行者都认为北京拥有着独特而丰富的品质。事实上，对于每个人来说，北京一定会有某个地方深深吸引住他，因为北京的魅力是无穷的。

　　北京拥有无穷魅力的原因，有一部分是因为北京城的缔造者的伟大构想：庄严雄伟的宫墙和大门；壮观的宫殿广场；华丽多彩的檐墙宫顶。但是更主要的原因还是北京城规划理念的整体气氛：与常见事物的显著差异，古老和新颖的奇妙结合。

　　北京的历史是中国历史的缩影。就像这个国家一样，这个城市展示了吸引新主人并使之着迷的力量。这座城市历经混乱和战火，庆幸的是，它依然拥有着顽强的生命力。

　　早期，当第一批中国移民开始从黄河上游迁移到未来天朝帝国的北方省区时，燕国，包括现在的北京，似乎在 2000 年前就已经出现了早期的城市群落。而与此同时，我们欧洲则是"群鱼戏水，象鹿遍野，虎豹熊罴出没的一片非常生态的土地"。①

根据中国的编年史，蓟作为燕国的都城，在先秦时期有着非常重要的地位。黄河流域是先秦时各大诸侯国发展的主要区域，而燕国远离这一地区，因此燕国在诸侯纷争中战乱相对较少。也正是这个原因，它也是战国七雄中，最后一个被雄才伟略的秦始皇征服的诸侯国。②

秦始皇在公元前 221 年灭掉了蓟③，当他的统治个性被死亡所抹杀的时候，被他用铁与血所建立的帝国也瞬间崩塌。秦朝灭后，取而代之的是汉朝（公元前 206—公元 220 年④），而"汉"也成为了中华民族的象征。汉朝，在巩固国家政权上，在拓展疆土和扩大帝国影响上，在对外交流中，在促进中国文明伟大成就的形成过程中，扮演着罗马在西方文明形成过程中的同样角色。

一个新的城镇——燕，在汉朝时设立，它略小于位于它南方的城市——蓟。燕包括现在北京内城的一小部分和外城的一大部分。由于远离中原，燕注定在几百年间默默无闻，而它后来日益受到的关注，是与北方蛮族势力的崛起分不开的。而在大汉帝国与匈奴的战争中，似乎并没有实际的涉及北京地区。但是我们可以从异族王朝记录中评估它发展的有多快。这些异族是通古斯民族和土耳其民族的祖先，他们在汉朝灭亡后实际统治了华北地区。

---

① 金斯米尔：《北京前史》，收入飞石：《北京》。
② 作者对中国历史的了解有误，最后一个被秦国灭亡的诸侯国是齐国。——译者注
③ 应是公元前 222 年。——译者注
④ 应是公元前 202—公元 220 年。——译者注

唐朝时期（公元 618—907 年），中央政府重新统一了中国，此时的"北京"依然是隶属于幽州管辖的一个城镇。然而，不同以往的是，它成为了一个拥有军权的藩镇节度使所在地。臭名昭著的安禄山（蛮族的祖先）一面占据着这个节度使的位置，一面靠着奉承当时的皇后（杨贵妃）逐步巩固自己的实力。最后，他终于酝酿了一场大暴动，而这场暴动也使得大唐由盛转衰。

　　在唐之后，出现了一系列短暂的王朝，但没有一个王朝能够统一中国。霍克斯·波特说："我们可以拿这一时期与罗马历史相比较，在罗马帝国衰落时期，帝国权力旁落到拥有权力的将军手中。"正是北京，赐予了中国一个伟大的人物——赵匡胤，他祖上几代都占据着幽州的重要官职的位置。赵匡胤也是宋朝（都城在开封府）的开国皇帝，而且他统一了中国的大部分领土，只有北方的幽州没有收复。当时，幽州在辽国的统治之下——辽国又称为契丹（公元 915—1125 年①）。辽国是首先在现在的北京地区建立都城的朝代。他们破坏了幽州，但是却在同样的地方建立了一个又新又大的城市（这个城市也包括现在北京城西部地区），他们将这座城称之为"南京"，或者是南方首府，用来区别于他们在北方的都城——也被称作"燕京"或"燕都"——一个一直在文化中幸存的名字。此后，每次征服，都使北京在战火硝烟之后，生发出更为壮丽的风采。当时，辽国的"南京"规模宏大，方圆 12 英里的土地上，拥有庄严华美的帝国宫殿，环绕着 30 英尺高的城墙，而且整座城有 8 个城门。

---

　　① 应是公元 907—1125 年。——译者注

然而，这座宏伟的都城也没有改变辽国被征服的命运，最后，辽国被同样是北方蛮族的金国（公元1125—1234年①）所灭。金国人主这座都城后，作为这座城市的新主人，他们把这座城市改名为"中都"。在鞑靼人②中，金王朝是一个相对人性化的征服者。他们并没有破坏辽国的"南京"，相反，他们还扩建了这座城市，在这座城市的东边又新建了一座新的城郭，还建了一座拥有防御工事的宫殿和一个拥有后花园的避暑行宫，在北海还建了一座白塔作为都城的装饰。尽管这两座城都是由城墙隔离起来相互独立，但是，这两个城市一起形成一个大的矩形，周长20英里，共拥有12座城门。这些城墙直到16世纪依然完好，现在的北京就是在此基础上建立起来的。这些城墙的遗址散落在白云观附近、现在的大道旁还有丰台周边地区。

　　金朝后来被成吉思汗领导的蒙古推翻，成吉思汗在1215年入主中都。但是，在蒙古围攻中都的时候，那两座宫殿则是要塞中的要塞。古代编年史记载了金朝如何在"光荣的屠杀"中被征服的。阅读字里行间，我们可以想象那些可怕的日子，杀戮和野蛮的大规模屠杀总是反复在更新换代的过程中出现。毫无人性，毫不留情。在那个时代，当野蛮的征服者孤注一掷地掠夺一个帝国的财富的时候，一个文弱谦卑的文明人的观点是无足轻重的。以我们现代人的思维来看，这些被征服者有个可怜的特征，那就是"平民完全放弃抵抗，认为这是一种宿命并死心塌地的接受蛮族武装的残暴统治，而这些蛮族武装毁灭了整个城市，把城市的所有人都变成了难民。这时候，思想道

---

　　①　应是公元1115—1234年。——译者注
　　②　鞑靼是古代汉族对北方游牧民族的统称。——译者注

6

德高尚的人通常都是无助的等待死亡，在他们心里，将这种现实当做乱世并加以接受"。

在这种特殊情况下，统治者的罪恶要比其他人的罪恶大得多。因为金朝想借助蒙古的军队，征服偏安华南地区的南宋，所以在金朝邀请下，蒙古的大可汗才带着军队跨过了金国的边界。金朝急功近利的政策的代价，不仅是他们北方的都城，而是他们整个帝国。蒙古通过 50 年的战争，最终灭掉了南宋建立了自己的王朝。北京在蒙古的历史中起着决定性的作用。成吉思汗在占领金朝中都的时候，收契丹王子耶律楚材为臣。从此，耶律楚材开始辅佐蒙古，后来官致蒙古的中书令。众所周知，在成吉思汗死后，关于政治中心是依然在哈尔格林还是迁往他处有两种不同的观点：蒙古统治者是看中他们在西方的利益呢，还是看中他们在东方的利益？在蒙古统治者眼里，没有一个西方国家可以和中国相比，因为在托勒密王朝时，旅行家和地理学家都一致的将中国描述为世界上最富有最有组织的国家。千年来，对于那些没有开化的民族来说，中国是一个无法用语言描述的天堂。但是蒙古人也许本能地觉得，不可能在推崇和平的人中维持他们的威信。在这场争论中，耶律楚材当然是"中国党"的代表，他为说服统治者做出了很多努力。后来，忽必烈迁都到了现在的北京，在公元 1264—1267 年建了一座略小于金中都的城郭，金中都是忽必烈的祖父攻占并摧毁的城市（这个地方也是古代蓟城的遗址），这个城郭被叫做大都，或者叫大可汗国。这个时候（元朝），北京才真正成为中国的首都。再者，蒙古统治者比在此之前更加密切了与西方的交流，他们以这种方式获取利益而且也成就了前所未有的安全和财富下的辉煌管理。

忽必烈选择北京作为最便捷的中心，它不仅控制着中国的省份而且还掌控着蒙古利亚，东北，朝鲜，西伯利亚和土耳其斯坦。这位雄才大略的王子，他以一种适合最高统治者声望的方式来布置他的新首都。我们有幸从威尼斯旅行家马可·波罗的传记中对13世纪的东方得到初步的了解。他所描写的富丽堂皇的蒙古都城，可以使我们对大都产生丰富的想象。

在马克·波罗的时代，欧洲的文明要远远落后于中国，马克·波罗仰慕东方文化，因此，在他的传记中不免夸大和失实的描述。但是，他的描述大体真实，因为他传记中的记载与当时中国历史学家的文献出入不大。在当时中国历史学家的文献中，大都的规模和城墙位置记载也各不相同。如果我们要找出他们之间不同的证据，那么似乎只有现在被称为内城的东城墙和西城墙的不同了（这也就是所谓的满族入关后，在新王朝建立之初就把汉人赶到北京城的郊区，而郊区也就变成了南城或者汉城）。东城墙和西城墙到现在依然存在，但是蒙古的都城，其城门已经由原来的9个变成了11个。其中几个已经被毁坏的城墙遗址就在安定门的外面和大钟寺附近。不幸的是，这些城墙中有一部分已经被圆明园包围，很难区分哪是新墙，哪是旧墙。这些遗留下来的老城墙，至今依然雄伟壮观，其中保存最为完好的两个建筑就是北京城北面的钟楼和鼓楼。钟楼已经从塔的原址中迁移到更往东了而且又重新被修饰了，而鼓楼则是在1272年建成的，至今保存完好。

在1368年，身为佛教徒、领袖、战士的朱元璋，带领着他的起义军瓦解了蒙古帝国的统治，将忽必烈的子孙赶回了草原，继续让他们过他们从前的游牧生活。而朱元璋也在这一年建立了自己的帝国——明朝。①

　　新王朝的皇帝，也许是嫉妒蒙古和他们的建设成果，于是将都城设在了扬子江畔，就是著名的南京。北京由大都降为帝国一个普通的辖区，称为"北平府"。因此，这一时期，北京的声望被破坏了，而且它辖区的北城也往南挪了两英里。这种情况一直到1409年永乐皇帝时才得以改变，他将自己辖区设为都城，并且从那时至今，它都是举世闻名的"北京"，或是北都②。

　　永乐皇帝是一个英明睿智的统治者，在建设北京的过程中，他的雄心比忽必烈要大得多。他为了要把北京建得更大更美，构想了一份详尽的方案。今天的北京，其恢宏壮阔的景象都要归功于永乐皇帝当初的设想。在永乐皇帝迁都的前三年，他就让大臣们到全国各地收集珍贵的木材来建造他的皇宫。他命令现在的内城从南面移回来，并且扩大内城，重新建了一个规模空前宏大的皇宫。对于永乐皇帝而言，这不仅仅意味着紫禁城辉煌的部分，比如，紫禁城那漂亮的建筑，高贵的庭院，而且还意味着紫禁城那最好的庙宇和雄伟的桥梁。事实上，清朝初期的统治者也想效仿永乐皇帝对北京做一些修复扩建，但是他们缺乏高超的建筑理念，所以这个计划到现在都没有实现。然而，伟大的明朝和他们的建筑师的成就，让我们不得不由衷的赞叹，因为当北京城建成的时候，凡尔赛宫还只是个不起眼的茅屋，克里姆林宫还是被木栅栏围着的寒舍，而汉普顿

---

① 中国朝代更替的历史，参见贝克豪斯和布兰德合著的《北京朝代编年史》，梅多斯著的《中国近代造反史》。

② 根据中国人的特征，恰当的发音应是 *Pei Ching*，后来演化为我们熟知的 *peking*，但是更确切地说应是 *pekin*。

宫完全不存在呢！

如果明朝没有永乐皇帝，那么后来的中国历史都要改写。正如一个历史学家说的那样："王朝的迅速衰落和悲惨的结束，主要是由于后来君主的腐败和无能。"后来的皇帝生活腐化堕落，他们无力应付帝国复杂多变的政务，也没有能力对抗日益强大的努尔哈赤和他的满族军队。但是，这些皇帝堕落的直接原因就是女人和当时中国不为人所知的浪漫情感。

明朝在1641年时，就已经陷入绝望，因为李自成的军队（他的造反已经断断续续地持续了十年）节节胜利，不断向北推进。如果李自成在1644年拿下北京后，没有俘获吴三桂的爱妾（吴三桂是明朝最后一个皇帝崇祯帝派去征讨李自成叛军的大将军），而且吴三桂也没有因为失去了爱妾而变得狂怒，吴三桂也不会忘了民族大义，忘了自己的忠诚和荣誉通过投靠满族军队去惩罚李自成。满族人从来都没想过自己会这么容易的入主中原，荣登宝座。所以，满洲人"在苍天之下，要感激他们王朝（明朝）中见证时代的陈女士，一个拥有着绝世美貌的奇女子"。

这位雄才大略的努尔哈赤后代，也在清朝后期，沉迷于北京的繁华与高贵，其腐败程度丝毫不逊色于晚明时期的君王。北京，这个饱受战乱的城市，在努尔哈赤无能的继任者手里，曾遭到外国侵略者两次罪恶入侵，第一次是1860年咸丰帝时期，咸丰帝这位堕落而又少谋寡断的君王，当他的都城被英法联军进攻的时候被迫逃到热河，而英法联军则火烧圆明园，掠夺了大量的奇珍异宝而去。另一次在1900年，义和团的"神话"传遍宫廷，在外国大使馆被义和团围攻的时候，他们迅速出兵再次占领了北京。光绪帝，这个在当时算是个傀儡的皇帝，和他的母后慈禧太后再次逃离了京师。八国联军犹豫着要灭掉清帝国，赶走慈禧，但考虑到不好找代理人，只好作罢。这样一个苟延残喘的政府，已经没有任何希望可言了。

事实正是如此，这时的清政府已经走到了尽头。11 年后（公元 1911 年），革命军推翻了清政府建立了共和国。正如麦高恩所说："统治者没有了道德而且也丧失了统治的力量，那么像中国一样，人民是不会再继续容忍下去的。"清政府必须接受被推翻的现实，并选择退位，而北京则再次成为野心家争夺的对象。

在 1911 年 11 月，袁世凯在清廷和革命党之间，作为一个调停者的角色进入了北京。并在 1912 年 2 月 12 日的时候，被选为新共和国的总统。

但是很显然，袁世凯在利用民众对满族的不满来实现自己的野心。他逐步的变成了北京乃至整个中国的独裁者。这时，支持袁世凯的人，恳请他登基称帝。就像恺撒一样，被王冠上的光辉所迷倒，他不顾全天下百姓的反对和唾骂，欣然同意了请求。这位独裁者要变成帝国皇帝了。当时登基大典最终没有成功，袁世凯被迫无限期推迟大典，而且也把那些希望他登基的请愿书都还给了作者。这位失望伤心的人，死亡的到来打碎了他所有的阴谋，而北京则再次从党派的恐怖中逃离。

尽管，自 1900 年后至今，北京没有过大的灾难，但是在这相对平静的岁月里，仍然有许多骚乱和恐慌。政治派系的斗争，相互敌对的政治家的野心，内阁的衰落依然导致周期性的骚乱。

两千多年来，同样的历史不断在北京重演，非同寻常却十分真实。政府的变更，朝代的更替，建立或是推翻一个朝代的变动深深地植根于这个民族的气质中，而且这性质也只有在长期的进化过程中被改变。通过过去的经历可以塑造和改变民族气质，但是只有通过对过去及其遗迹的研究，我们才能对北京的灵魂有一种同情的理解。

从它的城墙和城楼距离不远的山脉看，北京似乎仍然是当年第一次成为中国首都的样子，只是石头上一个鞑靼人的营地，"一个驻军的要塞，是游牧人围绕大可汗而建的宫殿"。看着这些庙宇、宫墙、陵墓和宫殿，我们依然记得不断改变的征服者和死难者，依然记得战火带来的苦难记忆，依然记得鞑靼人、蒙古人、满族人或是汉人征服者，依然记得波斯人、印度人和耶稣基督徒的影响，依然记得华丽的盛会，依然记得卖国贼吴三桂，依然记得天命在身的士兵朱元璋，依然记得将中国建成世界上最大的帝国，并定都北京的元世祖忽必烈，依然记得伟大的建筑艺术家——永乐皇帝，依然记得康熙皇帝、乾隆皇帝，还有那曾经在西方联军攻打北京时两次出逃的慈禧太后。

当我们看下海欣斯神父的地图，我们就会发现北京的很多最古老的遗址现在都已经消失了，因为中国的人民现在保留它们太困难。我们中的一些人希望，这个已经消失的东方鼎盛时期的遗址能够得到妥善保存。但我们不要忘记，在那些日子里，所有值得一看的东西都被禁止了。如同拉萨一样，北京也是一个几百年来一直都很神秘的地方，它大门紧闭，城墙高耸。

然而，不同于拉萨的是，北京的秘密，当它被揭开后并不会令人失望，而是更加神奇。庙宇和宫殿的雄伟和神奇，超乎常人的想象。它们的伟大令人兴奋的无以言表。

北京魅力的一大部分归功于它的磅礴大气，不琐碎，不纤弱，不细小。这是一个面积广阔的城市，在这样一个辽阔的地区，多年来地理学家一直认为它是世界上最大的城市。很多的作家都估计北京的人口规模在 200 万到 400 万之间，并且，他们中国人口普查大致也给这个估计提供了支持。现在，我们知道这个数字高得出奇。尽管北京的范围很大，但是很多地方都很空旷，并且大多数的房子都有它自己的故事。与伦敦相比，北京的面积可以轻易地安置 100 万居民，因为北京闲置的土地和花园的面积大致相当于伦敦的河流、公园和广场的面积之和。

第二章

奇妙的北京城墙

有城墙的城市，即使现在也遍及中国，它们冷酷地站在那里，提醒着对抗征服者和灾难以保护自己的居民。但是众多的城墙中，没有一个比得上北京的城墙。北京的城墙异常高大厚实且都有城垛，仿佛使人能即刻想起那战火硝烟的岁月，这一切都深深地打动着观赏它的人。

　　13 世纪，忽必烈首先用青泥为北京内城的防御画了轮廓。但是后来的明朝，铭记历史的教训和他们攻占北京城的成功经验，在当时的情形下重建了北京城（公元 1421—1439 年），城墙的表面用青砖砌成，时间久了就会坚固的如同磐石一般。尽管在面对攻击的时候，他们依然失败了，但是满族人依靠的是阴谋夺取的北京城，而 1860 年和 1900 年的外国联军则是依靠砖石所无法抵御的枪炮攻击的。最终，在 1911 年，共和党人带着无坚不摧的思想的力量推翻了清政府。

　　清代的内城高达 40 英尺，有两层楼高，其宽相当于（纽约市的）第五大道那么宽，这些高贵的城垛环绕着方圆 14 英里的首都。这种结构，对居住其中的居民，其精神影响是十分奇怪的。它给陌生人留下的第一印象就是感觉使人生活在一个痛苦的禁锢当中。但是，在建造之时，这种（陌生人的）感觉则会转变为一种舒适的安全感，这种舒适的感觉就是城墙如同一个巨大的灰色的臂膀，将外部世界的匆忙和忧虑统统挡在了外面。

累世以来，为了避免有人俯瞰皇宫，皇城的城墙都是禁止闲杂人攀登的。[①] 直到 1860 年，恭亲王奕诉急于安抚外国人，就下命令准许他们到城墙上游览——这在当时是一个弥足珍贵的特权，即使是现在，这些城墙也是禁止常人涉足的。

宜人的北京风光，可能只有在这种高大城墙之上才能一览无余。在一个晴朗的日子，在城墙上观望北京城的四个内城，清晰可见。中轴线上是紫禁城，这是城市的最中心，历史的烟尘使它神秘而高贵。城的四周被两英里长的粉红色城墙所环绕，城的四角有四条奇特的大道，还有四座大门：南面是午门，北面是神武门，东面是东华门，西面是西华门。

在皇城之外，原先是满族人的聚居区，也是中国在京官员居住的地方。这个地方大约方圆两英里，也是被城墙环绕。西安门是去城西的出口，天安门或后门是去向城北的出口；东华门在东面和西面的西华门相对，而且南面的门和北面的后门相对，这些门都以皇宫为中心，四面围绕。

皇城的外面也称为内城或是满族城。如同它的文学的名

---

① 在中国人的观念里，登上城墙俯瞰皇宫是大不敬的。因此现在的警察都禁止在北京城建造高层建筑。

称，"一城有九门"，即这座城有九个入口。① 但是这只是通常所说的内城，它是与外城相对的。满族人入主北京后，将汉族人驱逐到了外城，在那里允许他们居住和贸易。内城则是保留了负责皇城安全的卫戍部队——皇家卫队或八旗组织。

八旗组织中，有满八旗和蒙八旗，还有协助满族政府的汉族人组成的汉八旗。旗的每种颜色应该是代表着一种元素。一个比满族人还要迷信的老人，将北京分成了四个部分，每一部分都被旗帜中一种颜色所影响，而这种安排非常迎合当时流行的偏见。黄旗安置在城市的北边，代表"土"，中国人的观念里"土"是克制"水"这种元素的。白旗安置在城市的东北，代表着"金"，即克制"木"这一元素的。红旗代表着中央的地区，自齐化门到平则门这一地带，他们代表着"火"，即克制"金"这一元素。最后，蓝旗安置在内城的城南，代表着"水"，即克制"金"这一元素。正是由于受元素之间相生相克的启发，所以那些贤明的年老君主（从叛变的军队和变节的将军中获益）为了防止部队叛乱，就把部分分成几个部分，如果这样还会出现叛乱，那么再将叛乱的部队分开。无论如何，即使是现代人，在最小的家庭单位上追求的原则也就是"和谐"，而这种观念已经深深地扎根于中国人的心中。

内城的南城墙也是外城的北城墙。然而，在东面、西面和南面，这三面的城墙较之这北城墙要矮一些，这三面墙是明朝嘉靖年间（公元 1553—1564 年）按照明初著名大臣刘伯温的

---

① 南面的城墙有前门、哈德门和顺治门，和皇宫相对；北面有安定门和德胜门；东面有齐化门和东直门；西面有平则门和西直门（在文学作品或官方的称呼中，这些门分别为正阳门、崇文门、宣武门、安定门、德胜门、朝阳门、东直门、阜成门和西直门）。

设计建造的。① 这七座城门的防御工事比内城要更宏伟，但也更加破旧（年久失修）。这七座城门正好处在城乡接合部。有时候，在这些城楼之上可以俯瞰北京最繁忙的集市，还能看见一望无际的田野、成片成片的菜园，还有那宁静安详的村落。

俯瞰北京城最好的地点之一就是前门，因为这个地方有一种宗教因素，这个地方不允许人们运送肮脏的东西，也不允许运送死去的人或动物的尸体。这个视角实际上是游览北京城的关键，想要研究北京城的游览者必须从这里开始。从前门可以看到皇宫中的雄伟景象，也能看到北京城每个景观的特征，真是目不暇接。因为城楼的房檐美丽而又巨大，以致看上去要比房子本身大得多，好像一座小山一样。屋檐上的黄色琉璃瓦和城后黛色的山相辉映，不仅使人对首都产生了各种回忆——各种画面不断流转，美丽得无以言表。正午时分，无论是阳光照耀在屋檐上，如此灿烂以至于好像整座城楼都在金色的河水里一般，还是阴冷天气，城楼银装素裹；无论是在夜晚，银色的月光轻柔地洒满房顶，或是突变的天气中，风云压顶，城楼都能在不同的天气中展现不一般的美丽与自信。尽管岁月变迁，这座城市经历了太多的风雨冰霜，但美丽多彩始终是这座城市的主旋律。

前门城楼附近的火车站，大大影响了整体的美感，而附近星罗棋布又丑陋的西式建筑，更是破坏了整体的观赏效果。当对北京被现代建筑的影响无动于衷时，那么观赏皇城雄伟景观的入口就是在较远的地方树荫遮蔽的景山旁边的皇宫。同时，

---

① 这些门的名字分别是：彰义门（或广宁门）和西边的西便门，南面的右安门、永定门和左安门（或南西门），还有东面的沙窝门（广渠门）和东便门。

自从外面的城楼被修缮以后，广场也被打扫干净了，而且道路也重新铺就，高大的建筑群也更加整齐壮观，而不是像以前那样老旧而单一。

就像我们站在观望的最佳位置一样，在我们下面，就是北京的前门。如同我们看到的一样，实际的入口已经被加大而且修缮一新。在两条宽阔的街道在城墙下被分开之前，这个城市的主要交通是仅仅通过城门这单一的通道——对一个大首都来说，这样的交通狭窄而拥堵。本可以帮助解决拥堵问题的城外阁楼的中央门道，过去只有老帝国的当权者才能使用。民国建立之后，这个秘密通道变成了一个标志着帝国特权消失的普通大道。在1912年2月29日宣统帝退位后，这个通道仅开放了三天就关闭了。

前门的两座城楼是现代才修建的，原先的毁于1900年的一场大火。外面的楼和里面的楼由女墙连接在一起。前门外有中国典型的集市，集市上有帽子、帽子的纽扣，有黄铜或黄金做的腰带、烟管和鼻烟壶，玉和陶瓷，火柴和便宜的煤油灯，杂七杂八，应有尽有，有的小贩在城门之间往返叫卖。1900年，当一名义和团成员为了惩罚贩卖外国货而焚烧一些店铺的时候，其火焰引燃了城楼上的橡木。这木头是明代的，历经了几百年，已经干的不能再干了，引燃后，火势迅速蔓延。火光冲天，烟尘滚滚——这在义和团人眼里确是异常壮观。在八国联军撤出北京的几个月之后，前门城楼也被修缮了。当时内城也意外失火，有些人说是印度军队一时大意导致的火灾。

出于感到厄运笼罩整个城市的恐惧，中国政府很快重建了两座城楼，这两座城楼都是乾隆时期的，已经有了上百年的历史。内城的建筑——要求五年内完工——是个雄伟的工程。它的八层的竹子脚手架震惊了西方的建筑师。而这些仅仅是用手、锯子和锤子来完成的。木杆和竹子两端重叠地绑在一起，以使人能达到任何高度而不会有意外出现，而且这样在建设中也节省物力和人力，倾斜的通道板由工人们按照他们的习惯捆绑在一起，这样有利于劳动作业。最后，油漆匠再在木制的大炮上涂上涂料，乍一看好像他们从外国军队中学到了制作枪炮的高级手段一般，这也显示了满族人在逆境中低劣的学习能力。

我们所看到的前门的南面，紧挨着城楼，有两条小黄色的屋檐，尽管它们看起来不起眼，但它们是两座非常重要的庙宇。从艺术的角度看，它们没有什么可观赏的。每一个庙宇都是一个单独的祭坛。皇城中有太多又大又好的圣坛，皇帝都没有去，但是他必须来这里，无论何时他在天坛，在先农坛，还是从城外回来（就像1900年八国联军撤出北京后，当权者从京外进入皇城），他都要来这两个庙宇参拜。

庙宇东面的门不是很重要——这里供奉着慈悲的神明：观音。引起西方人兴趣的是，在这个小小的院落里——空间几乎只有一个船舱那么大——在1900年时，有美国士兵在此处和附近的城墙杀了人并就地掩埋了。

西面的庙是关帝庙①，里面供奉的是关羽，他是汉朝后期和三国时期的英雄，而且也反对中国历史中经典奸雄人物——由于篡权而被世人唾弃的曹操。他忠君爱国，在公元219年被杀。被杀后，他的头颅被十分欣赏他忠义品格的敌人埋在河南洛阳（古都），现在他的坟墓还在那里。而他的身体，配上了

———————

① 参见 R. F. 约翰斯顿：《新中国回顾，1921》中"庙宇和内城"一章和"中国的战神崇拜"一章。

一颗金头之后，被埋在了湖北。"关帝已经成为了满清王朝的守护神，而且实际上，那些传说，如果都被转化成历史，或许可能证明他的这一神圣地位。"根据其中的一些历史，关帝被供奉在京城，是由于1813年时，一帮叛乱分子攻入紫禁城的一场战斗，关帝显圣，以皇室的名义大力干预，以致这帮匪徒很快就被消灭了。此外，还有很多关于关帝的传说。难怪那时"满清王朝的每一位皇帝从顺治到光绪都虔诚的供奉关帝，也许他们真的需要关帝的加持来管理臣民和统治帝国"。在首都，各种寺庙都有关帝的神位，包括"在雄伟的景山附近私人供奉的神位……前朝皇帝始终委托一位王爷来供奉关帝"。

但是在北京关帝最著名也是最流行的神龛毫无疑问就是前门的这个，建于明朝的1387年。据记载，明朝最后一位皇帝崇祯帝，在他的首辅大臣周延儒的陪同下，夜间参拜这座小庙，而且请来护院的占卜者召唤战神的圣灵。当他庄严的在祭坛上焚香祈祷时，关帝突然显圣了，并参拜了崇祯帝，就好像他是一位国家的首相在接受皇帝接见一般。作为回报，皇帝赞扬了他，并问他关于帝国和王朝前途的事。"国家没有希望了，"显圣的关帝说。"对于真正做事的人，有太多的束缚。"当时的首辅大臣周延儒插话问道："你说的束缚，指的是什么呢？"关帝微笑了下答道："你是最坏的一个。"这件事过去不久，周延儒，这个腐败而又无能的官员，因有十项恶行而被弹劾，随后又被处斩。但是这种励精图治的行为，实在是太晚了，无法挽救当时已经破败不堪的王朝。

在与官方相连的宗教信仰方面，关帝依然和孔子相邻，并且他的神龛过去是，现在仍是官方祭祀建筑的一个附属，不仅仅是汉传佛教甚至像雍和宫这样的喇嘛教也有关帝的神龛。无论如何，关帝的名字就是忠义和爱国的代名词，并且"随着时间的推移，关帝已经家喻户晓，他不是依赖于官方的祭祀才得以被大众敬仰，而且，现在纵使被官方移除出祭祀体系也不会对'关帝崇拜'有多大的影响"。

因为在危难时候，关帝会给予忠告和帮助，所以人们给予了他各种神圣的封号，包括"三界降妖大圣"的雅号，或者金刚战神。内城的每座庙宇都供奉着他的神像。

之前的每个帝王，还有今天的光绪帝都对这位英雄心存感激，清朝皇帝还在1828年，在前文提到的中央祭祀的地方重建了这位英雄的庙宇。庙宇中有一个很小的接待室，是皇帝暂时休息的地方，这接待室的墙是由一个不同寻常的古玉镶嵌在竹子中做成的。竹叶被巧妙地排列成一首诗中的人物形象，而且这个形象就是关帝本人。这座小庙里还有一块自南方带到北京用铁水密封的匾额，是早期清朝皇帝祭祀关帝用的，但在义和团的时候不见了。[①]

在没有参观完北京内城前，没有人愿意离开北京。但是对于那些既没有时间也没有精力完成旅行的人来说，他们至少应该从前门走到哈德门，哈德门在前门东面，距离比前门到天文台稍远（大约有一英里）。

在前门和哈德门[②]中间一带历史上是一个战场。在1900年中国军队从这个有利位置向外国使馆开炮，并且逐步包围了外国使馆。在这场战斗中遗留下来的路障都是从这些城墙上掉落

---

① 在义和团人看来，关帝掌管着荣誉，也在无形中管辖着天地。而三和会一个类似于义和团的民间组织也同样崇拜关帝。这个组织的一个头目说："所有人家都供奉战神，关帝爷他也是我们公认的保护神。"

② 哈德门的由来是在哈德王之后出现的，他的府邸就在哈德门附近。

的砖石。从这些路障中，可以清楚地看到那些难忘的日子里在哈德门对闸上发生的惨烈战斗，而且也能清楚地看到外国救援部队向故宫开炮作为报复的场面。

在这场战斗之后，外国军队要求他们接管部分城墙，并在城墙上安置军队巡逻以便保护大使馆，避免再发生类似情况。为了避免日后出现暴动，以致使馆和外界联系的海上通道被切断，美国人（在使馆中）建立了铁门、铁环、地下通道和无线桅杆。

后来，在北京人最喜欢漫步的两个门之间铺上了砖石路。道路光滑平坦，不再是杂草丛生。与这一地段相对的是中国政府控制的大约有 13 英里的城墙，这里的道路狭窄且崎岖不平，灌木丛生，夏季雨后杂草疯长，整条道路好似一个原始丛林，这种情况也迫使中国政府在泥泞低洼处铺上了砖石路。

从哈德门往东走，我们可以俯瞰我们的使馆区，在这里许多精明的人已经建立了一个和谐的区域，而与此相对的自诩高贵的皇宫中的人却有更多不快。事实上，中国人比我们更加理解如何适应他们房屋周围的风景，房屋和风景掩映成趣。我们的右边就是北京的外城。夏季，当草木葱茏的时候，外城给人的印象不仅是个城镇，还是个巨大的公园。天坛的蓝色穹顶是公园的核心，这个蓝色穹顶像个美丽的花石，在茂盛的树林中格外显眼。

哈德门，或者崇文门，是北京城所有城门中的典型。它高 99 英尺，根据方士的理论，之所以没有达到 100 英尺高，是因为要给往返于天地之间的精灵留下一些畅通的空间。双门道系统由城墙连接，城墙是呈半圆形展开的——其中凸出的一边面向外城，作为内门的双重保护，而内门是直接朝内城开的——

这在其他城门都很常见。这些坚固的花岗岩拱道上画着大炮，在前些年沉重的大木门在晚上还是关闭的。而那在晚明时期或清初放在城门外的大铜炮，很久以前就已经没有了。令人感到奇怪的是，在内城和外城中，几百年来到处都是手拿喇叭和铜锣的人，这些乐器十分闹人（根据古老东方人的观念，这些乐器可以在战斗中达到动摇敌方军心的目的）。现在这些东西都被用来从事和平的事情了，比如在煤场或露天集市中有某些便宜的瓷器要出售时，就会使用这些东西。

从哈德门东南角的城墙之上，我们可以看到外城的城门通道和防御土墙。其中的阁楼也是值得一看的，中国人称它为"狐狸塔"，而且相信阁楼被一只狐狸萦绕，它的魂魄往返于城门之间。这个阁楼在1900年曾遭受过俄国人的炮击。虽然已经用一些便宜破旧的锌片进行了修缮，但我们仍然可以看到阁楼雄伟的楼顶上有个巨大的洞。幸运的是，搭建城楼宏伟架构的主梁和横木，还有城楼中满是灰尘的丝绒毯铺饰的楼梯，依然完好。今天，城楼中到处都是蝙蝠和燕子建造的窝。在这破败的城楼中，我们不由得相信真的有鬼魂萦绕其间。但是我们看到的鬼魂，可能是身着华美战袍的蒙古人、明朝人和满族人的战士，他们无形的大手，拿着弓箭和长矛，或者是笨重的金戈。

东边城墙上最重要的地标就是天文台，尽管天文台唯一的入口在城墙下面，但它却建在一个比城墙还要高的扶壁上。这个天文台是在1280年由忽必烈请波斯天文学家建造的，它坐落在元大都的东南角。当永乐皇帝在元大都的基础上修建北京城时，他打破了元大都的南城墙，将城墙向南扩到现在哈德门和前门一线，他也重修了天文，台而且委派本国的天文学家制造了今天依然存在的铜制仪器。因此，在很久之前，耶稣会教父来华的时候，将西方的知识带到中国，但他们发现，中国已经拥有他们自己的天文学知识系统。他们认为地球是宇宙的中心，而且，太阳、月亮和星星都是围绕着地球运动的，就像一个人手提一个火炉一样。他们（中国人）的世界和他们本身并不协调了。

在 1685 年，当法国的六位耶稣会教士来华时，他们带了法王路易十四送给康熙皇帝的礼物：一个天文观测仪器。他们发现著名的维尔比斯特神父在掌管天文台方面是伟大的沙尔神父很好的继任者。维尔比斯特神父掌管天文台一直到 1688 年，而且他也将西方在研究天文方面的精准数学介绍到中国，代替了中国古老的取近似值的数学方法。中国人也证明了他们是一个好学生，他们很快学会了计算日食月食的方法，当日食（月食）快要出现的时候，他们又转入了他们自己的迷信中。他们身着华丽的官服，整齐地排列在宫廷广场中，疯狂地敲打着锣鼓，希望吓跑鲸吞日月的恶龙。

正是南怀仁神父的优雅设计，才使中国的技工造出了漂亮的盘龙青铜仪器，并取代了元朝时期天文台的天文观测仪。出于对中国义和团的报复，德国皇帝恺撒·威廉二世在 1900 年下令撤走了一些耶稣会教士，回到德国后让他们修缮了恺撒在波茨坦的橘园宫。根据同盟国和平协议的规定，德国人①（公元 1919 年）南怀仁开创的杰作已经又回到中国了。

尽管，耶稣会教士在历史上的位置是最有趣的，但是天文台实际的建筑群是很现代的。元明两代的八角塔楼在 1800 年

---

① 应是比利时人。——译者注

被木质结构所取代，而这木质结构后来又被今天的砖石结构所取代。

在天文台附近有两个地方被毁灭了——帝国谷仓和贡院。帝国谷仓是现在护城河东边的一排破旧的房屋——房子破败不堪以至于当环城铁路的火车从其中经过的时候，中国政府计划某天将其完全拆毁。帝国谷仓中是储存八旗子弟漕粮的地方，这些粮食从南方通过水道运送到北京并储存于此。

贡院现在依然保留了一些石头地基的亭台。贡院修建于明代永乐年间，最初是在一个宽阔的地面上由砖瓦建成了若干个隔间，尽管从建筑角度说，贡院并没有什么特别，但是从道德角度上说，它的重要性是巨大的。每隔三年，数以千计的考生从全国各地会聚于此，参加这古老而又经典的选拔系统（科举制）的考试。考试成功者就会得到做官的机会。他们的这种考试系统，考生在考试中写一些关于儒家哲学的论文，来作为自己适合从政的证明。这一点从我们西方人的角度看，似乎有些滑稽。然而中国人认为这种考试严肃而又神圣。这些考生被单独关在一个狭小的房间内，一关就是三天两夜，屋内置有一张桌子和一张椅子。如果发生在紧张的气氛中猝死之类的意外，相关人员就会在贡院的墙上打开一个洞，好把尸体抬出去。因为在考试期间，贡院大门一旦被帝国专员关闭，在考试结束前，他们没有任何借口再次打开大门。"然而，实际上，如此详尽严密的保密措施也无法防止作弊。考试用的文章大都是提前买好的，在考试时通过贿赂监考官而带进考场。判断考生是否贿赂监考官，是有技巧的。一般来说，贿赂监考官的大都是大家族的笨学生，那些寒酸的考生，太穷也没钱贿赂，而且，他们大多谦虚拘谨，也耻于做这种事。"

光绪皇帝在他的 1898 年变革法令中，试图变革这种不合时宜的考试制度，并使之现代化。然后，到了 1900 年之后，慈禧太后成功地清除了这一传统的考试制度，因为她明智地意识到，这一考试制度现已成为政体进行任何有效改革的主要障碍，所以慈禧太后用现代的教育方法取代了这种古老的制度。但她给了当时的考生和官僚一剂良药，她指出，周公时候（3000 年前）就已经存在的学院制度与现在西方国家的大学制度并没有多大的差异。她还指出，在中国建立这种教育制度并不是模仿西方，而是回到了最初的教育制度上来了，这一制度的建立比慈禧太后在现代化革新的过程中清除的八股取士要古老得多。八股取士的制度是在 1390 年的明朝时候才建立的。

　　贡院退出了历史舞台后，不久就变得破败空旷了。有人说，大使馆在受到义和团围攻之后，需要重修，贡院已经破败，他们可以用贡院的砖石材料来修缮使馆。无论如何，事实上，有一件事情是确定的，那就是现在再也没有通向政坛的捷径了。

　　黄昏时候，漫步于贡院附近，景色依然美丽，在一个宁静祥和的氛围中结束了一天的旅程。在北京所有的景观中，绵延起伏的青黛色的群山，形成了北京那独特的风景，它们好似亲切而又熟悉的朋友，在火红的天空下巍然挺立。当余晖逐渐散去，太阳也变得温柔了起来。它逐渐退去，直到隐身于阴影之中。此刻，北京城中的一切，皇宫、景山、寺庙都随着夕阳余晖的消散而慢慢隐遁于朦胧中，最后，塔楼和城墙也逐渐朦胧了——天已经黑了。

第三章

大使馆和现代北京

大使馆是在北京生活的外国人的中心。它是一个受保护的国际居住区，在这里，你会发现所有的欧美便民设施——教堂，银行，商店，医院，俱乐部和宾馆。这里的每一所建筑所用的材料都尽可能的来自本国。以至于美国的、荷兰的、意大利的和日本的房屋肩并肩排列着，而且合并的风格和周围堡垒式的围栏都非常古怪。

然而，即使是这个城市角落里并不美丽的景观，却有着一段浪漫的历史。使馆街在1900年的时候，被义和团的人围攻，他们的墙上，现在还留存着炮弹和子弹的痕迹。至少，一个花园被义和团焚烧。玉泉，是一个诗一般的名字，它不能保存流淌在城墙砖石中的脏水，因为它的源头是玉泉山的泉水，山在京外14英里的地方。泉水从石头中喷涌而出，清纯如玉，泉水灌溉稻田并注入圆明园的人工湖。但是，当玉泉水到达使馆区的时候，水质就变得肮脏恶臭了，就如同索西说艾克赛特一样"古老而肮脏"。

在义和团围攻使馆之前，玉泉通过一个围有生锈的铁格子的黑嘴样式的管道全部流入内城城墙之外的护城河里。这就是著名的"水门"——由于军队的原因，他们在一个单方的文件中通过门禁解除了使馆区的困难，也使得这一地方成为了一处历史名胜。当中国被迫允许在城内建造铁路的时候[1]，城墙的护栏后来也被清除了，同时为玉泉开凿了一个地下的出口，而且打破了城墙，开通了铁路。[2]

自从解除了义和团对使馆区的围困之后，使馆区周围的街道上，到处都是逃难的难民。在1911年发生了可怕的瘟疫，使得北京城外的所有外国人都到使馆区来寻求庇护。但是，当满清政府退位的时候，当中华民国在1912年转移到北京时，当袁世凯死了的时候，当1917年张勋复辟的时候，当安福党的领导者们在1920年从大众的愤怒中逃离的时候，很多的中国政客也来到使馆区寻求庇护，同时，带着他们满车满车的贵重财物甚至还有食物等。在1917年，使馆区不仅给予民国大总统以庇护，同时麻烦制造者张勋看到游戏即将结束的时候，他到使馆区来避难，使馆区也给予了他庇护。

在1900年之前，使馆区并不存在，尽管大使馆都位于东西交民巷中或者在附近。之所以叫东西交民巷（民族之间友好往来的街道）[3]，之所以如此一次命名，是因为在满清政府的统治之下，这里是朝鲜族、蒙古族和藏族等民族使节的住所。然而，妄自尊大的中国政府，在对待西方国家的外交使节时，

---

① 他们偏见地反对火车从外城的城墙经过，直到在联军的坚持下才达成一个便宜的安排，离首都最近的火车站设在了永定门外的马家堡。
② 当地传说，北京形状如同一条龙，哈德门和西直门是龙眼，前门是龙嘴等等，当通过这种截断玉泉水的方式时，就好像在龙身上划了一刀，北京的龙脉——"巨龙之血"——也就流干了。
③ 现在就是使馆街。

也丝毫不予优待。就像乾隆皇帝，在他给乔治的信中，曾三次称自己的国家为"天朝"并且说："你，英吉利皇帝，远在重洋。尽管如此，还倾慕我朝教化，谦恭地希望从我们的文化中学到有益的东西。并遣使来供奉我朝。而且还送来了不少你们国家的特产礼物，我十分感激……至于国王您在信中恳请派一你们国家的人居住在天朝，照管你们的国买卖一事，这与天朝体制不合，是断不能行的。"①

中国这种高傲的态度，随着时代的变迁终于受到打击，同时痛苦的教训也使中国发生了巨大的变化，不仅仅体现在使馆街中。现在平坦修正的大道取代了脏乱不堪、拥挤狭窄的土道。被乾隆皇帝拒绝的要求即外国使节驻华一事，现在已经被他的后人所接受。因此，从明朝到民国，几乎所有的中国官员都有一个梦想，那就是西方人应该离开他们这个古老而文明的国家。现在看来，他们的梦想破碎了，这个梦想对自给自足的中国人来说太难了，不得不放弃。全球经济的发展使得外国通过大使馆对中国施加了越来越大的压力。他们的使团和他们的洋枪大炮，不可避免地给中国乃至全世界带来了翻天覆地的变化。

在 1860 年第二次鸦片战争以后，中国政府被迫同意外国使馆入驻北京。但是他们依然认为使馆区对他们不利，所以要与其保持一定的距离，在英法联军烧毁圆明园之后，他们更加确信了这一点。中国政府针对哈瑞·帕克斯先生的建议，提出了两点要求，但都被哈瑞先生所拒绝。因为哈瑞先生是个中国

---

① 参见贝克豪斯和布兰德合著的《北京朝代编年史》，马戛尔尼著的《马戛尔尼伯爵出使中国记》。

通，他看出了中国政府想把外国使馆安置在都城之外的想法。

最先在北京有使馆的国家是俄国，尽管俄国是第三个在北京的使馆街设置使馆的国家（大约是 1861 年的 7 月份）。然而，在 300 年前，俄国就已经与中国有联系了，这主要是为了方便两国和平解决有争议的边界问题。在 14 世纪的中国历史中，我们可以得知，北京已经有俄国人居住了，而且有的俄国人还担当了皇帝的侍卫。在 1619 年，俄国商队将中国的茶带到了欧洲。在 1731 年，第一批中国外交使节去的西方国家就是俄罗斯。而且，从文献中我们还可以看到，克里姆林宫接待这批使节的盛大仪式，而且还有"下跪磕头"的礼节，这也是很多外国使者不愿在中国皇宫履行的礼节，同时，也正是这种原因，中国的皇帝拒绝召见外国使者。

现在的俄国使馆位于最早来华俄国人居住地方（时间大约是 17 世纪中叶以后），包括 1654 年倍考夫的在华大使馆①。著名的南馆，或者是南部的旅馆，他是在 1698 年为安置俄国官方商队而设计建成的，俄国商队根据《尼布楚条约》的规定，经常往返中俄两国进行自由贸易。

在 1685 年，即俄国在彼得大帝统治前期，在中俄之间发生了一个小插曲。在阿尔巴津发生了一场中俄之战——小股俄国殖民者在中国黑龙江的阿尔巴津地区设置居民点，并修建堡垒。他们殖民了大约两年之后，中国发动战争夺回了他们侵占的土地，并俘虏了 50 多名俄国人。当时的康熙皇帝饶恕了他们，并慷慨地赦免了他们，由于他们在阿尔巴津地区被俘，

---

① 参见巴德利著：《俄国、蒙古和中国》。

所以，他们也被称为阿尔巴津人①。阿尔巴津人接受了康熙皇帝的恩赐，并在北京定居通婚，中国还保留了他们的宗教信仰。

许多年后（公元 1727 年），中俄的《布连斯奇条约》给予了俄国人在北京居住和传教的权利，其中传教的权利相当于半个外交权，因为传教的范围只限制在官方允许的阿尔巴津人信仰的宗教。当时，南馆也成为传教士的修道院，而且一直保留至今，在 1858 年的《天津条约》后，修道院院长将修道院迁到了内城的东南角，那里有一个早期的阿尔巴津人修建的小教堂，已经破败不堪。

实际上，在俄国使馆中的教堂是外国使馆中最古老的教堂。它始建于 1727 年，由清政府亲自督建，就是为了履行《布连斯奇条约》的规定，专门给天主教的传教士修建的。这个教堂，经过多次翻修，现在依然存在。

虽然俄国是第一个在中国建立大使馆的国家，而法国和英国仅仅要求继俄国之后，拥有长期在北京居住的权利（建立大使馆）。在 1858 年英法和中国签订《天津条约》的时候，其中有一条款是：英法两国要求继俄国之后，拥有在北京建立长期使馆的权力。后来，在 1860 年，中国与英法两国签订《北京条约》的时候，格罗斯男爵和额尔金勋爵强迫中国政府又修改了《天津条约》。

法国人在"府"上（肃王的宫殿）建立了大使馆，这个"肃王府"因为其拥有一个美丽的大花园而闻名。而在第二次

---

① 他们都非常勇敢，而且有的还担当了皇帝的护卫，他们被编制在黄旗中，在北京一直繁衍至今。

鸦片战争期间，王府却因为战火的缘故，毁坏近半。当法国人接管王府的时候，他们发现在一些摇摇欲坠的建筑物中充满了蟋蟀的笼子。在当时，斗蟋蟀，像打鹌鹑一样，是中国人最喜欢的运动之一。而最好的（冠军）蟋蟀通常要花费很多的金钱才能购买到，这个贵族家族最后一位堕落的代表把他们的家财挥霍在了这些蟋蟀身上。使馆区在1900年之后，得到了扩建，兴建了查模特酒店。作为原始建筑，法庭、最初的教堂，都是保留至今的最重要的建筑物。

英国大使馆同样有着生动的历史。这个使馆最初是康熙皇帝赐予他第33个儿子（醇亲王）的府邸即梁公府。后来由于醇亲王后代逐渐没落，这个府邸也日趋衰败了。英国政府从中国的总理衙门那里租借了这个地方作为大使馆，租金是每年500英镑。40年来，租金是定期支付的，每年其银两是在中国新年的时候，大使馆的中国秘书用四轮车将租金交付给总理衙门的。[①]

许多的建筑都无法再进行修缮了。然而，公使所在房屋的一部分是醇亲王以前的府邸，而且门口摆放着两只镇宅的石狮子。府邸中有大红柱子支撑的阁楼，还有那花园中安静的亭子都被重新修整[②]，尽可能地保持原貌，这些措施，使英国大使馆更加美丽而别致。

在北京，英国大使馆的面积是最大的，而且在1900年之

---

① 在1900年后，这笔付给中国政府的钱，英国已经不再支付了。
② 其中的一个凉亭因为教堂钟楼的缘故，现在仍在，它的钟声在义和团围困使馆期间，会在义和团发起进攻时，发出警报。

后，英国使馆在原址上大加扩建，将翰林院和銮驾库囊括其中。① 因为这个原因，英国在 1900 年义和团冲突的时候，选择这个地方作为非战斗人员的避难所。英国使馆的战斗远没有法国使馆区的战斗激烈（法国使馆区的许多建筑都被毁坏了）。使馆区的花园，曾经变成了临时的坟地，在那里使馆人员们通常冒着枪林弹雨进行仓促的葬礼。这座房子的上部遭受了炮弹和步枪射击的重创。其花园中的走廊被沙袋组成的路障围成了一个防御的小型堡垒，而且"这些颜色各异的沙袋混杂在一起，组成了一个从来没有见过的防御工事"。丝绸和缎子，窗帘，地毯和刺绣品都被做成了沙袋。也许在英国大使馆防御中战斗最激烈的角落，忽视了蒙古市场，那里的孩子从草原带来了文明世界视为奢侈品的绿松石和兽皮。由于中国军队的强大攻击，这些东西成为大使馆的危险之源，最后都在韩礼德队长一系列的命令下被清理和焚毁。韩礼德队长在这次围攻中受伤，并也因为他的勇敢的行为而获得了荣誉。

面对着玉泉河的东南墙面现在还保留着战斗中留下的弹痕。现在，这些弹痕已经模糊得快要消失了。

但法国和英国在北京建立它的使馆后，其他的国家紧随其后也在北京建立了自己的使馆。许多国家租用或是买断了附近已经装修好的房屋作为使馆，在北京的南城墙旁有个呈矩形的使馆区，除意大利和比利时外所有的使馆都在这里②。这些使馆在 1900 年义和团围攻使馆区时，也都遭受了不同程度的破坏。除了在 1900 年有些国家修整了的大使馆外，其他各国使

---

① 銮驾库中的大象和大象轿舆是皇帝进行国家大典时所骑乘的，其中大象是尼泊尔和安南进贡的贡品。

② 德国的使馆较之其他国家建立得较晚，它是由普鲁士国王从其他国家购买的。

馆当时所占的面积跟现在差不多，只不过，现在有些使馆中间夹杂了些中国的民居。

有个值得注意的例外，就是美国率先占据了这个地方并建立了自己的使馆。使馆的地面曾是威廉姆斯博士的私人属地，威廉姆斯博士是著名的《中国总论》一书的作者。当美国使馆被第一次确定在北京建立的时候（1862年7月20日），法国曾用款待美国公使的方式向美国证明他们是长期的伙伴关系。美国虽然只是暂时接受了，但也是心存感激。后来，威廉姆斯博士的属地被美国新的国务卿登比上校接管，然后他又把这属地卖给了朝鲜人，最后，经过几次倒手，又到了现在的拥有者手中。

在义和团围攻使馆的时候，美国的外交人员都迁往了东江米巷的三官庙①，作为临时的办公之处。直到1905年，这里才完全的扩建成了美国的使馆，而且美国的军队也驻扎在这里。为了从中国人手中接管三官庙并扩建使馆，美国国会拨了60000美元，现在的美国使馆，除了在曼谷的使馆和在东京的使馆外，这里是完全由美国人设计并修建的美国人自己的使馆。

现在，在第一使馆附近是霍伯特·哈特先生拥有的中国海关检查员的辖区，这里有银行、邮政局和瑞士人查曼特的一家小旅馆。查曼特是个勇敢的人，他还有个同样勇敢的妻子，他

---

① 三官庙曾经是个在中国有着圣洁名声的佛教寺庙。寺庙中保留的石碑还记录着许多杰出的人的名字。传说，在明朝崇祯年间，当他听到李自成进攻北京城的时候，到三官庙去求过卦，卜问吉凶。他是用抽签的方式来卜卦的，如果他抽到了最长的签，那么他应该勇敢地进攻敌人。如果他抽到了中等的签，他应该在自己的宫殿里等待敌人。如果他抽到了最短的签，那么他就应该自杀。命运把最短的签送给了他，之后，他听从了命运的安排，自杀于景山。

们夫妻俩在义和团围攻使馆区的时候，勇敢地为使馆人员提供物质供应，此外，最后，不容忽视的还有，克瑞弗的商店。这些开放的商业点，对中国提出了不少抗议，因为北京过去是，现在也是政府化的，他们禁止与外国贸易，并且，尽管现在国门被外国人打开，但是他们还是顾忌重重。然而，外国的驻华大使都已证明，这些商业点，是供给他们物质生活需求所必需的，并强迫中国人接受了这一点。后来，中国人自己（其中也包括宫廷里的太监）也接受了这个不可避免的事实，所以，中国变成了欧美国家最大的商品倾销市场。因此在早期，克瑞弗的生意很兴隆，销售的产品有棉线、饼干、深平底锅、杀虫粉和镜子。

当大使馆在现在的位置设计和建筑的时候（公元 1901年），它包括现在的所有建筑（还有很多建筑已经部分或完全地被破坏了）。在庚子年之后，中国人在使馆区已经没有了自己的属地。他们的房子都被没收，他们的土地也被征用来扩建使馆和修建保卫使馆的路障。意大利和日本的使馆将肃王府分割，在庚子之乱的时候，有 3000 多本地的基督徒暂时在这里避难（他们在这里靠吃树叶充饥坚持了 10 天）。肃王府中还有"堂子"，它是清朝时最神秘的萨满神殿。比利时人的大使馆也占了肃王府的地方，使馆的位置是之前义和团支持者徐桐①的住所。

所保留的区域也变成了各国的聚居区，这里已经完全在中国的控制之外了。其中的各种事物都有委员会来管理。委员会

---

① 在有些人的记忆中他是旧帝国的导师，"他的野心是用外国鬼子的皮来包裹他的马车，并且他厌恶外国人和他们的丑恶行径，他非常强硬，以至于在他的房子上留一个小门，宁愿从墙上走出去也不肯走使馆街中外国人铺设的道路。"

中有自己的警察系统，自己的交通灯。就像法国的拉布鲁斯街一样，使馆街也以一些事件命名，来提醒那些生活在这里的人们去保护它。这里还有警卫每天巡逻。当使馆重建的时候，大部分钱都是庚子赔款，使馆区比起其他中国控制的地方更加清洁，更加有秩序。至少，在北京居住的外交人员都具有他们自身文化中所应有的礼貌。

然而，使馆区在北京，终究是太小了，以至于没有足够的房子容纳所有在北京居住的外国人。在北京还没有完全对外国人开放的时候，西方的商业代理，租借代理，新闻记者，借贷公司和文物收藏家都陆续地来到了北京。中国人能够容忍他们所不能理解的事情，居民也乐于将自己的房屋出租给这些外国人。这样一来，时间久了，在哈德门和城东一片区域，自发地形成了一个非官方的外国人聚居区。[①]

使馆区三面都临着内城——真正的北京城。另一面，内城城墙和使馆中形成了一个路障，而且还有贫民窟，还有那嘈杂而混乱的外城。

在 1900 年的义和团，严重地影响了北京城，而且也严重地影响了使馆区。但是总体的秩序得以重建。战斗的人民从他们隐身的地方走了出来。人们看到他们日复一日的在他们已经破败的家门口徘徊。他们小心翼翼地开始重建自己的家园。清理断壁残垣对个人来说是很繁重的体力劳动，但对于作为整体的城市来说，却是有益的。那令人厌恶的场景和刺鼻的气味，曾经使得北京城比首尔和巴格达更令人生厌。没有什么事情比这次运动再能触动这个国家的了，这个国家经过这件事后，开

---

① 外国人这时候是不允许在北京购买房产的。

始了革新的历程。

这个革新不是一蹴而就，而是慢慢地进行。在庚子年后，慈禧太后回到北京，她下了诏书实行改革，并且为改革拟好了各种章程。并且也准备着为保守的人民甚至包括她本人，也制定了方案。因为她不习惯，也没有能力看到事情的走向，也不知道她的帝国还会走多远。但是，北京城市的改造，真正值得赞誉的要数袁世凯和后来的中华民国。

当一个突然进入社会改革时期的旅行者——尤其是从封建时代到民主时代的过渡时期——看到新事物的丑陋时，很可能会对中世纪事物的精美感到惋惜。不过，他必须承认，正是某些无限增加的现代的创新安慰了他。新铺设的道路改变了整座城市的面貌，同时也极大地扩展了城市的生命。为了便利宫廷的交通，第一次在西直门到颐和园之间铺设了碎石路。官员们在这条路上来往，同时也为百姓展示了他们的革新精神。这条路是循着乾隆时期就已经修建好的石头路而建的，原路面部分仍然可以看到特意留下的曾经马车的车辙。这些落后的交通工具，现在已经被机动车所代替。北京有几百辆机动车，而且大部分是中国人自己所有的。政府也修了更多更好的路，随着时代的发展，我们预想，以后我们如果想要游览全中国，也会更容易、更舒适。

一个新的警察系统——世界上最理性、最礼貌的警察系统——同时也会向人们灌输些必要的交通规则，使得人们能够懂得独轮车和机动车的车速不同的原因和处理办法。这个工作对他们来说并不困难，因为中国的老百姓遵循自然法则，他们已经习惯了被领导、被指挥，如果有天没有人指挥他们了，他们会出现心理问题的。事实上，中国人比世界上其他民族更能忍受，更有耐力，有人曾说："一个好人，能够承受悲惨命运的无情打击。"

如果这些现代的进步并不是出于审慎和考虑到大众的偏见而进行的，那么老百姓本应该产生更大的怨恨。甚至，在提出改动前门广场的建议时，就遭到了保守阶层的反对。他们反对为了修铁路而把城墙凿空，也反对装电灯，总之一句话，反对一切改变，因为这样会破坏首都的风水。一旦这种反对战胜了起初制定的原则，这些保守阶层就会保持一种偏见，这种偏见甚至对移动大门外的石狮子也会反对。现在，这些石狮子都非常老旧了，他们无疑是乔治·史丹顿爵士时期打造出来的，而乔治·史丹顿爵士是在乾隆时期和马噶尔尼大人的大使团一起来中国的。乔治爵士曾经古色古香地描述到："这些事物与它们所代表的意义如此不符，以至于这些石狮子可能被误认为是查尔斯王的时候，戴着假发穿着盔甲的骑士。"

北京的民众担心如果这些石狮子被挪动了——因为要修建广场而不得不挪动——那么他们可能会因此得罪神灵。为什么会这样呢？这个问题必须在一个中国人的真实的思维里找到解答。当民众看到他们自己被双眼绑上蓝布后挪到了一个新的位置的时候，石狮子也同样被绑住双眼，挪到了一个新的位置，这种情况在 20 世纪的我们看来，有点古怪。

变革的方案中包括紫禁城前的皇城大门——这大门已经关闭好几百年了。但工人们将满清王朝的匾额换下，换上中华民国的匾额时，他们发现在匾额（重华门）的满文印记下方，还有一半是明朝时候的印章。尽管中国人一贯都很冷漠，他们将这个王朝的匾额放到了附近一个方便的柜子里，但是张勋复辟的第一件事情并不是试图重建大清王朝（公元 1917 年 7月），而是首先将被换掉的匾额重新装上去，因此，这显示了匾额在中国官僚眼里的巨大重要性。

大约与此同时，新的民国政府为修建大道而开放了帝国大门的道路。这条帝国大门的道路已经很久被关闭和禁止百姓通行了，这一举动显示了一个信息，就是这个城市，这个国家，现在属于人民了。总统和被废黜皇帝的官邸中，那些实际上不需要宫殿围栏的部分可以通过许可证进入。清朝皇宫的一部分地面现在也变成了著名的中央公园——这也是北京第一个公共的公园——这个公园也给了居民在街道以外的地方有个娱乐和呼吸新鲜空气的地方。

居民还有一个深层次的需要——医院。新的医院叫中央医院，就在平则门附近。在先农坛附件还有一个典型的监狱，这是进一步纠正旧中国最需要整治的社会疾病的地方，这个地方充满了虐待和折磨罪犯的卑劣行径。这里也建立了外国监管下印刷钞票的平版印刷局。一个农业试验站将会认真考虑荒山造林的问题。一个现代的系统也被装备在自来水厂，此后会有更多的好水供应这座城市。都市警察系统中也设立了市消防大队——尽管许多私人的消防组织仍然存在。一个新政府的工业博物馆，这博物馆是一个雇用了 600 名学徒工的工厂，这也是值得那些对国内手工业感兴趣的人参观的地方。玻璃、藤、漆、五金、羊毛和丝绸织物和刺绣都在这里制造并出售。这个工厂也从事印刷和钻井等业务。

但是也许近年在中国，尤其是在北京，发展的最主要的标志之一就是许多高校的建立。值得注意的是，除了一些初等教育机构之外，还有两所大学、一所法学院、一所语言学院和一所警察学校。与此相似的是首都最重要的图书馆，即京师图书馆，该基金会于 1909 年 9 月被《诏书》授权。它注定有一天成为中国国家图书馆，因为它已经包含了各种重要的作品，如《四库全书》，以前在热河宫殿保存的档案，此外还有宋元时期的各种珍本，还有在翰林院 1900 年大火后搜集的各种珍本。

这些新机构中的大部分，就像新政府的许多办公室一样，被安置在丑陋、昂贵的外国风格建筑中。比起之前青砖绿瓦一层建筑的衙门来，这些机构更加朴实而略显寒酸。尽管如此，它们在许多方面比较实用，并且还有节省地面空间的优势。这里面最重要的政府建筑，一般都在西长安街的总统办公室（总统府）附近（新华门外，只能在街道上看到）。内阁办公室（国务院），也在附近。外交部在石大人胡同；财务部设在西长安街；交通部也在西长安街；海军部设在哈德门大街；陆军部设在海军部附近，且司法部设在前门东北边。

此外，中国的银行和许多相似的机构也占据了外国的建筑。我们也不会忘记国会大厦，尽管这些建筑不像国务院那样引人注目。它们坐落在内城顺志门的西边。它们占据了以前用于法学院的大楼。

国会开会时，允许公众在现场公开辩论，这种方式也是从大使馆那里学到的。而且开会时非常古怪和有趣。发展民主的过程就像寻求真理的过程，"从来没有平稳运行过，"在中国的文明中试图移植西方的文明方式时，其中的困难是常人所难想象的。警察时刻防护着为游客 保留的画廊，同时还有很多警察侦探为了防止有人肆意破坏甚至投掷炸弹而时刻保持警惕。他们这些警察本身就是一项非常有趣的研究。类型多样而且特别，更不用说服饰的多样性了，从老式的礼服外套到油腻的丝绸长袍，应有尽有。然而，这些中国人，而且有不少满口方言的演说家满怀着本国人的尊严，以至于人们会忽略掉他们的穿着。①

---

① 关于中国国会和共和制建立的详细细节，参见普特·南威尔《中国共和制的斗争》。此书对中国目前的政治提供了一个好的理念，但是很难做到，即以前的事实不再适用于今日。同时参见布兰德的《中国，日本和朝鲜》一书。

第四章

过去的美好图景

北京很有趣因为所有的发展都是有趣的，但是让这个城市最大的，最令人费解的魅力，是无时无刻不在令人想起一个更奇怪更迷人的昨天，即在亚洲没有工厂和铁路打扰的梦想的和平。现在我们发现了一个新旧事物交织的北京。电报把世界新闻传送到中西方文字混合印刷的报纸上；从骆驼商队旁驶过的豪华轿车；象形文字的广告牌现在也尝试着使用英语；铁皮屋顶的政府机关毗邻着美丽的寺庙而且现代的照相馆旁边就是佛像店。而且，这个古老文明所遗留下来的是，它是如此美丽以至于在回顾过去它的幻想没有打破的时候，总是令人欣喜万分。

　　正如我们所看到的，明朝有能力设计建造一个宏伟的首都。我们现在仍然可以追踪和欣赏原始设计的对称性，在宽阔的公路上，我们可以把这个内城切成直角，南北三行，东西三行，在十字路口还有木质的牌楼。①

　　但是就像高卢人的城市一样，北京城宽阔大街的设计方式也是将大街的泥堤道分成三部分。中间的路是快车道，两边的深沟是车辙轨迹。这是现代碎石路的先驱，同时也节省了交通成本。但这些道路毕竟是土路，所以很容易损坏。时日一久，这些道路就变得坑坑洼洼，一片泥泞。如果出现暴雨，还会因为无法排水而出现雨水泛滥的情况。中国人认为"一旦是路，永远是路"，坚持认为他们的老祖宗设计的就是最好的，从来不尝试着去创新，去改变现状。同样被这种敬畏精神所误导的还有过去遗留下来的在永乐朝设计的卓越的排水系统，虽然年久失修不能使用并且早已老旧损毁，但是现在还是保留着。

　　生活在这里的人们似乎对这种不适有着一种哲学般的接受，并且慢慢地也习以为常了。物质的富有和生活的舒适并不是人们的最高追求，似乎人们对此还有所抵制。在他们的住处，冬天也不生火取暖，顶多家里有个"炕"。椅子也是又凉又硬，马车也是颠簸得厉害，这里气候也变化明显（四季鲜明），一切都非常不舒服。来北京的游客，要不是在夏季"伏天"（一年中气温最高的时候）的暴雨里，行走在泥泞的路上；要不就是在酷寒的"大寒"（一年中气温最低的时候），行走在风雪中；要不就是行走在春季的沙尘暴中（春季从蒙古

①　和日本的"torii"相似，牌楼在中国随处可见。牌楼，其建造原则起源于古印度的佛塔，方法是用砖、石头和木头按照一定设计建造而成。根据其规模和重要性而使用两根、四根或是六根高大的柱子支撑一个小的屋顶型建筑。建筑的特殊性在于，屋顶的重量在支撑上相对平衡，而且主要是在单横梁上。不像许多人想象的那样，这牌楼并没有宗教意义。在中国的古代，那些做了好事的人或是终生守寡的寡妇，都会被人们用建造牌楼的方式来纪念和颂扬。不过在北京大街上的牌楼，很少是这种情况，它们更多是装饰。

高原的沙漠吹来的风暴，沙尘漫天，遮天蔽日）。在这个时候（春季），人们如果要出门，那么就要用头巾遮住脸，捂住鼻子，穿上厚厚的衣服，远远看去，其形象就像一个鬼魂游荡在昏暗幽冥的空中。而人们随处丢弃的脏水和垃圾更增加了令人作呕的元素。

虽然，旧时代人们的生活比起并现在不舒适，但是令他们感到欣慰的是，他们比现在人更加幸福和自由。没有警察在这里强迫他们听从秩序和安排，社会底层的人们就在街道上随处安歇。① 如果一个人发现他的店铺较小，他需要更大的空间，那么他就会把店铺往大街上扩展。住户也会毫不顾忌地随处丢弃垃圾。一个讨价还价的小贩，将他的货摊摆在大街上数小时也不会受到指责。

这些小贩，他们所保留的仍是老北京的生活特征。在生活用品比现在流通困难的那个时候，未出嫁的女孩不允许出门，家庭主妇也只能在家门口买些生活用品。只有茶、大米和药品不允许沿街叫卖，其他的在家门口就能买到。但是衣服、洗漱用品，以及肉类、蔬菜能只能到大街（集市）上购买了。

许多货郎都有他们独特的叫卖声，就像伦敦的鱼贩一样，在宁静的夜里似乎都能听到。通过他们的叫卖声，人们就知道他们来了。如果听到一阵刺耳的喇叭声，那么就是卖黄铜的来了；如果听到一个粗鲁的犹太人的竖琴声，那么就是理发的来了；如果听到木响板的声音，那么就是修脚的要来了；如果听

---

① 这是中国政府一个非常重要的事实，不像以前的日本或是希腊和意大利城邦一样，中国政府很少介入管理人们的习惯。与此相反的是，日本政府就有这样的规定，他们出台法律来规定人们生活的细节；而意大利的佛罗伦萨甚至出台法律规定人们的服装数量。

到敲锣的声音，那么就是要把戏的要来了，他们带着训练好的羊、狗和聪明的猴子；如果听到拨浪鼓的声音，那么就是卖糖果的来了，这时会有一群孩子围上去。

不仅是在公众场合购物，铁匠们也在他们门前给马匹钉马掌，同时他们还在路旁医治性情暴躁的骡子。鞋匠在客人出现的地方放下随身携带的物品。瓷工将制作工具随处摆放。卖烟斗的人从他肩上竹竿抬着的箱子里拿出他的材料后便蹲在庙门的树荫下，给烟斗安装上新的烟管。不幸的是在这风景如画的景色中，这种不和谐的场景随处可见，令人厌恶。按摩师、屠夫和手足病医生也在大街上公开的叫卖，而路人也只能绕开他们。理发师会在任何方便的地方，随时随地给人理发。麻风病人和精神病患者也在人群中间四处游荡。

当宵禁的钟声从钟楼传来的时候，人们便回家休息。夜幕降临后，虽然没有禁止外出，但没有路灯照明，人们如果要在夜间出门就必须自己提着灯笼。如果灯笼突然灭了，这种情况是经常发生的，那么他们就会面临掉到臭水沟的危险，有的甚至会遇到打劫的。

这里没有警察，但是有更夫，这让人想起了莎士比亚的山茱萸，她的丈夫也是在城市巡逻的更夫。此外，还有民间组织辅助政府进行管理，这些民间组织都是常年居住在这里的人，他们对生活在其中的村社制度有着共同的责任和义务——这也是古老文明所传承下来的。店主和居民不仅保护他们自己，而且也相互照应，在晚上城市里充满了回家之人的噪声，同时，更夫也不断巡逻，敲击着竹板"让小偷知道人们都回来了"。现在很难再听到这些声音了，实际上，这才是老北京的特色。

因为没有安装供水系统，每户人家都只能到苦碱井里取水，或者从他们的邻居那里借些水来度日。如果家里富裕些，那他们可以从沿街叫卖的水贩手中买些甜水喝，这些水贩是从较远的井中打来甜水后，放在水桶中用独轮车在街上叫卖。他们推着独轮车满城转，车子转动所发出的声音非常难听，但是对于中国人自己来说，似乎相当悦耳。①

如果不是因为阳光灿烂和空气干燥，北京人永远不会在这种缺乏卫生设施的环境中幸存下来。从老北京城那些肮脏的街道中，人们能够明智地推断出这样的结论：幸亏有这样益于健康的气候条件，使北京城对于那些中国其他地方的流行性疾病有一定的防御作用。②

北京城中街道的污秽之物一直蔓延到宫廷门口，甚至在前门广场上也是随处可见。前门广场上，那些坑坑洼洼的石板路上杂草丛生，石狮子也满是尘垢，杂草甚至都蔓延到了皇宫的大门口。栏杆之间的沟壑中横陈着倒下的石柱。人们试图将这些石柱重新竖立起来，但是由于石柱已经风化破碎，再也无法完好地竖立起来了。但是人们很容易用石柱风化成的碎石铺就一条道路，在广场中造出一条捷径来，虽然没有一个懒汉这样做。在官方严格禁止的情况下，这个神圣的属地（前门广场）却成了懒汉和乞丐晒太阳的地方。因此，除了饥饿之外，这种情况也成了古老中国的一个典型特征，如同诗人白居易的诗中所述：朱门酒肉臭，路有冻死骨。③

---

① 一位知名的中国政要跟我说，从西山泉水中供应给他的"甜水"每个月要花费他300美元。

② 北京城的气温变化从华氏104°到10°之间，甚至是0°以下。北京城的纬度位置和马德里、那不勒斯和费城相同。

③ 亚瑟·韦利译：《中国古诗170首》（作者此处有误，应是杜甫——译者注）。

风景如画的北京城，其最大的损失都来源于帝国的陨落和清朝政府的贫穷落后。清朝政府的旧制是，满族的男性在理论上都是帝国的士兵，他们享受着养尊处优的生活，无论战争与否，他们都有国家津贴，不必务农，所有生活物质都由帝国供给。

清朝的官话（普通话）是一个显著的特点。他们的官帽上都有珠宝纽扣，穿着丝绸或是紫貂皮做成的官服。官服上有五彩刺绣，腰带上还有用美玉和黄金做成的吊坠。他们有象牙筷子，甚至筷子架也是象牙做的，身上戴着有珍珠或钻石镶嵌的陶瓷怀表。用这种元素为自己的祖先做肖像，才能令他们满意。而且，当他（皇帝）出入皇宫的时候，要么乘坐许多人抬承的大轿子，要么乘坐由清一色红色或紫色的高头大马拉的马车，由阵势庞大的御林军互为左右，难怪平常百姓看到他路过，就会升起敬畏和崇敬之情。当皇帝出巡时，所有无所事事的人，都争抢着过来观看——驼背的老人，扎着朝天小辫眼神里充满疑问的稚嫩的孩子，他们都躲在墙后或是房门后争先恐后地观望着出行的队伍。观看这种阵仗对这些无聊的人们来说是一件大事——他们看到了当今朝廷最高统治者，所以他们心里没有嫉妒，更多的是喜悦和自豪。

实际上，现在许多满族人，他们没有了清政府的官方供给，已经变得非常贫穷了。他们不能接受政府津贴被减掉的事实。当满族的特权被撤销的时候，满族人在这个生存竞争激烈的国家里，却没有营生的一技之长。长久以来，他们的教育是蔑视工作，且忽视学问，认为打仗最重要，但后来也放弃了他们最擅长的军队生活，过惯了养尊处优的日子，以至于连他们最引以为豪的骑马射箭都放弃了。虽然他们是贵族阶层，但是他们却犯了一个最大的错误，那就是忘记了他们成为男人或是贵族所应该具备的素质。

满族的女人，在清朝强盛的时候，为这个灰色的都城带来了活泼多彩的印记。尽管，没有做官的满族男人，其衣着只能从仔细地观察中辨识出来，但是女性的地位则能从她们的服装和发髻上看出来——明亮的粉红色或淡紫色的长直礼服和马甲，在鞋底中间有后跟的古雅鞋子，而且头发做成一个大髻或者装在缎子做成的木板上，这样的木板呈十字架的样子，上面不高，但两边的翅膀比较突出。这种古怪的而且极为笨重的设计（其中部分是假的，而且可以拆分）还装饰有珍珠、翡翠或是假花之类的事物。它的主要魅力在于它的头发是作为一个精心设计的形态，适合满族的特点。没有裹脚的满族女性，要比汉族女性多很多。她们经常带着奴仆出入公众场合，如同美丽的小鸟一样在庙会上游逛。她们租用马车或轿子去故宫，坐在机动车中，透过窗户，我们经常可以看到穿着满服的美丽的拥有精致背影的女人。

在以前，北京城内随处可见的运输工具，数量和种类都挺多，而且，从轿子和马车的外观，就能分辨出主人的身份地位。在位的皇帝或者女皇，他们的轿子是黄色的，妃子的轿子则是橘黄色。在第一或是第二等级的王公大臣，他们的轿子则是绿色的，而第三或是第四等级的，他们的轿子是四人抬的蓝色轿子。平常百姓则是有时候雇佣一个二人抬的轿子，这样的轿子比较轻，也比较常见。有的轿子设计得非常精巧，设计者用拇指般粗细的竹子做成了一个外形简易的轿子，乍看上去可能不能承重，而实际上他们能经受住一两个成年人的重量。随着更好的道路的出现，轿子逐渐从城里消失了，但是，有时候我们也能遇到一两个小轿子,它们像一个悬挂着的岗亭,在两个强壮而持久的肩负者的肩膀上在郊区荡来荡去。

骡车,现在很少见了,不过在以前,却是常见的一种交通工具。在火车出现之前,山区的人们都是坐着骡车来到北京的。独轮手推车也是一种农村常见的运输工具——能够承载大量萝卜或者各种蔬菜,这种运输工具在集市上比较常见。以前,有很多的驼队,他们经常停留在城墙下,而骆驼背上大多驮载着运到北京的煤或者是过冬用的各种物品。大约在1900年的时候,人们还没有见过黄包车,然而现在,无处不在的黄包车成为了城市里最常见的交通工具。在旧时代,男人和女人骑乘的交通工具更多,而坐骑的种类也令人吃惊。驴子,用布包上鞍鞯,就站在街道的拐角处等待租赁的客人,这就如同在美国西部的出租车一样普遍。蒙古人的骑乘工具是自己的骆驼,除了主人以外,骆驼缓慢的步伐是无法让人忍受的。满族人和汉人比较喜欢骑乘骡子。事实上,在华北骡子是一种体形较大的动物,要比蒙古常用的矮脚马好得多,而且一匹外貌挺拔英俊的骡子也是一件奢侈品。年轻的贵族经常会马鞍上镶有银和铜,骑乘铺着丝绸坐垫的高头大马。他们这些非常时髦的城里年轻人,为他们的坐骑付出的代价和我们对一个有教养的猎人所付出的代价一样多。

除这些运输工具之外,还有十几种不同种类的运输车。最常见的运输车是一种有着沉重的铁镶嵌车轮的两轮车,而且车身蒙着一层蓝色的布。而这层蓝色的布的质量,表明了车主的财富状况和社会地位,车轴是用动物的皮毛做装饰的。但是这种车也有轻微的修正,为一位公主装饰的运输工具的绝对不同于外面雇来的残破的马车。虽然,这两种都显示了他们来自草原的"圆顶帐篷"的设计样式。

　　一种长形的运货马车，总会使人联想起在意大利的某个地区依然可以见到的古代车辆。这种车辆由不同的动物拉着，一种得有五匹动物，还有一匹在后面跟着，以便替换其中劳累过度的一匹。这几匹拉车的动物被几条绳子牵引着，而绳子是通过一个铁环松散的扣着。这些动物主要就是牛、驴、马、骡。此外，这样的车没有刹车，也没有缰绳。车主人吃睡都和这些牲口在一起，却极度地虐待这些动物。他们拿着皮鞭走在它们旁边，或是坐在车的前面，除了用鞭子抽打牲口之外，很少和这些牲口交流。他发出的口令也是指导或是训斥这些动物。不用多说，中国的车夫，可以得到挪亚方舟之外的任何工作。因为在 1860 年的时候，联军懊恼地发现，当他们雇佣的当地运输队都逃跑的时候，他们白人根本无法移动货物。

　　这些不幸乘客的感觉，就像乘坐武装货车在这个国家旅行。然而，没有其他交通工具可以在如此残破的道路上运送他们的货物去北京。这些道路大多是由碎石铺就的，但比土路也好不到哪里去。

　　虽然铁路造成重型车流量大幅度下降，但在公路繁多的北京仍有一定程度的使用。

　　在哈德门外，建立了许多货运车夫的小旅馆，看这些货物用原始的运输方式装载和卸载是一种有趣的事情。许多风尘满面但又快乐健康的男人们比那些在大路上口中叼着烟袋，将辫子盘在头上的人更少了。从早到晚，他们都毫无怨言地行走在运输的路上，当他们到达目的地后，卸载了货物，你会发现他们露出了久违的笑容，而且他们会享受一顿丰盛的大餐。同时，他们的雇主可能是一些政府官员或者是较富有的商人，在卸载货物，付完款又给了他们一些小费或是酒钱后他们就离开了。

　　一个章节也不足以描述北京城中这所著名的王府——一个中国高层的住宅，曾经辉煌一时后来没落的满族或是蒙古族贵族的住宅。这是北方城市的典型住宅建筑，他属于晚清的恭亲王——这所房子在它繁盛的时候，据说有上千人在内居住。[①]恭王府只是和珅府邸的一半，而和珅是中国乾隆皇帝的宠臣，和珅的财富大约要有 9 亿两白银，这些钱财都会让一个贪心的皇帝（嘉庆）感到无比兴奋。毫无疑问，乾隆最喜欢的后花园（恭王府）是今天北京城的奇迹之一。这座府邸内建有 64 个亭子，有些亭子是用皇家专用的琉璃瓦装饰的，而且在四角都有用来观测险情的塔楼。在这里游览仿佛置身于《天方夜谭》的童话世界一般。成千上万件貂皮大衣，数不清的珍珠项链，堆积如山的黄金，满柜子的宝玉，还有那堆成假山的珊瑚树，镶嵌在桌椅上的各种奇珍异宝——而这些只是和珅巨大财富中的一小部分。

　　"在一个东方的官场中，富可敌国往往是一件危险的事情。这种事情在历史上总是重复的发生。人内心的贪婪总是强于对死亡的恐惧。在激烈竞争的时代，对财富的贪婪使人丧失理智。"[②]

　　和珅也不例外。他被判处死刑，在被反复毒打后他交代了财富的总数量和隐藏的地方，最后他所有的财产都被没收了。嘉庆皇帝像伪君子一样，为这个他父亲最宠爱的大臣发表了一

---

　　① 有句土耳其的谚语：身有蜂蜜，苍蝇逐之。家族系统是一个生命原则，而且每一个伟大的人物都把他与家族的所有联系看作是理所当然的事情。
　　② 参见贝克豪斯和布兰德合著的《北京朝代编年史》。

套具有纪念意义的言辞：现在我们知道，没收一个首辅大臣财产的唯一目的就是给那些贪婪的官员提出一个严肃的警告。和珅的财富其具体数字不是我们要关心的，我们首要关心的是维护公务诚信原则。在这个充满趣味性的文件之中，我们能够读出嘉庆皇帝决心剥夺和珅的财富纯粹是为了报复和珅的贪婪。事实上如果皇帝知道了自己的首辅大臣贪污的事迹，他自己就应该质控他的首辅贪污之事。事实上，从嘉庆开始，乾隆皇帝留下的帝国，腐败已经深入到了骨髓。

　　和珅府邸的历史——西方人只知道是给了清朝皇族的一位王爷——现在也变成了北京历史的一部分。① 但是现在，恭王府的辉煌已经消散，人们已经不能从其中看到当年的繁华了。这在中国是很常见的事情。一个建筑越是美丽壮观，其花园越是有奇花异草，他富有的主人越是想着把它们隐藏起来。即使敞开着大门，我们也很难看到院子里那令人惊异的景色。我们认为房子只是温暖舒适的住所，能够为我们遮风避雨的观念与这些达官贵人对房子的观念是迥然不同的，他们认为，房子不仅占地要大，而且建筑上要美观大方，雍容华贵。因此，一个好的中国建筑总是很大，经常纵贯一两条街，而且，院子里还有自己的园林、花园和凉亭。这大概就是为什么北京很少有公园的原因吧。

　　从外面看，似乎所有的院子都是一样的，都由或长或短的墙围起来。在这样一个街道上有着一个令人费解之处——没有显著的地标——这样使得外国人在北京很容易迷路。这种事情

---

　　① 也许是命运的嘲弄，这座府邸经过修缮后成为了恭亲王奕䜣的府邸。而奕䜣在慈禧太后时期扮演着重要的角色。他通过腐败攫取了大量的财富，与因为贪婪而丧命的和珅不相上下。

在从前时有发生，因为这里有着数不清的房子。一个小商贩的住处可能会是鸿爪街，或是煎鱼巷或是石大人胡同（以人名命名的街巷，表明此人名气很大），但是，这对陌生人来说，没有任何意义，既不会通过这些名字来确定自己所在的具体位置（而中国的很多地方，都是以人名命名的），也不会通过这些名字，找到以这种奇怪坐标定位的商店。如果你找一个路人问路，那么他会按照指南针的定位来告诉你方向，比如，往北走，往南走，往东走，往西走，或者是往东南西北拐弯等，但这对一个外国人来说，却是很难适应的。①

交通的不畅使得来此观光的游客不得不绕道走更长的路。贫穷的乞丐在街道的角落里被冻得瑟瑟发抖，卖工的工人背着他们的行囊，猪倌或是羊倌轰撵着猪或羊去屠户的摊位，狗懒洋洋地睡在街心，所有的这些都使得游客们随时改变旅行的方向。但是结婚或是发丧队伍的长队才真正导致最严重的交通不畅。

这种队伍相当常见——他们通常在街道上留下一片亮丽的色彩，而且在请人选好了确定的良辰吉日的时候，他们就会在这天在街道上举行仪式，但是在交通警察看来，这将是一次严重的交通阻塞。

我们西方国家，一般对各种仪式都是从简的，但中国却不是。在社交方面，世界上最优雅的民族都保留着古老的传统和习惯，而且在许多家庭中，他们的婚丧嫁娶都是最破费的。但是有偶然，从西方或是美国留学回来的中国人，当他们结婚娶

---

① 外国人对中国人指路的这一习惯感到十分奇怪，当你移动一件家具的时候，本地的仆人们会说相互说，"往北挪一点"或者"再往西点"，诸如此类。

妻的时候，打破了这一传统。小新娘身穿粉红色的缎子外套，紧身的裤子，头上蒙着面纱；新郎穿着一件合身的马褂，头上戴着一顶 1870 年时候的老式帽子。他们会乘着敞篷车从这条街道上路过。他们也会去拍张照片，新郎正襟危坐，双手放在膝盖上，新娘坐在他的旁边——他们两个人看上去都非常羞涩。但是就像一般规律一样，这种老传统一直传承着。如果没有钱，他们甚至会借钱也要这样办。

　　送亲的队伍有时能长达一英里，而且包括上百名帮工，他们拿着锣鼓和灯笼，一对大鹅，还有象征婚姻幸福的礼物，以及装满礼品的礼盒和各种家用物品。他们的床单上绣着"多子多孙"的字样，象征着多生儿子，生活幸福，被折叠在红漆台上以显示他们的富有，盘子、篮子、时钟和炊具都与装有她衣服的樟木家具一起运送到夫家。然而，这一过程与随之而来的仪式和费用最喜剧的一幕，是媒婆和亲戚。但是，当我们看到这位娇小新娘出嫁了的时候，我们替她感到可怜，因为她从未和她的丈夫见过面。对她来说，结婚并不是爱情的最后归宿。我们所理解的"爱情"，东方人对此却避而不谈。当然，在中国，对一个可敬的年轻姑娘来说，这是不允许的奢侈品。在他们看来，这样的自我放纵对整个社会会造成很坏的影响。然而，这是以牺牲个人幸福为代价的，他们不会顾及向往幸福的受害者个人，他们顾及的是整个家族的长远利益。

　　婚丧仪式的盛况是寻常可见的，以至于，我们经常会弄错同时举行仪式的两队人马。因为，他们都是同样的装束，同样的形式，同样的口号，同样的音乐，以至于看不清他们长相的时候，经常会张冠李戴。在仪式上，演奏音乐的人中，会有人打击一种叫做"锣"的东西，它是用黄铜做成的圆形乐器，表面看上去好像一轮黄色的月亮，但声音着实不好听。但是声音越是刺耳，场面越是喧嚣热闹，吹鼓手越是高兴。

如果是葬礼，在这些仪式过去后，就是给亡人穿寿衣，之后，会请人为亡人画像。同时在烧些纸钱和纸人（仆人）还有纸制的车马等阴间的生活用品。人们认为通过烧完的烟，这些东西都会变成另一个世界的真实物品。

在这种葬礼中，亡人的直系亲属都穿着麻布衣服，其身后跟着很多亲戚和奴仆。司仪走在前面，在到达目的地后，就示意停止奏乐，开始追悼亡人，而且他会说："孝子贤孙，感念先祖。"言毕，则哭声震天。当司仪说："礼毕。"则哭声会马上停止。

棺材本身就是用红色绸缎裹着的灵柩台，而且打着几个涂有红色的洞。但是棺材本身是很普通的——虽然通常是用上好的木材做成，全身涂满红漆，看上去更加端庄而已。由于其本身很重，抬棺材的人的数量也是要考虑在内的。一般是，帝王的葬礼，抬棺材的人需要100人，但是通常情况下，有12、24、40或是96人抬棺材。在中国，抬棺材的事情通常都是交给最底层的二流子来做，但是，事实上棺材的人中也有衣衫褴褛的乞丐——只是在葬礼的时候给他们穿上一件麻衣就可以了。这些苦力中，都有一个管事的班头。他走在苦力的前面，指示他们方向，指导他们干活。他的两个助手把纸钱抛向空中，希望能为那些可能妨碍死者的灵魂们提供现金，以便死者能够安息。

在帝国中，高级官员的葬礼都是风光大葬，花费也不菲，通常都是成百上千两白银。一个伟大的人如何生活对他的道德地位很重要，但是他的家庭如何埋葬他也对这个家庭名声有很大影响。随着官方繁荣和奢华的衰落，他们死后的葬礼也比以前繁华时候要逊色得多。例如，现在扎的纸人，代替了以前下葬用的人俑（这在收藏市场上是抢手货）。

但是，变化最为明显的是埋葬死者的过程。以前在埋葬死者的时候，在身上要放块装饰用的玉，[①] 用特定的材料堵住鼻子，塞上耳朵，给死者合上嘴唇，然后用重物压住死者的长袍，然而，现在这套程序都没有了。上了年纪的人，当他们感到体力不支的时候，就会去订口棺材，有的也会预订这一套程序。也有孝顺的子女为他们上了年纪的父母预订棺材的。现在，这套风俗在民间已经慢慢地消失了，但是在上层，它依然被固执地执行着。

然而，我们是合格的拥护共和国的人，无论我们多么羡慕现代的北京，它有着未来繁荣的可能性（就像波士顿和马赛一样），我们应该承认或者悲观的承认如果皇家没有生活上或者葬礼上的奢华，那么皇家的身份也会受到影响。而那些多愁善感的人会想得更多。当午夜或是凌晨时，街道上充满了不安全因素的时候，他们会怀念过去满族辉煌的统治时期。至少我们可以说，北京，就像萨拉杜说巴黎的那样，"我原谅古代的这座城市，但是我喜欢现代的这座城市。"虽然过去这座城市非常残酷，非常固执，非常血腥和无情，但我内心对这座城市却充满了温情。

现在中国的觉醒和进步使我们理解了他的这句话。只有对

―――――――――

① 玉被认为具有防止尸体腐烂的特殊特性，我们知道玉作为护身符陪葬早在汉、周王朝就已经有了。库林说：（参见斯尼卡《中国大百科全书》）一只蝉形的护身符放在尸体的舌头上，因为蝉是复活的象征。同时在眼睛上放置鱼形的护身符，是能够在阴间看清事物的象征。

这座城市充满了深厚的感情之后才会说这样的话。但是，如果没有落后，不就没有进步吗？如果不是用红色的新砖来修缮那已经经历百年变迁的灰墙，这座城市也许没有发生必要的变化。现在她优雅地穿上了半俗半洋的服装，她带有的那诗意般的历史和传说，使她自身充满魅力，而且他们没有必要去理解西方那种刺耳的音乐，她自身就带有安静和谐的特色。让她当心，以免进步的风吹得太突然，太强烈，驱散了陈旧的举止和传统的微妙气氛。唯恐这座城市过去的迷雾被粗鲁地吹散，城市的哲学宝藏只能保留在老人们的记忆中，就像一个抽搐的生命，她的艺术宝藏已经保留到了其他的地方了。

第五章

中南海和景山

无论是从艺术美的角度还是从历史价值的角度，这些宫殿都是北京最美的景点。如果想要对这些宫殿有些什么认识，那么你至少需要在宫殿附近待上一整天。上午去故宫，下午去中南海和景山。但是如果时间充足，那么就可以多花几天时间游览皇宫和御花园，来回游览，相信每次都会让你大饱眼福。

　　紫禁城——天子的住所。这种高贵的观念，迫使人们更加尊重天子。当我们考虑到他所象征的一切时，人们通过认识它而对这个帝国的皇帝产生深深的崇敬，他手中有着巨大的精神力量，也有他神圣的血统传统。因此，参观紫禁城比起参观其他的高贵建筑来，要令人兴奋的多，也收获的多。当我们走进紫禁城就马上感到我们置身于古代文明的氛围之中，这个文明在18世纪的时候就开始衰落，但就这些宫殿本身，它们既古老又现代。

　　在故宫这个位置，大约一千年前就有帝王在这里选址建造宫殿。辽朝（公元925—1125年①）就已经在这里建立皇城了。在12世纪，金朝就开始在这里挖凿人工湖，他们从玉山引水到此。后来的蒙古就在北海建设了御花园。期间有个美丽的传说，元朝皇帝忽必烈命令自己的臣下到蒙古采来一种蓝色的花种植在这御花园中，来纪念自己的诞生地。

但是，直到明朝，紫禁城才有了今天的大致规模。满族人明智地知道他们无法超越明朝的设计，于是就保留了明朝紫禁城的规模，只是做了些许的调整。尽管乾隆曾经下令对皇宫进行修复，直到慈禧的时候，也就疏通了一下中南海。他们还继续保持严格关闭皇家楼宇的政策，也正是因为神秘，所以让人感到崇敬。皇城被一道道宫墙包围，红色的外墙已随着时间的流逝而褪色，优雅的角楼在角落里倒映在护城河下面。内墙中的神秘宫殿才是真正的禁城，这个真正的禁城包括圆明园和中南海以及御花园。然而，其他的墙也将其他的建筑分离开了。②

无论谁想要在紫禁城找到和欧洲君王的宫殿相似之处，那么他会非常失望。中国的宫殿，就像他们所有的华丽房屋——庙宇一样，毕竟包括高大的建筑，而且也包括一系列的有巨石作为地基的庄严的走廊。因此，紫禁城就像它的名字所显示的一样，是一个大城市里的小城，里面有宽阔的街道，成群的房屋，女人的专区，储物室，戏院和藏书阁，还有庙宇和其他用

---

① 应是公元907—1125年。——译者注

② 紫禁城有许多名字，这甚至会让陌生人经常弄错。它常被称为"圣城"，在中国人民间的流行说法就是"紫禁城"。这个紫并不是颜色上的紫，而是来源于中国古老的传统文化，他们认为北极星位于天的中央，就像帝国位于世界的中央一样，或者至少是帝都位于中国的中央。这种思想产生于耶稣诞生前的几个世纪。北极星在中国也被叫做"紫微星"。"紫微星"是与"上帝"相关的，这是一个终极的存在。它在人间的代言人就是帝国。在北京城的内城北面就有一座庙宇供奉紫微星君。

处的房屋。而所有的这些，按规定都是不允许外人轻易进出的。

中南海远没有圆明园规模宏大。低矮的围墙围绕着它，也没有护城河，就连城门也不像其他的城门那样宏伟。中南海的入口是新华门，旧称宝月楼，之前是乾隆皇帝为他的穆斯林妃子所建，这个妃子就是香妃，是乾隆在新疆平叛时获得的一位公主。这是一个有着传奇色彩的故事。这个故事是说，香妃来到京城，日夜思念故乡，但是按照祖制，她不能回家，所以乾隆皇帝就命人修建了宝月楼，在宝月楼旁又修建了清真寺，从楼上观望似乎还能看到去往麦加的路，也能看到她回家的路。因为她住在这里，而且日夜思念家乡，所以中国人又称宝月楼为"望乡楼"，是为了纪念这位异地而来的妃子。

直到前些年，中南海墙外的清真寺才被毁掉。"这座清真寺一直被一位去过麦加朝圣的中国穆斯林看护着。这位老者非常虔诚和恭敬。但是在1908年的时候，这位老者去世了，之后，清真寺的内墙和柱子都倒塌了，但是在这座清真寺被毁掉之前，它还是非常美丽壮观的。后来，袁世凯命令推到这些建筑，表面上是因为它不安全，而且也因为这里要建许多路障。实际上是因为袁世凯已经将总统府建在这里了，要把防戍部队安排在这里。"①

我们一走进中南海的大门，一种奇异的景色就深深地吸引了我们。在我们脚下的是南海或叫"南面的海"，在南海的中央有个仙境般的小岛"瀛台"，这里的美远胜过阳光下圆明园宫殿的琉璃瓦的奇光异彩。

---

① 参见贝克豪斯和布兰德合著的《北京朝代编年史》。

如同凡尔赛宫的建筑者一样，明朝的建筑者明确地知道怎么去布置景色。他们明白出奇和对比的魅力。他们充分意识到人工湖的价值所在——"山水"。这个意向是所有中国的园林设计师都看重的一个意向，所以他们都尽可能精妙地在园林设计上安排假山加水。永乐皇帝在金元王朝的基础上拓宽了湖面，是三座湖相连，即三海：南海、中海和北海。因此皇宫就以这闻名的中南海作为边界。

　　据谣传，在南海的东岸有许多假山，中间有条移动的通道（木桥即吊桥），在1900年的6月13日的时候，即义和团运动开始的时候，从这里能看到城中的烟火。走进中南海，第一眼看到的是最漂亮的景色，雕梁画栋的房屋，门窗的样式千奇百怪，有的像花瓶，有的像树叶，有的像茶壶，有的像扇面等等不一而足。所有这些都显示出了中国画工们的匠心独具，就连建筑用的砖石都非常漂亮。

　　游览瀛台的大船被存放在一个船坞里。这些大船每天都为慈禧太后服务，因为慈禧非常喜欢乘船在中南海中游览。曾经有次她命令停在联军炮击的地方，以便于自己在枪炮的嘈杂声中享受一次野餐。直到今天，当总统举行游园会时，笨重的驳船有时也会被迫服务，并将客人送过湖。站在船头的船夫也是经历了各种政治风波后的幸存者。

　　在船坞的右面有个奇怪的亭子，它建在一条泉水的旁边，这泉水通过好似拼图游戏一样的石刻慢慢流淌。岩石被这样错综复杂的排列，就是为了阻止泉水快速流动，在中国人看来，这样一种动态而不剧烈的景象是一种至上的美。①

走过泉水，我们就来到了小岛上，这里的一切美得让人永生不忘。这个风景美不胜收的地方，对于光绪皇帝来说，就像拿破仑的圣赫勒拿岛一样。太监每天都会换人来监视他，目的就是为了避免监视皇帝的人对这位不幸的君主产生同情进而帮助这位皇帝脱离苦海。当看守皇帝的人离开时，连接岛和陆地的吊桥就会被吊起来，只留下这位皇帝孤零零的在瀛台中游荡，或者坐在南面的台阶上赏景。光绪皇帝也等待着期盼着有一天康有为会给他带来惊喜。

当时间走到了 1902 年的时候，这位君主依然住在这里，可能由于他的懦弱，监控的没有那么严格了，不过他始终没有走出这座牢笼，一直到死。他龙居的卧室非常小，跟中国寻常百姓的卧室差不多，甚至更小些。但是这个小卧室却有一个非常大的玻璃窗，而且我们可以想象，脆弱而忧郁的光绪皇帝是如何愉快地注视着他最后的美丽世界的。

离瀛台不远的地方就是著名的石林。在晚春时节，这里吸引了更多的中国人参观。这是牡丹开放的季节，红色和粉红色的"帝王花"比起灰色的石头更加的招人眼球，而且也使得这个地方更加独特而美观。② 在盛夏时节，这里黑色的石头也会让人感到阵阵凉意。

中南海最重要的建筑就坐落在石林附近。我们通过一个名叫"万年桥"的曲折的小路来到这里。这里他们用讲究的雕花栏杆画廊形成交错的一个万字符，佛教心印，寓意吉祥。中

---

① 格列斯说："中国古老的思维认为流动的泉水会带走他们的好运，并且我还听说，在山区的房子，因为他们屋外的水流可能很快的原因，价格也非常低。"

② 这里的许多植物都已经有数百年之久。

国人最喜欢这种象征，在颐和园、官员的花园里和寺庙中也常见这种字形。他们的目的是为雨季期间提供一个有遮蔽的散步小道。

在建筑物的附近激起了我们的好奇心。这个白色的大理石墙，配有钉满了镀金门钉的红色大门，这个雕刻着与天坛样式相同的扶手，都是昨天的事物，跟它旁边的已经褪色的旧事物相比，有点太现代了。独裁者袁世凯建立了这个临时的住所，这个住所包括"黄金盒子"（一个普通的保险柜），在这个盒子里他放着三个继承自己的人的名字。这对他一个共和国总统来说，是非常重要的。他应该是想仿照清朝伟大的帝王康熙皇帝的做法，康熙皇帝没有明确指定继承人，但是却把自己选好的储君名字藏在一个盒子里，待他死后开启，以免皇子们一再发生的夺嫡事件。

在经历了多年风雪肆虐摧残之后的老树枯藤之下，有一条小道直通慈禧太后的私人戏院。为了消除演员演唱中的杂音，建筑师特意把戏院建在了水上。戏台非常小，但与其他的戏院比起来，这里更显得舒适而亲密。演员的换装室也非常袖珍，室内陈设也相当普通。只有皇家包厢是又大又壮观，包厢上还有一个巨大的印有五只蝙蝠的玻璃。在我们看来，这并不是一般意义的包厢，这是一个房间。这里的戏像中国人传统大戏一样，都是一演就持续三天。所以为了照顾看戏的人，必须要把包厢做得舒适宽敞。也因此，在看戏期间，会有间歇，提供茶水和饮食，同时也会在慈禧太后处理国家事务时暂停演出。

中南海的任何一个角落都和慈禧太后有着密接的关联。这位非凡的女人把持着大清帝国的朝政长达50年。当我们在这里游览时，我们似乎忘记了这位最早的主人。这就是她自身拥有的控制欲。这里是她热爱的地方（对她而言，这里好过圆明园），所以，这里只为她一人而建。经过这些建筑和花园，处处都是美景，处处都是匠心独具的设计，真是美得让人流连忘返。

穿过形如威尼斯城中常见的小河，就是现在共和国总统的接待室，而这接待室与周围古色古香的建筑显得极不协调。我们只瞥了一眼雕刻精美的天花板和地板上铺着的大理石，这些地板上的大理石都是黑白相间的，而且直白地说，就跟我们路过行政长官的住宅时匆匆瞥见的外国建筑十分类似。

为什么在如此美轮美奂的中国建筑中间出现这样不伦不类的外国建筑？答案就是"一个女人的心血来潮"，而且这个女人只能是慈禧。

在第一次接见外国使团的夫人们的时候，她做的非常谨慎，她为此还开放了自己的住所供那些夫人们参观。但是这些客人，她们的外国礼节太过粗俗，达不到慈禧自己的标准，她们总是对慈禧指指点点，看到哪里都感到古怪。因此，慈禧下令，将这些夫人们触碰过的东西全部扔掉，不要让她再看到。"这些笨拙的野蛮人应当在自己的庸俗环境里娱乐，而不是在我的家中。"这就是为什么她，一个连自己指尖都挑剔的艺术家和对所有的样式都严格要求的人，故意建造了这个丑陋的房子。

沿着她最喜欢散步的河岸（这里曾经是一条轻轨）①，我们就来到了另一处慈禧太后私人的住所。

----

① 这条轻轨是一些进步官员提出，经由太后同意而建的。太后同意在皇宫外修建一条铁路，但事后由于在试车时，引擎坏了，这惹脑了太后，所以下令将铁路拆毁。

在这个建筑前面有一个大屏风，就像我们进入寻常中国百姓家或者寺庙中的屏风一样，目的是为了避免邪神的影响，给自己带来好运。大门口有两个石狮子把守，在它们附近的大理石碑刻也非常引人注意。碑刻上刻着："为纪念中国第一次国会而建。"这些字是在四个月前由袁世凯下令刻上去的，当时中国正在筹办第一次国会。他竖立的这块纪念碑不大，所以有人猜测，这位独裁者并不急于宣传这样的纪念活动。

慈禧太后自己修建了这座有石狮子护卫的宫殿（乐寿堂）供自己使用，袁世凯却在慈禧太后的乐寿堂前通过为庭院加盖屋瓦而修建了一个丑陋的现代走廊。这个走廊有时候就是接待外国人的地方。而慈禧太后的乐寿堂也成为了新建筑的一种样板——一根深褐色檀香木被分割成好几块后搭建成一把雕刻精美的座椅，再加上她喜爱的花边，整把座椅都散发出温和的香气。座椅的这些隔板中圆形开口的框架有时厚六英寸，然而，它们在不同侧面进行了丰富多样的设计和雕刻。

就像慈禧听政的时候，她的臣子对她的称呼一样，坐在这个座椅上的就是太后老佛爷，她想着自己可以在死后，有些戏剧性的故事去见她的祖先。因为她已经到了风烛残年，她感到死亡的威胁已经慢慢降临到身边。这位不屈服的女人坚持自己从病床上起来接见达赖喇嘛。她在自己的宝座上盘腿打坐，她的旗袍素整，整个人显得端庄严肃，在她的最后时刻她像她非凡的先祖一样，下令打开大门接受佛教领袖的朝觐。但那深沉的寂静被深深的叹息打破了，那个企图控制死亡的骄傲女人垂下了头。受到惊吓的太监们也四散走开了。所有的恐惧突然变成了悲剧，没有人敢去验证他们的恐慌……直到达赖喇嘛自己站起来走到宝座上查看后，才确定慈禧真的死了。"看啊"，一个惊恐的目击者小声地说，"嘴还是张开的，这说明她的魂魄并不想离开她的身体去九泉之下。"而她的侄子光绪皇帝也早走她一步，老佛爷确实有很多理由希望能在她的宝座上待更长的时间以维系她那摇摇欲坠的王朝。

这就是慈禧太后去世的故事，尽管普通百姓都这么传言，但真假难辨。至少这个传说特别具有想象力，而且是根据具体场景的回忆，就像宫廷的太监宫女所描述的一样。我们离开这个地方，沿着湖边漫步，来到最后一座重要的海洋宫殿建筑——紫光阁——一个紫色的皇家宫殿。这个宫殿起初是明朝皇帝为了接见蒙古臣服的使者而修建的，后来这里主要是接见外国人，包括1900年前的西方使者。从它的大理石护栏到塔尖尖的屋檐来看，修整的好像一个宏大的帷幔，所有的建筑都有着非常清晰的计算，以便在他们到达陛下之前给他们留下深刻的印象。在宽阔的台阶脚下，形成一个庄严的道路，即使是今天漫不经心的游客，看到后也是激动不已。登上这个地方的时候，左右两排长而整齐的护卫都手持兵刃双膝跪地，齐呼万岁，想想谁能不激动啊！

大厅本身是个高40到50英尺的巨大公寓。建筑本身的简洁质朴使建筑显得更加宏伟。来到这里，目光本能地被写着汉文和满文的宝座所吸引，而且这个这个宝座也有精美的雕刻并有做工细致的镀金。

通过紫光阁后面的一个门，我们穿过中南海广场，过了马路，在金水桥下进入了北海。北海被一面独立的墙围着，一条宽阔的大街将北海与中南海分开了，这条大街修建于1392年，一直作为北海的通道。中国人诗意般称其为"玉带桥"，学者们会参考这点认为它就像一条长长的玉带，这湖也被称为"金海"或"圣池"。不幸的是，这座桥被袁世凯建的一道墙分割，也破坏了三座湖的整体视觉。从这座桥上，游者可以看到东面被城墙包围着的北海、圆形的王座大厅，还有承光殿的美景。据说这里是元朝时候的皇宫，但是时代太久远了。如同哈辛斯·比却林神父在1829年写的那样。有人说看到了一棵非常大的桦树，据说这是金朝时所栽种的。

承光殿对游客不开放。凡是读过马可·波罗和奥德瑞克著作的人都会记得他们对这个伟大可汗的宫殿的描写：这是世界上最漂亮的宫殿。为了修饰蒙古王朝留下的历史古迹，现在的政府在城墙内建了几栋有着琉璃瓦和盘龙柱的建筑。在主室的墙壁上覆盖着黄色的猫的图案，黑貂皮的地板，在前厅里有白貂貂皮的窗帘，其中还穿插丰富的红色皮革挂件。这个大厅现在依然雄伟壮观，其装饰有不同颜色的大理石和各色珍宝。就王座本身来说是一个里面是美玉，外面包金的座椅。黄金和珍珠做成的漏壶标记着时间，在日晷前会有人宣布盛宴的时间。

现在在银喇叭长鸣的地方，就是当年可汗在庆功时候的入口。那些伺候可汗的人，都穿着丝绸的衣服，而且捂住嘴和鼻子，这样不会因为气息而影响酒菜的味道。无论何时，他端起酒杯喝酒，都会响起音乐，而且臣子随从们都是低头喝酒，只有帝王一人是一饮而尽。在这样的时刻，没有人因为口渴而脸红，而且一个一米多高，价值连城的，巨大的珍宝流苏玉酒壶，因为这次盛宴而经常空了再装满美酒。这时，有人贡献上机械孔雀，鞑靼人却用来敬神。就如奥德瑞克在他的著作中所说：一个接一个的拍手，就好像孔雀翩翩起舞，给人以各种美的联想。现在看来，制造这些机械的人，应该是很了不起的设计师。

盛宴之后，尊贵的客人和他的宫廷随从们都去花园赏花。一些人也穿过树木繁茂之地（在北海）去抚摸温顺的鹿，"这里也有各种白色的鹿，还有羚羊、獐子和各种的松鼠"（马可·波罗）。另一些人，聚集在湖边的亭子里，亭子周围有无数雁、鸭和天鹅围绕，湖水里漂浮着雍容自在的莲花，花朵孤独而又庄严。

大可汗和他的酒量大又能打仗的随从们，因为长久的和平和富贵生活，而变得慵懒了。但他们奢华时代的浪漫气息仍然围绕着北海，就如同慈禧对南海情有独钟一样。

北海西岸有五座亭子——五龙亭（建于 1460 年），它最被诗人所称道，它的旁边就是摇摇欲坠的阐福寺。蔓草堆中还留有古色古香的梵文匾额，先蚕坛显示着皇后支持这 4500 年前就已经形成的中国农桑传统。万福楼的大佛像①（比雍和宫的佛像还大，还要精美），在代表着天堂的假山和低谷中间——一尊无量寿佛，微微含笑，显示着西天圣境的庄严和华美；光彩亮丽的九龙壁周围长满了蒲公英和各种野草②；这里还有一扇为袁世凯的儿子们去广场的门——所有这些古建筑似乎是童话中中了魔法而沉睡在这里的古城堡，自从建造它的人死后，这座城堡就变得安静而落寞。

这些地方几乎没有游客，所以分析北海这些被遗忘角落的魅力几乎是不可能的。这里的魅力必须自己过来亲自体会，来

---

① 大佛在 1919 年被大火烧毁。

② 九龙壁是一座用七彩琉璃砖做成的雕有许多龙的一面墙。这是一面独一无二的艺术珍品，许多条色彩艳丽的龙在蓝色的背景下，栩栩如生，画面上还有绿色的海浪，整面墙浑然一体，精致非凡。这也是中国古代的信仰表现，可惜现在这面墙周围其他的景物都已经没有了。

呼吸这里的空气，观察这里的一草一木，想象这里发生的故事。湖面上倒映的垂柳。河堤两岸形如游龙的过道。南飞的候鸟，池塘中的蛙鸣。河岸下面游动的水藻轻轻的抚摸着大理石堤岸，柔软的灌木疯狂地生长穿过了黄色的屋顶。湖面上古建筑的倒影还有那周围飞翔的群鸦。偶尔会看到夕阳下站在岩石上的孤鸿。这就是我们渴望看到的美景，不过现在都荒废而不再有往日的美好了。

湖对岸的山上有白塔，即白色的佛塔。在阳光下，远远望去就像一朵含苞未放的雪莲花。这座山有个美丽的传说，曾经在蒙古高原有个神奇的大山，就是著名的极乐山，人们认为极乐山有神奇的力量。一位唐朝的君主要求用自己的公主作为突厥王子的新娘来换取这座山。突厥人接受了这个要求。但是这座大山非常大且不容易搬运。然而唐朝人被天神赐予神力。他们在大山周围燃起大火，然后浇上醋，突然，这座山就像埃及艳后戴的珍珠一样，变成了一堆碎石，这样，唐朝人就把这座大山运送到了中国。①

对于这个魅力十足的建筑，还有一个富有诗意的传说。在很久以前，辽代的时候，著名的萧皇后，她不仅在西山东面的百望山建造了一座庙宇（现在已经毁坏），而且也在这里建造了一个著名的叫做"粉塔"的小型宫殿。但是，这个自负的女人却把这个地方给了一个叫丘处机的云游道士。这位道士后来被成吉思汗所敬重，人称"长春真人"，成吉思汗经常在宫廷召见他，询问一下宗教和政治方面的事情。

---

① 事实上，这座山就像景山一样，很可能是挖凿北海时，用挖出来的土堆成的。元朝时，他们用原始的抽水机械为山顶提供了水源——即从龙嘴里吐出来泉水。然而，这泉水也因为时代久远而消失了。

现在的白塔建于 1652 年顺治年间。当时西藏的宗教领袖达赖喇嘛到北京接受册封时，为了护佑皇朝，提议修建佛塔，并从蒙古和西藏带来了佛舍利作为镇塔之宝。

白塔所建之处，是当时北京城的最高点，从此望去，北京城的景色尽收眼底。上坡的路较为陡峭，但是我们准备中途疲惫的时候在一处平台上休息会儿再继续攀登。在这里我们发现了一座庙宇，庙宇中摆放着一组古朴精巧的，代表着异端教派邪恶领袖被佛祖、菩萨和罗汉擒伏的铜像。再远处，我们就到了我们期待的雅致的牌楼。再往上走，我们就看到了五颜六色的彩色屋顶。最后，我们到达了最高的平台，这里有一座供奉一位颈上戴着以人头骨做项链长着三头六臂的神的神龛，在神龛之后，就是比我们预想的要大得多、高得多的白塔。

现在从这个最高处往四周观望，我们看到的一切都显得宁静而崇高。在这里能够看到整个北京内城的景色，而且远近适中。绿树掩映着宫殿，梦幻般的檐墙和独具东方特色的屋顶，真是美不胜收。蓬松的柏树像弯曲的老臣子在微风中鞠躬，远处的山峰将蓝色的肩膀转向我们。

我们恋恋不舍地离开这里，慢慢走过石阶，穿过一座精美的大理石桥，然后，我们来到了景山。景山位于紫禁城的北门，周围也被城墙围绕。

我们沿着护城河，河中的莲花正在开放的季节，不时飘来阵阵香气。我们穿过一座座用黄色瓷砖雕成精致屋顶的牌楼。蓝色瓷砖的圣所就是大高玄殿，或者叫做最高的庙宇。这个漂亮的庙宇始建于 1550 年。起初这里是甄选宫女的地方，在这里也教授宫女们各种礼节。"每年的七月七日"，哈辛斯神父说："这些宫女将在皇帝面前展示她们学到的各种礼节。"当这天即将到来的时候，宫女们心里都是惴惴不安的。宫女们开始了在这宫墙之内被认为最神圣的生活。后来，这里被改造成了一座供奉玉皇的神庙（这是道教的最高信仰，这种信仰在宋代被推向极致，玉皇就是被普通百姓尊为上帝的人），每到干旱时节，皇帝都会到这里来祈雨。这祈祷之地，在1900年时候，被外国士兵破坏殆尽。这处名胜之地由清代皇家掌管，每年只有指定的几个日子对皇家开放，但从来不对外人开放。

可以说，大高玄殿映衬着在景山山脚下的寿皇殿，它位于景山正北面，这里是皇室的宗祠，藏有历代帝王的画像，而且，帝王去世后，会把遗体放在这里等候安葬。

如同白塔所在的山丘一样，景山也不是自然形成的，而是一个比它旁边美丽的五龙亭还要古老的人工土丘。[①] 元朝早期建设这个土丘的原因现在还在争议之中。有些人认为这是为了阻止帝国周围来自北方的邪气；而有些人认为这是为了防止外族围攻，为皇城储备日用的煤所形成的土丘；还有些人对这两点都产生了质疑，他们认为堆成这座土丘就是为了给北京城和皇城设置一个钟楼，此外，很多人也认为景山就是帝国的一个娱乐场所。

毫无疑问，这些论断中，肯定有一个是正确的。在皇宫后面为了储存日用的煤而堆成一座土丘的做法，在唐代陕西的西安府就已经有先例了。对战争影响的考虑自古就有，然而，带有人工山丘的游乐园的起源，展示了人们对娱乐和多样性的渴望。

[①] 通过与大使馆人员的协商，我们获得了去景山游览的许可。景山还是不对外开放的，因为在景山的山顶可以看到目前仍为退位的宣统帝所居住的紫禁城的全貌。

无论它的建造者最初的目的是什么，在 16 世纪时，嘉庆皇帝将此处修整的绿树葱茏，亭台轩榭错落有致，使其变成了真正的皇家园林。当俄国沙皇凯瑟琳看到她的大使对景山的描写后，就一再下令要在她的沙皇别墅中按照景山的蓝图修建自己的宫殿。

在中国人的头脑中，一提到景山，就会想起明代最后一位皇帝的惨死。在这里他结束了自己的生命，也结束了他的王朝。随着清晨第一缕阳光打破沉寂，"这位皇帝换了一套行装，带着一条长长的丝带。皇宫中已经响起了早朝的钟声，但是却没有一个臣子出现在皇帝面前。这位皇帝披上一身龙袍，束上一条紫色和黄色相间的腰带，光着左脚走出皇宫来到景山。其身后跟着一位忠实的太监，王承恩。上吊死前于蓝色袍服上大书：

'朕自登基十七年，逆贼直逼京师，虽朕薄德匪躬，上干天怒，致逆贼直逼京师，然皆诸臣误朕也。朕死，无面目见祖宗于地下，自去冠冕，以发覆面。任贼分裂朕尸，勿伤百姓一人。'

他在亭子里摘取了龙冠，然后披头散发，上吊自杀，这位忠实的太监为了追随他，也自杀了。"①

崇祯帝选择在他的游玩之地——景山——结束自己的生命，在明朝末年腐败不堪的官僚体制下，也是对那些不可求药的官员一种最辛辣的讽刺。在崇祯帝执政期间，他为了挽救风雨飘摇的大明王朝，殚精竭虑，为了巩固政权，他用重典惩治

---

① 参见贝克豪斯和布兰德著的《北京朝代编年史》。通常认为崇祯皇帝是在一棵树上吊死的，后来人们还找了他吊死的那棵树。

腐败和玩忽职守的官员。他在位的 17 年间就换了几十个首辅大臣。此外，他在宫廷内铲除了阉党，这些是国家的硕鼠，已经把国家消耗殆尽了。这些太监为了奢侈享乐，极尽其能事。景山也变成了他们的娱乐之地，其奢华程度远胜过玛丽·安托瓦内特的小特里阿农宫。这些太监们不务正业，整天在景山赏景游荡。他们还用昂贵的地毯铺路，他们请画匠为自己作画时，用昂贵的丝绸垫子垫住手臂以免自己受累。穷奢极欲的享受也使得国库空虚，民不聊生。

第六章

博物馆和后宫

由于紫禁城已经对外人封闭了几个世纪了，在午门和太和门之间的通道面向大众开放时，不得不说这是一个令人振奋的消息。这是民国政府成立后，袁世凯所做的事情，袁世凯将这个古代接见武官的大厅改造成了一个艺术博物馆。在东面相应的建筑被保留下来作为接见文官的处所。[①] 在这些建筑中，著名的传心殿现在被用作卷轴画的展览馆，有时也展出一些特别的文物，比如，无价之宝，路易十六赠予乾隆的哥白林地毯；耶稣会士郎世宁为乾隆妃子画的画像，[②] 和一些漂亮的中国

　　[①]　在中国人的观念中，文官要优于武官的。这在宫殿的设计上就能看出来，接见武官的大厅都在紫禁城的西边或是右边，而接见文官的大厅却是在东面或是左边。左边在中国人的观念中是代表尊贵的意思。

　　[②]　"中国的美术艺术观点与西方有本质的不同，而且耶稣会士王致诚（法国）和郎世宁已经证明了这一点。他们在18世纪作为画家进入中国的皇宫，努力使中国人接受欧洲的艺术以及与原子科学理论，模式化造型以及绘画中的形式和光……当马噶尔尼公爵在50年后带着几幅欧洲的画作作为乔治三世赠与乾隆的礼物时，中国的政界要员都被画作中的阴影所震惊了，他们严肃地问及肖像原来是不是真的脸部的一边要比另一边黑些，肖像的鼻子是最大的瑕疵，这些要员中，有的认为这种情况是一种偶然。"——布舍尔

家具。

去博物馆的游客只需要购买价格不高的门票就可从西华门或是东华门进入了。最好是从西华门进去，因为这里离展览馆最近，从这里穿过一个大院落到东面，就可以游览文渊阁，然后从东华门出去。

这个展览馆中展出的物品，都是没有被外国人抢走的惊世之作。这些都是从满族统治者所在的热河和奉天搜集的宝物，而且全都是艺术珍品，都体现了中国匠人巧夺天工的神作。

这次展出占用了三座大厅，观看的游客太多了，以至于走完这三座大厅就需要一两个小时。尽管如此，如果想对青铜器做一个细致的研究，那得需要好多天。虽然有很多展品，但这三座大厅已经足够摆放这些东西了。① 这里用敞开的木质格式屏风作为间隔，光线非常柔和。展示的物品沿着一条直线摆放，观赏者可以跟着指示的路线一一观赏艺术品。一些外国的鉴赏家帮助中国人以一种合适的方式陈列物品，但不幸的是，因为空间的原因，一些瓷器和青铜器因为太大、太高或者摆放的离观赏区太远，无法仔细观赏。然而，最大的缺点就是在观赏这些艺术品时，尽管每个艺术品都用中文标注了名字，但却没有外文的注解。②

穿过博物馆中间的门（这里免费出入），我们进入了一个小型的单独展览景泰蓝的展厅。这些景泰蓝艺术品最早是从西方传到中国的，因此它的名字叫"法兰"或者西式工艺品，

---

① 在这些建筑中有个由德国设计师设计的隐秘的红色防火储藏室。这里存放着博物馆无法摆放的各种物品。

② 对中国的艺术珍品感兴趣的读者可以从下面的书籍中找些相关信息：布舍尔：《中国艺术手册》，胡布森：《中国的陶器和瓷器》，格列斯：《中国美术艺术史》。

这是中国不擅长的少数工艺品之一。事实上，这也是所有的工艺品中，展出最少的一种。艺术作品都是独一无二的，而不是量产的。其中一些明代的展品，都是精巧至极。但是体态庞大气派的佛塔和舍利塔的模型，确是乾隆时期的劣质品，既不美观也没价值，尽管这在当时来说是最好的艺术品。而那些经过精细雕刻的紫檀木桌子，却是让人非常喜爱。

在一个沿着墙的小看台上，我们发现许多奇怪的事情，比如，在中国人的接待室中，他们在壁画前摆花的花瓶，他们的太师椅，甚至有些类似于现代四轮马车的家具，还有各种动物形状的酒杯和香炉。奇怪的是，这些老艺术家故意塑造一个母牛的形状不合比例的缩短，而且给人一种奇怪的、扭曲、运动的感觉，或者是一个马的形象，形状古怪，但气势非凡。

朝门的主厅中摆满了各种珍贵文物。在这个古老的王座平台前摆放的独特的青铜器样品显示了高超的绘画技艺。右边一个高大的玻璃展柜中摆放着著名的清代郎窑烧制的釉红瓷器，这是一个晶莹的光亮透明的釉红花瓶——和摩根图书馆里珍藏的釉红瓷器一样精美。这个美丽的红色瓷器还有个美丽的传说。在古代，一个著名瓷器工匠接到了皇帝的圣旨，要求他烧制血红色的瓷器。为了达到皇帝的要求，他努力烧制了49次。他已经穷尽了他所有的家当，也用尽了所有的精力和才华。在距离到达指定期限前的第七天夜里，这位工匠纵身跳到了瓷窑里，他的伙伴们来不及搭救，他就化成了灰烬，但令人奇怪的是，他的伙伴惊奇地发现血红色瓷器烧制成功了！史册记载，在第八天的夜里，这个工匠趁着他的伙伴去休息时，只身跳入火海，就在当晚，瓷器烧制成功了。"如果你们早上找不到我了，"老工匠对他的伙伴说，"那么就把瓷器拿出来，因为我知道我定会按期限完成皇上交给的使命。"然后，他的伙伴就去休息了。就在当晚，老工匠跳入了瓷窑，将自己的灵魂融入了一生都在努力的事业，同时也使自己得到了永恒。当第二天早上，他的伙伴上工的时候，看到的只是老工匠的骨灰了。但是他却在釉红瓷器中得到了永生。（参见何恩：《中国鬼神传说》）

这种漂亮的烧制品，需要特定的烧制程序，但是很少有工匠能把握住烧制的火候，很难烧制出颜色和质地浑然一体的产品。"首次的成功，肯定是出于偶然，成功后这种技艺就被聪明的工匠所习得，他们能够分析出各种金属氧化物的比例，从而烧制出巧夺天工的艺术品"。中国人管这种斑釉叫"窑片"，但是法国人称其为"烧制品"，也许烧制品听起来非常古怪，但却形象地表达出了这种艺术品炉火纯青的样态。①

东墙的对面摆放的是红色和彩色的漆雕作品。这些都是乾隆时期的工艺品，现在市面上出现的类似工艺品多为仿造。因为制作这些精美的东西，不仅要求工艺家有高超的技艺，还要有十足的耐心。他们为了工艺品上的一个小小的细节，要精雕细刻，有时要花上足足好几个星期的时间。在一个胎瓶上，刷漆要均匀，而且外表要始终保持温暖，然后用一个锋利的刀子在上面进行雕刻。乾隆皇帝对这些漆雕作品有着非同一般的喜爱。所有的工艺品都是在他宫殿里的造办处制作的，比如这个有着八英尺高，呈12层的屏风，中间摆放着小桌的床，还有接待大厅摆放的各种桌椅，此外还有各种小型的东西，非常有用也特别精美。

---

① 参见布兰克：《闲话古代中国》。

这些工艺品精彩至极，使人目不暇接。看完这些，我们来到了宋代瓷器的展厅，这里展出的是著名的"定窑"工艺品，定窑在中国直隶省的定州。对于游览者来说，前面看到的工艺品，那真是色彩的盛宴，让人兴奋而活跃。而这里展出的工艺品，却让游览者们感受到了素朴和雅致，一种别样的高贵。这些精美的工艺品色泽淡雅，釉面颜色晶莹剔透，如同象牙色一般，这些就是著名的"白定"，而那些微黄色的，有点像黏土颜色的瓷器，被叫做"土定"，这种"土定"工艺品，是宋代藏品中保留的较多的一种。"这些碗和盘子"，布舍尔说，"从头到脚方方面面都经过了细心精致的加工，而后又高温烧制，使其全身加釉，出品后精致非常，但要妥善保存。一些瓷器的颜色犹如白玉，但特意饰以泪状斑点；还有一些瓷器，雕有各种花或其他图案；第三种瓷器就是经过精心的设计，主要饰以牡丹花、百合花和飞翔的凤凰图案。"令人失望的是，这些大师作品中没有一个是署名的。在中国，这些大师的名字向来不被重视，在日本也是一样。有个性的艺术家，为了达到艺术的完美，不辞辛劳，为了技艺的精湛，废寝忘食，刻苦训练，就是为了将自己的个人风格融入到作品中，也是为了将形式、传统和时尚与自己的个性浑然合一。

从这个走廊中，走到另一个大厅，这个大厅中悬挂着一些织锦画，它们有着显著的蓝色格调，而且非常有艺术特色。这些都是非常有趣的样品，但是作为整体的展厅则显得不充分也不是很重要。乾隆的红色漆雕宝座，镶有金漆的黄色绣花屏风，精雕细刻的桌子，还有那夺目的珐琅色拐杖，仅此而已。

在博物馆中，一个小型玻璃展柜中摆放着几个最珍贵的瓷器。尤其值得我们关注的是一个宋代的无价之宝——绛紫色瓷器，一个褐色器皿，还有一个显德年间（公元954—959年）的花坛，这个花瓶是中国保存完好的瓷器中最古老的之一。① 毫无疑问，这个花瓶已经保存了上千年。所有描写"柴窑"瓷器的文字，都用"薄如纸明如镜"来形容。就因为柴窑已经没有了，所以我们必须找到相关的文献资料来证明它的存在。

引人注目的还有一盏海绿色瓷茶壶，一身漂亮光彩的釉色且保存完好。专家告诉我们这绿色的瓷器起初都是单色烧制的，而且和许多众所周知的古代文物一样，都是少见的，但是却保存如此的完美。当土耳其人和波斯人大量购买这些器皿的时候，这种器皿的制造工艺已经达到了最高水平。这些购买的外国人，不仅认为这些器皿美观精致，更重要的是，他们认为用这些器皿盛放食物，能够测出食物是否有毒。

此外，在这些宝物中，我们最欣赏几件漂亮的淡蓝色样品，一堆半透明的中国白碗，这白碗的颜色如同象牙一般，造诣精湛。还有一堆小型白色花瓶，这些花瓶轻薄至极，以至于感觉稍微一碰就会碎掉一样。还有一些盒子和著名的无价之宝桃花茶壶。一听桃花茶壶这个名字，估计会让人联想到粉红色的桃花，但是实际上这是暗红色或是棕色，色调非常漂亮的花瓶。这个花瓶上，桃花和绿叶相得益彰，衬托的恰到好处，让人联想到初春时乍暖还寒的希望之情，而不是盛春时，漫天飞花的洋洋之色。

收藏的奇特的鼻烟壶、药箱以及路易十五时期的用来放奖

---

① 唐代时，越窑生产的瓷器应该是中国古代最有名的（大概是早期用的陶器），但是，现在已经找不到保存完好的样品了。据说，有个北京的僧人幸运地保存了十盏唐朝越窑时候的茶杯，但是这些茶杯是真品还是赝品，现在仍是个谜。——胡布森。

章的螺母托盘，吸引了西方人的目光。这些东西很多都是由郎世宁神父或是他的两个国学生绘制的。仔细查看这些小摆设，跟中国纯粹的高贵质朴的作品相比，显得那么琐碎和造作，他们配色方案的精妙之处和"他们以最直接和最能表达他们中的主题为愿景的强度……在许多方面，这种目标是和日本最好的学院以及惠斯勒的天才们类似的。同时，也和西方的大师们异曲同工"——布舍尔。

这个大厅中展示的物品，显示了古代中国皇家美丽而优雅的生活方式。青铜马车饰件，黄金马掌，雕刻的马镫和马鞍，虎皮做的马鞍，弧形弯刀刀柄和宝石装饰的刀鞘，丝绸和金丝编织的地毯，绸缎垫子、象牙和珊瑚饰品装饰的长袍——中国工匠用他们掌握的精湛技术为宫廷的奢华生活创制各种需要的服饰。并且，用各种饰品来增加设计的美感，来显示皇家的威严，来提升贵族的自豪感和高贵感。中国过去的辉煌让我们这些西方人叹为观止，我们在这个展览馆就像龚古尔在凡尔赛宫感到的惊讶一样："可惜这些艺术品现在应该送到博物馆的冰冷的坟墓里去了，而且，这么精美的东西只是受到了愚蠢路人漫不经心的一瞥。"

在这个大厅的其他展柜中，摆放着一些适合西方人品位的精致的工艺品，这些都是法国国王作为礼物送给满族皇帝的。比如，有华丽的镀金茶壶、盒子和高脚杯等。

除了展示的青铜镜之外，展示其他的东西方往来的礼物都显得那么俗气！[①]每一本精装书，或者是展出的笔筒、毛笔和

---

① 这些青铜镜中有不少是非常珍贵的，且大都比我们的时代要早得多，它们大多是在古墓中被发掘的。

墨，在中国人看来都是博物馆中最有趣的展品。这些学者在天朝大国如此的受尊重，以至于中国最好的艺术家都要不辞辛劳的费尽心血为他们制作墨块并加以精细的修饰。作为一个精致的富于东方想象力的事物，这些墨块，为中国那些美丽的诗词提供了行云流水般的想象力和创造力，是最值得耐心观看的展品之一。

这些精致工艺的质量和富于幻想的灵感都体现在了竹刻、象牙雕刻和漆雕上。

玉器成为了我们关注的对象。尽管收集了古老的碎片，没有完整的物品，但这都是上千年的珍品。所幸有几件汉代的完好样品，是从一座古墓里出土的。然而，对于玉器来说，越是年代近的，其价值越小。有一个乾隆时期的玉片，非常漂亮，光泽度非常好，是玉器中的上品。这块精致的美玉，也有点黄色的瑕疵，但在这块珍贵的玉上的瑕疵却是最珍贵，最坚硬的，只有最好的工匠才想着去雕刻它。

除了他们最喜爱的这么多颜色的美玉之外，中国人还对一些外形像花朵和水果的石头情有独钟。玛瑙雏菊，紫水晶葡萄，红宝石梨果，水晶制作的碧玺桃树，玉器制作的珊瑚岩，其巧夺天工的技巧，令我们惊奇不已。这些犹如仙境中的水果和花朵过去都是皇宫中最喜欢用的装饰，也是每逢新年皇帝赐给他忠实奴仆的最佳礼物。

再从过道中走到外厅，游览者参观数不清的瓷器展品台，他们对一件单色瓷器记忆犹新。这是被中西方所有的鉴赏家公认最漂亮的中国陶瓷工艺品。具有最纯粹的美的形式和如诗般的轮廓。西方文艺复兴时期与康熙的时代大致相当，但不同的是没有什么比这些单色釉更显著的了，很多精美的制品都产自乾隆和雍正时期。这两个时代都引进新的品种并且丰富了它们之前的各种形式，直到各种颜色都成功复制才可以——奶白色、蓝白色、纯白色、各种蓝色、太阳的黄色等等。尽管这些在中国，600年前都已经有了，但是我们现在还是无法复制。

当我们恋恋不舍地离开中心展厅的宝物的时候，右边一个小的封闭的展厅吸引了我们。这里没什么好奇的东西，就是这个展厅本身非常古怪。这是一个乾隆时期的浴室，是乾隆为香妃所建。

最后的大厅是博物馆的空地，这个地方展示一些极好的青铜器，都是些公元前1000年到公元前1500年间的古物。作为一个整体的收藏品，青铜器在艺术家的眼里应该是这座博物馆中最好的物品了。在考古学家眼里，那更是无与伦比了。最重要的是，它们作为中国最早的艺术形式，后来陶瓷制品取代了青铜器，到今天黄铜已经变得非常便宜了。他们的研究给我们留下了深刻的印象：中国艺术的奇特延续性。在明朝时，其瓷器按常规的生产，复制先秦和汉代青铜制品似乎是不允许的。例如，禁止很多珍贵物品的创造，因此艺术几乎都是静止的，复制这些形式和图案应对不同人的要求、习惯和风俗有着深刻的理解和诠释才可以。然而，另一方面，传统也促使人们继续创新，而且鼓励保持高贵的约束力和素朴风格。毕竟，我们在旧事物上有安全感。

这些源自古代的容器展现了中华民族的灵魂和发展。祭祀时，将酒杯中的酒洒向天地来证明神灵的存在和天地的不朽，并伴有虔诚感情的诗歌，中国有无数个时代，都对这种祭祀存在敬畏。焚香者的虔诚之心和寺庙的钟声都是对过往时代的一种怀念，就如同这些精美的器物显示着过去时代的优雅一样。

在这些青铜器上镌刻的文字，它的破译给我们提供了一个国家的历史，即用中国早期古代文字记录的战争和荣耀。因为这些原因，最轻率的人必须尊重古代文明的美丽证据，这些证据历经了世纪的变迁。

离开博物馆，往东转，我们穿过几条弯曲的人工河，桥都是汉白玉雕刻，直接来到了东华门，这是皇帝在后宫居住时，官员们参加会见的地方。而且这个门在1900年时被义和团用来悬挂外国人的首级而闻名。

要欣赏整个紫禁城最美的景色，黄色屋顶和阳光相映成趣的壮丽奇景，就像古代皇帝那样，那么我们应该走上重华门（和前门相对）的长廊上去。以前这里是免费通过的，不过现在已经封闭了。重华门是开放的，我们可以沿着石头铺就的过道走到天安门，天安门侧面有两个雕刻着太阳和祥云图案的大理石华表。但是这里的三道门也是关闭的。①

在天安门和午门之间是紫禁城的外部，这都被团城包围着。在东半部分，是太庙和先祖庙，禁止所有人随意出入。清朝的制度是，这里是除了天坛外最重要的祭祀场所。皇宫中的人喜欢西半部分的广场，社稷坛现在已经变成了公园（中心公园），这里是允许人参观的。社稷坛以前只有皇帝才能有资格进去。在台阶上，有三个不同等级的白色大理石，也有从帝国五个不同的省份中选出五种不同颜色的土运送进京。有黄、黑、红、白、蓝五种颜色，这五种土代表着帝国的五个方向，北、南、西、东和中，但是也代表着共和国国旗的五种颜色。

---

① 直到中华民国建立之后，这个王朝的大门才关闭，而且之前是有镶黄旗兵营的人在守卫。除了皇家的人和接见外国使者时允许进去外，闲杂人等是被禁止的。

著名的午门是官员进出紫禁城内城的通道，也是皇宫城门中最壮观的城门。在城墙中依然保留着一座要塞，巨大的塔楼和厚重的木门使得开关大门时都非常缓慢，也正因为如此，正门都是在国家大典时才打开。无论何时，都是皇帝从正门经过，当皇帝经过时，塔楼还要敲钟，皇帝需在钟声中走过此门。但军队凯旋归来，皇帝要在此门接见他们，并观看战利品。同时，皇帝也在此门接见外国使者和观看他们的贡品，并在新年时，在这里宣布新的年历。

　　时代改变了，自从清帝退位，午门就开始对外开放了，但不经常。据说，在午门城楼要建一个国家图书馆。毫无疑问，这些年，游客们迫不及待地想看一看这个辉煌的帝国大门。但是现在我们可以从中心公园或者从博物馆附近的广场来观看这里的景观。

　　在太和殿之外的宏大的广场是中国最吸引人的地方之一，这里要比法国的协和广场大许多，也庄严许多。其比例之庄严，在太阳的照耀下，大理石台阶上的建筑物显得格外壮观，而这些建筑物在太阳下的阴影与建筑物形成了鲜明的对比，更加衬托出建筑物的庄严宏伟。在线条的漂亮和纯粹性上，如果我们和印度及印度支那相比，比如吴哥窟的建筑艺术，我们就会深深地钦佩中国，这些建筑体现了中国最本真的古典味道，即我们所知道的，装饰建筑物最伟大的艺术秘密就是，用装饰烘托建筑物，而不是建筑物烘托装饰。据一个伟大的评论说："装饰的奴仆，就是通常线条上所显示的奴性，而主人通常都是自由的。奴隶通常都是沉默的，而主人都是雄辩的，奴隶都是急躁的，而主人都是安静的……南方人的眼睛不满足于简单和庞大的轮廓，而且南方的建筑师也对狭小的空间和不起眼的零散物做出精细的调整和归置。"这也就有了永乐年间天才的建筑师用世界上的大的小的建筑材料创造出比例和谐、规模宏大的宫殿。

这里有三个主要的宫殿，就是著名的三大殿，每两个大殿中间都有一个广场间隔。第一个也是最好的一个，是太和殿或是金銮殿。

建筑规模有 110 英尺高，200 英尺长，100 英尺宽，其有五个雕刻的大理石台阶，一直连接最高的那个台阶，其上雕刻着太阳和月亮。在门前有鎏金铜水箱，这个大厅以前只在最高仪式的场合使用，如新皇帝登基或皇帝的生日之际才可以使用。①

室内富丽堂皇。青铜色的漆柱，丰富的红柱子，支撑梁画的方格天花板显示着蓝色和绿色的孔雀尾巴，还有各种龙的图案，这也是帝国权力的象征。

但是中国建筑艺术上最伟大的特征体现在屋顶上。在西方的建筑艺术上，通常都不注重房顶的美观。西方建筑的房顶都是源自帐篷模式的设计，有一个较小的垂直高度，但是最后会用最结实耐用的材料来达到最高的完美。屋檐上的瓦片向下和向上的弧线都是帆布斜面的自然线条，而中间凸起的部分是帐篷顶端最高点。这个最高点本身已经被发展成了一个支持核心，然而这些装饰的房檐不过是帷幔边上的绣花装饰固定化的形式。

中国的建筑师为了建筑风格的多样性变化会偶尔用双重或

---

① 这就是 1913 年，外国使者承认袁世凯为中华民国大总统的地方。在 17 世纪和 18 世纪，外国使者都是在这三大殿中被接见的。

三重屋檐，就像太和殿的屋檐建筑一样，或者用内部的穿顶。他们也会用它们奇形怪状的动物形态仔细地装饰屋顶和屋檐，他们从来不会随机选择灿烂的琉璃瓦的颜色，而是严格按照等级规制来认真对待每一个建筑物的房顶，放置属于其规制的琉璃瓦。最后，细心的观察者会注意到，直线和方形屋顶可能从远处出现，并不在一条直线上。即使是主要建筑上的琉璃瓦也有轻微的波动，如同水波荡漾一样，这不是偶然的，而是建筑师根据其传统特征加上美学造诣，在一个宏大的建筑群中有意设计的样式。

在太和殿的后面是中和殿。这是一个小型的广场建筑，皇帝每年在这里视察农业工具和种子样本，而且光绪皇帝在1898年于此地被捕，随又被软禁在中南海的瀛台。

三大殿的第三个殿是保和殿，之前是科举的殿试考场，每逢殿试翰林院的学子们都在这里考试。

在任何情况下，都不允许参观的部分（估计只占紫禁城中一平方英里的部分）被一个红墙所隔，红墙中有个密封的门——乾清门。这里是退位的清朝皇帝居住的地方，一个孤独的孩子被哄着到龙椅上玩，然后进行了登基大典，但是这位小孩还是看着自己的帝国没落以致灭亡。但是他们在这个小小的空间内还保持着皇家的威仪。法令还是用皇家的名头来书写和下达，王子向君主致敬；太监为皇帝穿上正式的黄袍。我们很好奇这个令人难以置信的王国，也对这个王国产生了深深的同情，这也是神秘北京最后的神秘堡垒。

让我们不要为我们被拒之门外感到遗憾，还是充分利用少数留给我们的禁区吧。这些禁区如此之小，当所有的景区都免费向公众开放时，这个小世界（紫禁城）会给我们更多的惊喜。紫禁城的魅力，这个魅力引领我们在早年的时候就先领略了这些迷人景色，这种经历对我们晚年也非常有益。而且，在最后我们没看到的景象，也许将来会在我们梦中萦绕。

尽管关闭了，对我们来说从地图上寻找三大殿之外的紫禁城角落也是非常容易的，而且从参观者的描述中也能得到这些信息，这些参观者都是在 1900 年八国联军部队进驻紫禁城后过来参观的。

在乾清门后有一个宫殿，都是历史名胜。它们中最著名的就是乾清宫，被中国人自己认为是所有的宫殿中最重要的一个。在这里皇帝通常召开会议，而且在义和团兴起后（根据新签订的和平协议），这里也成了一个新的外交机构。而西方国家最后也意识到了他们的外交使节接受这里作为外交机构的重要性，并非常支持。在这个宫殿里，光绪皇帝同康有为在 1898 年实施了维新变法。光绪皇帝死后，他的尸体也放在这里，从 1908 年 9 月放到 1909 年 2 月。和乾清宫相关的传说还有康熙时候，在 1711 年的一个重要节日，康熙皇帝宴请了一千名年逾 60 的老臣，而这一年是康熙执政的第 50 年。这些接受宴请的老臣从帝国的各个地方来到京城，而且还会受到皇帝的子孙们的致敬。在 1785 年乾隆皇帝也举行过一次这样的宴请，也是在他执政的第 50 个年头，不过这次宴请了 2000 名老臣。

在乾清宫外面有进行特殊典礼的宫殿，如交泰殿和坤宁宫。这都是皇后的宫殿，从坤宁宫可以走到御花园——一个非常漂亮的花园，有庙宇、凉亭、人工湖和假山，假山上有个帝王的书刻"堆绣"。

有些建筑的东西两个方向都被墙和门包围着，只有一个通道通向皇帝寝宫、太监和宫女的住处等。在东北的角落里，有一处延伸到了紫禁城外墙的部分，这里是慈禧太后常来的地方，在这些地方中，宁寿宫是八国联军攻打北京时，这位老佛爷居住的地方，在这里，她埋藏了自己的财宝，而且回来后又居住在了外国人占领后有待恢复的中南海。在她从外地回到紫禁城之后，如同华清池，她通常在这里接见官员，她死后的尸体也是在这里存放了将近一年。

在西北角是之前和慈禧同时的慈安太后居住的地方，就因为居住地不同，所以慈禧太后就被称为"西太后"，慈安太后就被称为"东太后"。①

紫禁城最后的门是神武门或者叫神圣的武力之门。在1900年8月13日拂晓，八国联军进入北京前，老佛爷慈禧带着光绪皇帝穿着便装仓皇从神武门出逃。这个地方也保留了清朝退位皇帝与外界联系的电话线，而且，当有人经过此地时，外面会发现一群太监、仆人和忠诚的官员从这里进进出出，他们穿着的那种清朝老旧服装，在其他地方已经看不到了。

---

① 宫是一个宫殿建筑群，是皇帝和妃子居住的地方。殿是最高阶层的宫殿，通常是皇帝办公的地方，或者只为皇帝一人使用。坛是一个小台；亭就是一个开放的四个柱子支撑，只有屋顶的建筑。当然二层的宫殿通常都有向上的台阶，被叫做阁。

第七章

天坛和先农坛

仅次于紫禁城宫殿的壮观，而却比这些宫殿更神圣的是这个旨在祭祀苍天的宏伟庙宇。在地球上，没有一个比苍天更加深远和宏伟的避难所了，进一步说，弱小的人类，将对这种强大力量表达崇敬之情。这个太阳独自照耀的祭坛是 4000 年前由古代圣王传承下来的祭祀形式，或者是亚伯拉罕在漫游途中建立的这种形式。这是中国古代一神论信仰遗留下来的少数遗物之一。这个古老的信仰认为，天（神）遍及大地虚空，不可见，自己却能照见世间万物，"不是用手建立的房子"，亚洲人还保留着人格神的信仰，并且把这些人格神的形象保留在庙宇中。

只有一个人，即天子，被认为有资格在这里祭祀，在苍天之下，用最虔诚的方式，表达对这个超级存在的敬意。

由于他的神圣性的下降，他仅仅能被认为是"居住在可见天空中神秘力量"的人间代表，并且作为神圣的代人民接受上天惩罚的"罪人"而被人们尊敬。自然的，他的最光荣的特权是对这个宇宙主宰者每年进行祭祀。

尽管这些祭祀的起源和意义通常都迷失在古老传统的迷雾中，但是他们延续了四千多年的传统使得这个祭祀有着非比寻常的道德意义。随着时间的改变，这种崇拜的政治重要性慢慢变得越来越重要，因为这是国家权力合法性的象征，当一个君王建立新王朝，他就认为这是天命所归，并把自己神话为"天子"。"人民认为这种祭祀是统治合法性的主要证据，而且在一定程度上这种行为被历代统治者严格的遵守并小心地维护。"①

　　作为权力和荣耀的唯一源泉，国家的首脑必须不仅要像教皇在女神面前那样对待神明恭敬非常，而且也要承负国家所做出的罪恶。一个君王的责任是像公元前1766年的商汤所说的那样："余一人有罪，无以万夫，万夫有罪，在余一人。"再者，当时人类的祭祀被认为是一种当天降灾难时抚慰上天的一种形式，商汤宣称说："如果有一个人必须被责罚，那么那个人就是我！"这个君王快速的剪掉头发和指甲，在白马拉的马车前，走到他祈祷的桑树林，跪下祈祷苍天，向苍天询问自己的罪过。这都是在耶稣诞生前1800年的真事。在耶稣诞生1800年后，一个祈祷者也做着同样的事，即道光帝在大旱之年去天坛祈祷。② 在1903年，光绪皇帝，也向天祈祷不要因为自己的罪过，而让百姓遭受干旱之苦。

---

　　① 参见约翰·若瑟：《中国的原始宗教》。
　　② 参见苏珊：《我的中国笔记》。

这个天坛的神圣祭祀①，帝王每年在夏至和冬至的时候进行，在这里用虔诚的仪式表达对有功烈的先祖的敬意。实际上，中国人祭祀的礼节，与我们千年前祖先的礼节有很多类似之处。

　　外国人从来没有见过，由皇帝作为大祭司来主持的祭祀典礼，但是天坛却能偶尔见到，旗杆上悬挂着巨大的号角灯，在乐器上有镀金的盘龙，到处都竖立着横幅，供奉天的神殿坐落在朝南的最高平台上。排位上写着"上帝"——最高神，同时还摆着三皇五帝的排位，在这个平台的东西两侧是太阳神和月亮神的排位。

　　在祭祀的前一天，皇帝坐在16人抬的龙椅上从午门走出皇宫。"帝王去祭祀的阵仗非常宏大，好似一个颜色的秀场。成群的太监身着华丽的衣服，带着祭祀用品，大内侍卫分列左右，马夫也身着紫红色缎子袍，吹鼓手也着盛装，带龙旗，还有身着战袍，手拿弓箭，穿着黄马褂的骑兵。"②

　　在这大队人马的护送下，皇帝慢慢来到这个最高的祭祀地点，这个地方位于宫殿以南三英里，因为它有在首都郊区进行祭祀上天的习俗。他们从前门中间的门走出，过了汉白玉"天桥"——在此之前都要把前门外的小摊和乞丐清理干净——而且街道也修饰一新，也为马车道铺上细沙，以方便行走。

---

　　①　在天坛祭天属于最重要的祭祀，这也包括对大地，对古代的祖先和对社稷之神的祭祀。这里也对先儒圣贤和每个王朝有特殊贡献的人进行祭祀。和对太阳、月亮、河流和伟人的祭祀不同，这个最重要祭祀的特点是祭祀场为开放的祭坛，而且要烧掉所有的祭品——这个基本流程在公元前3000年到清朝时都是保持不变的，尽管具体的做法会随着时代有所调整。在耶稣诞生前的26个世纪中国已经有了掌握祭祀典礼的祭天大祭司。在清朝礼书上，对天的祭祀是非常详尽的。他们认为这一套程序是上帝所指定，是帝国和臣民都需要遵守的。
　　②　参见苏珊：《我的中国笔记》。

整个城市似乎都为了这次盛典屏住呼吸。在绝对的安静中，这位君主完成了他的旅程和他的祭祀。甚至远处火车的汽笛声都不能打破令人难忘的寂静，从而亵渎了仪式。从他离开宫殿直到他返回皇宫时，没有任何进出北京的铁路交通。

天子在神圣庄严的斋宫等待拂晓神秘时刻的到来，这个神秘时刻是召集他祖先的英灵到他面前的时刻。他们登上汉白玉作为地基的平台，这汉白玉平台是皇权的象征。他恭敬地跪在天神的面前，然后焚烧所有的贡品——一头纯色的小公牛——看焚烧的青烟直上云霄，他用颤抖的声音表达了对这个至高无上的神灵的崇拜。"当承认头顶无形的蓝天作为唯一的神灵时，也就抛弃了所有的偶像崇拜和迷信的做法。"①

这种祭祀形式，这种神灵的形状，这种祭祀方式和对最高神的态度，在西方人看来，都非常奇怪。每一种仪式都是按传统进行，而且即使是助理，也要为这些礼仪做好长期的准备。皇帝，作为大祭司，似乎不再是一个人的形象，而是神的化身，他的每一个动作都充满神秘的意义。在这祭祀过程中还伴有祭祀的音乐和唱诵的诗歌。

当中华民国建立之后，谁有资格去天坛祭祀上天成了一个重要的问题。直到袁世凯时期，他是一个强大的人，能够制定自己的规则。他引用古代的礼仪，制定了祭祀的标准，"这是统治权的主要依据。"他宣称，作为新政府的首脑，具有官方解释人的特权。于是他主持了民国的第一次祭天仪式，而且这次祭祀被现在的摄影师记录了下来。就连袁世凯本人也意识到，如果没有帝国血统的声望，没有祭祀的王权和虔诚的象

---

① 参见苏珊：《我的中国笔记》。

108

征，这样的祭祀也变得毫无意义。因此，这样的祭祀就在民国时期被政府和共和党人所抛弃。而且，国家从效忠皇帝到总统的改变表明，中国人民有时会突然接受推翻他们的传统，这是一个显著的例子。

天坛时而开放，而且，对外国人有好多年不开放，当有外国人不敬虔的行为时会关闭，例如，当有人在故意损毁大理石平台的时候。在 1860 年后，通往小庭院的入口在给看门人一笔小费后，就很容易进去。但是，当这种特权被滥用后，这个随后就被严格关闭了。在 19 世纪 80 年代，经常有几个外国人骑着自行车穿过一堵破墙进入院中。但是，在 1900 年后，部队强行进入到了这里，而且在这里驻军，军官食堂被安装在皇帝的更衣室（斋宫）。虽然军事安全是入侵这神秘孤独院落的借口，但是中国人对此深感震惊。对这些庙宇不进行维修，也成了这种侮辱的另外的借口。在几十年里，这里的庙宇已经变得杂乱不堪，几乎成为废墟。

这个地方保持开放了好几年。公园的一个角落曾经被外国人用来作马球场。后来，马球运动在围场里举行，在民国建立的时候，中国人把其中的一部分投入林业局的一个农业站。袁世凯也把天坛向民众开放三天，这是第一次普通百姓自由地参观这种神秘的地方，而且还有中国妇女登上了天坛。但不幸的是，在 1917 年张勋带领他的辫子军在此驻扎。过了几天之后，当他想要复辟的时候，这个神圣的地方变成了他的军队与民国军队的战场。这里到处都是弹孔和在建筑物旁爆炸的炮弹，幸好没有造成太大的损毁。

幸好，在张勋的军队瓦解之后，这里就开始进行了修复工作，因为庙宇如此美丽，对它的忽视是全世界的悲剧。公园的里里外外都铺上了新的道路，大门外的风景也修饰一新，庭院的杂草也有的修整有的清除了，人们只要买一张价格不高的门票，就可以参观这里的每一处风景。一排排兵营和电线杆也建立了起来，然而，这里再也不能让人升起敬畏之心了。

幸运的是，这些丑陋的红屋顶建筑物在寺庙里并不显眼。即使从外围看，我们依然能够有一种古老的欧洲公园的印象：参天的大树，树下吃草的牛群，野草的芬芳，紫罗兰在草丛中窥视唤醒了这片广阔围墙的记忆。身临其中，让我们感觉已经远离了嘈杂的都市。①

天坛作为一个神圣的建筑群，被两重矮墙所围绕，这些矮墙上有覆盖着绿色瓦片的房顶。从外往里看，虽然看不见神殿，但都知道那是天坛。这种祭祀的圣殿，在中国自古就有。现在的天坛是明朝永乐时期修建的，在 1420 年，永乐皇帝由南京迁都北京后就修建了此建筑，后来由乾隆加以修饰。②

斋宫，或者说是皇帝斋戒的地方，是一个被护城河包围着的比较现代的建筑，在这里皇帝为了次日的祭祀，通常都是守夜到天明，而他的侍卫和随从则在周围搭起帐篷休息。曾经这里有一架漂亮的木雕屏风和一个皇帝的宝座，但是现在已经不见了。在一位老人的带领下，我们穿过茂密的树林，来到了中央的祭坛。在灰红色墙壁和大理石门径相间的广场上，这个精致的白色汉白玉和天空相接，它由三级台阶组成一个平台，每

---

① 此地的外围方圆三英里，有使馆区的两倍那么大。

② 就像路易十四在法国和彼得大帝在俄国一样，这位长寿、精力充沛的君主把他的名字和他的首都紧密联系在一起。在每一座纪念碑里，都有他的威严存在，因为作为艺术的伟大赞助者，他到处都留下了他的品位、慷慨和印象的痕迹，通常是以诗意的形式。而且自永乐以来，没有一个君主享有比他更强烈地在这座城市打上自己个性的欲望。

一个平台都由雕有精美图案的扶栏围着，而且，由低矮的台阶环拱而上。每个平台在东南西北都留有出口，这样三级平台层层升高，最高的也是最中心的部分，被中国人寓意为宇宙的中心。整个结构以几何学精确排列，是建筑师、天文学家和占卜师共同的杰作。因此，三级平台被九层台阶层层围拱，因为中国人把天分为九层，所以这里象征着最高形式。同样，平台的大理石块被分成九个同心圆，所有的东西都是同一个数的倍数。我们能在这些栏杆上数出 360 个栏板来，这意味着中国农历年的日子和天球的度。

提供祭祀用牲肉的地方离圜丘东南一箭地之远：它面对绿色的瓦片，高九英尺，通过三级台阶上升。这头祭祀用的公牛会被放在一个铁格栅里，祭祀的时候，就会被宰杀并焚烧掉。同时也向天祭祀丝帛，它们被放到八个金属盆中焚烧。同样在丝绸被正式呈现并在阅读之前，他们在丝绸上写下了祈祷文。如果一个皇帝驾崩了，那么祭坛上还会加上一个排位。在祭坛的北面，是一座完美的有着圆形黑色搪瓷瓦屋顶宝石般的建筑，即著名的"帝国世界"（皇穹宇），这里放着祭祀用的各种器物。大理石道路后面直接通向祈年殿，它的三重屋顶是北京的标志性建筑。没有什么比接近这座大厅更让人欢喜的了——在中间有个凸起的平台，平台上大理石铺就的道路直接通向皇帝休息之地，在左右都植有各种松柏。也许中国所有美好事物，最好的都出现在了天坛和皇宫中。这条道路的尽头有一个人形墙屋顶的大门。这应该是全中国最高贵的宗教建筑。从三层大理石台阶上去，这个高 99 英尺的祈年殿直通云霄，它有着壮观的三重屋顶，蔚蓝的瓦片和金色的神龛。在所有的装饰品中，它是天穹的蓝色，这是蕴藏着人类精神的不朽之作。它意味着，在皇帝用过的祭祀瓷器中，颜色也是刻意地重复着。皇帝和他的臣下及侍从祭祀时的着装也是刻意重复的。降临在神圣庆典上的光，是用细玻璃棒串成线挂在门窗的花格上反射的晴朗无云的天空中的阳光。[①]

在 1889 年，祈年殿被雷电击中焚毁。中国人认为这是因为有一只蜈蚣爬到了祈年殿房顶的金色球上导致的，而且后来降临到帝国的一系列灾难，他们都主观的和这件事联系在一起。

为了平息这种愤怒，寺庙重建了。因为原始的圆柱木头找不着了。为了满足传统的要求，经过长时间的探索，帝国同意使用俄勒冈松树，但是巨大的原木进口困难，费用巨大。

这些柱子是这座建筑物最显著的特点之一。四根涂有精美色漆的柱子，支撑最上面的屋顶，而下两层屋顶则是由 12 根普通的红色柱子支撑着——这些柱子每根都是一根直树干。[②]天花板的横梁上涂上了金色和其他富贵的颜色，还雕有各种龙凤的图案。窗上蒙上了一层镂空的优美木质屏风——这是中国最擅长的设计方法，有超过 70 种样式的图案。黄铜铰链，完美的工作，镀金装饰的庄严大门开放着。只有一个带有奇怪的电子的王座屏障！是现代的奇怪注解，而且，摆放先祖牌位的

---

① 布舍尔说："颜色象征主义，在中国的祭祀中是一种非常重要的方式。就像祈年殿的屋顶是蓝色的一样，在月神的庙宇中，屋顶就是白色的，在太阳的庙宇中，屋顶就是红色的，在社稷神的庙宇中，屋顶都是黄色的。四季的变化有着神秘的意义，它也反映在了朝服的颜色上。"

② 在中国的建筑中，由于柱子要承受来自屋顶的巨大重量，因此柱子的使用至关重要，因为整个建筑结构的稳定性取决于支撑建筑框架的柱子。外围的墙是用砖块砌成的，对建筑框架并没有太大的支撑作用。实际上，墙面常常被门窗占据，门窗上刻着最脆弱的优雅花边……因此，古老的中国建筑与现代美国建筑相似，骨架是最重要的，里面充满了虚拟的墙壁。——布舍尔

圣坛孤单地被遗失在庙宇阴暗的角落。难道是中国的建筑师想要告诉我们所有的繁华和壮美最终都要归于沉寂吗？

中央大厅周围有许多两层的建筑，它们都是关闭的——但不会后悔，因为对它们毫无兴趣——有警卫室，侍从的休息室，为祖先祭祀而提供食物的御厨房和储藏祭祀用品的储藏室。沿着长廊往东走就会看到一个废弃的古井，附近有些野生的芦笋，还有九块雕有祥云的巨石，它们被遗弃在荒草中，而且传说这些巨石是古代帝王大禹用来关闭上天降下洪水的机关用的。在这个游客很少经过的安静角落，我们能够自由自在地注视着起伏的草地和大理石过道两旁交叉的宏伟树木，尽情地吸收这里的宁静光线和清新空气。如果还有时间，就让我们原路返回，在拂晓阳光初现之时，到处都是微暗和苍白，如同记忆中乳白色的轻柔；在烈日当头的正午，在太阳迫近西山的傍晚，不同时候，有着不同的风景。我们在午夜时分再次站在圣坛上，或者当漫天的雪花随着仙女降落时，都有不同的感受。当我们以不同的感受看到天坛时，只有这样，我们会欣赏这人类建筑的协调比例与树木的美丽和天空的一望无垠，它真实地反映了生命和生命的永恒。然后我们会感觉到神圣的树林和建筑象征着智慧、爱和崇敬，以及无处不在的平和状态，人对神的光芒的愚昧理解。

在宽阔大街的另一面，从前门到永定门就到了先农坛，先农坛是祭祀公元前3000年前的神农氏的庙宇。神农氏是第一位教授人们稼穑农耕的圣人，被尊为圣王。他"睿智神明能够通晓农业种植的各项技术，而且，也知道如何做能使作物丰收"，而且他还发明了耕作的方法，也发现了植物的药用特性，他还建立了第一个用于物品交换的集市。先农坛就正对着天坛，但规模要比天坛小很多。

　　如同爱默生所说，这个庙宇在一个农业为主的国家有着深远的意义，中国人认为"农业为本，商业为辅"。① 君主也证明了这一点，他们将单独祭祀稼穑之神，就是为了企盼丰收和表达对社稷神的尊重。皇帝会在每年春季第二个月的第一天来到这里。他身着盛装，有三个王子和九个高级官员陪伴，然后祭祀先农坛附近大厅里的神农牌位。之后，他就到先农坛附近的农田里开始象征意义的耕种，要从东到西，来来回回三次，因此也为他的农业为主的主题树立了典范，也使得春耕变得神圣。财政大臣站在皇帝旁边挥舞着鞭子调教拉犁的耕牛，皇帝的左边是直隶省的总督在拿着种子，同时第三位官员就在皇帝后面播种。当皇帝的这项工作完成之后，他会在观耕台休息，在这里他看着王子们和其他显贵完成耕种。这些土地是由农民中挑选出来的一些技术熟练的老农照料，而且，这些农作物在秋季收获之后，会保存在储藏室中，以后有特殊的用途。由于皇帝示范，各省的首脑，各县的县令等都在这一天做了同样的示范。但是在规模上来说，北京是最大的。

　　在先农坛的其他较大建筑就是太岁殿和神祇坛，还有庆成宫。在圣坛的北面是四个雕有祥云和龙的花岗石。由于在此祭祀的原因，从五座圣山和五座普通的山脉中选取的这些花岗岩。在两块石头上雕刻着河流的象征，而且在底部有些小的被挖空部分，里面注满了水。这里也为四大水系的神灵献了祭物。②

---

　　① 在中国，农民的地位只低于士，却要高于工和商。中国将等级分为这四种。
　　② 参见哈辛斯的《中国北方》。

虽然现在的先农坛只是明朝嘉靖时期（公元 1520 年）①
才建成的，但是对农业神（社稷神）的崇拜却是非常古老。
我们有关于元朝时期仪式的描述，而这个记录也告诉我们，在
明朝时期，太监是如何协助皇帝的（因为明朝的祭祀有参考元
朝祭祀仪式的部分）。像崇拜上天的传统一样，对神农的崇拜
自民国建立后，这种仪式就被抛弃了。

　　先农坛在 1900 年后，被莎菲将军和美国的军队占领了，
现在这个地方开始向公众开放，而外围区域被用做了通道。建
筑物所在的内部区域已经变成了一个公共公园，里面有整齐的
栏杆，树下放着长椅和养鹿的笼子。士兵们占据了一些较小的
大厅，但正厅，是在乾隆时期重新装饰的，皇帝在先农坛祭祀
时使用的耕犁就被存放在这里。现在一座小木屋矗立在这里，
它是方形的，代表着大地，就像天坛的圜丘是圆的代表着天空
一样。

　　在清理之前，就知道修建公园的人破坏了公园的原创性和
特色。这是一个与美丽的老建筑的艺术修复完全不同的过程。
他们破坏了这里宁静、可爱的环境，他们会后悔的。之前，夏
季荒废的草地上长满了野生的漂亮的淡紫色萝卜花，在这里沧
桑驼背的守卫们剪下灯芯草，堆起芬芳的香草，只有漫天飞翔
的乌鸦和鸣叫的云雀能打破这里的寂静。

---

① 　先农坛建于明永乐时期（公元 1406—1420 年）。——译者注

第八章

孔庙与国子监

尽管"大成庙"①是一个庙宇的漂亮称号，但是这个词不比"宗教"这个词更适用于它所崇拜的宗教。孔子，儒教的先圣，他生活的时期，也是犹太人从巴比伦回来和希腊受到薛西斯侵略的时期，孔子认为世间没有救世主，也认为自己没有神性。他甚至否认任何优点，但是他更加注重道德的教育。他真的是复兴古代的思想，有条不紊地向同时代的人讲授，把理论和他勤奋学习的经验传给后人。因此儒教的仪式既不包括牧师，也不包括神的形象，实际上只是祖先崇拜的一种变体——这是许多东方宗教的基础和中国社会的黏合剂，历经沧桑，却总是理智而又守礼。

　　对我们西方人来说，很难给这个圣人分配适当的位置，而且也很难领会孔子的思想，无论在公共领域还是在私人生活领域给中国的知识分子和贵族提供了充分的资源。而且他对整个

---

　　① "庙"是"庙宇"的统称，"寺"是佛教徒的特殊称谓，"观"是道教的圣地，"坛"是圣坛。

官方和知识分子的影响一直持续了 2000 多年。也许他可以比肩柏拉图，是世界上最伟大的教育家之一，尽管柏拉图的规诫从来都没有约束过孔子的学徒。后者的影响很大程度上取决于这一事实，即他提出了培养对实际问题的实际解决办法。①

直到今天，孔子的言教还保留在中国人的日常生活中。尽管有许许多多的中国人是佛教或道教的信仰者，但是他们依然奉行孔子的教导，而且中国的每个城市都有祭拜孔子的庙宇。②

这座庙宇虽然在结构上与其他庙宇类似，但是，在京城的庙宇中，孔庙格外精美。孔庙是元代开始建造的，大约在 13 世纪末之后被修复和重建过多次。现在的孔庙大约是明代的建筑。

在北京看到了那么多被毁了的美丽纪念碑，后来，也听到了因为贫穷而无法修复的抱怨声，能找到这个保存完好的神圣之地真的让人耳目一新，也显示了古代辉煌非物质方面的衰落。一如儒教的教义，并没有随着时代的变迁而被人们遗弃。屋顶上闪烁的精美瓷砖就像在金色的阳光下游泳一般。屋檐上是清新干净的画，门上是新镀金的写字板。③ 甚至对于圣人的崇高祭祀依然是延续着传统在仲春时节举行，并在仲秋时节再次举行。这种精心的也是最虔诚的庆典通常在凌晨的三四点钟

---

① 儒学的主体太博大精深，以至于让人不知道什么时候能够学完、学透。感兴趣的人可以阅读帕克的《中国与宗教》；道格拉斯的《儒教和道教》；莱格博士的《中国宗教》和《儒学及儒学大师的经典》；费伯的《孔子学说摘要》等著作。其中最有价值的是关于孔子本人的标准译本，因为尽管孔子一些名言已经过时，但他的学说仍然是中国大部分思想的关键。

② 这一事实说明了儒学保守的生命力，显示出没有其他信仰的弱点。儒学大师，有着一种博大的心胸与气度，对于儒学的追随者和信仰者，他都是给予了积极鼓励和支持。

③ 这是袁世凯拨了五万美元重新修复的。

举行，但是有时会在前一天选个合理的时间预先进行排练。

　　某些官员被指定俯伏在圣人的碑前烧香，而首席主祭则开始宣读放在祭坛上的卷轴上的文字。仪式的第一部分在大厅内举行，但是后续的部分则都在外面的庭院中举行。这里的乐官和演奏音乐的人都身着明朝的服装，就如同一个人看到了旧瓷器一样，他们演奏着赞颂孔子的诗歌。演奏的大师是一位伟大的音乐家，因此，他的精神必须从音乐中得到乐趣，因为他们演奏的音乐和 20 个世纪以前的音乐是一模一样的。许多乐器已有数百年的历史了，而且只在这样盛大的场合才用来演奏，但是他们的形式依然是古时候的形式。像那雕刻的音乐石支架，挂着奇怪而优美装饰的鼓，丝线弦的琵琶，还有那箫和长笛。

　　参观者从围墙西侧的大门进来。在入口附近，其巨大的柏树群带我们回到遥远的时代中（据说这些柏树都是宋代时期种植的），竖立着的优雅石碑上，刻着一百多名儒者的名字，这些人都是在过去的五六个世纪中，在国家举行科举考试时成绩卓越的人。其中石碑中最早的记录是 1351 年的。

　　在隐蔽的通道下，在主四合院的小入口里面，有十个三英尺高的黑色石鼓——这是用山上的巨石凿成的大致形状。这些石鼓被认为是从周代（公元前 1046—前 256 年）遗留下来的。这是许多年前从陕西省的古墓废墟中找到的。在公元 820 年的时候，韩愈有一首在他那个时代非常著名的诗中也提到过，希望能够将这些石鼓转移到安全的地方。在五代时期（公元 907—960 年），这些石鼓再次丢失，但是在宋代（公元 960—1279 年）时，找到了其中的 9 块，并放到了孔庙中。在 1052 年，那块没有找到的石鼓，最后也被发现了，而且当时宋代的皇帝对契丹作战失利后，将国都建在了河南。并且专门建了一座庙宇存放这十个石鼓。但是没过多少年，金兵在 1126 年攻入了宋朝国都，烧杀抢掠之后，也把这十个石鼓带到了自己的国都，即现在的北京。[①]

对这些石刻记录最感兴趣的一定是那些考古学家。石鼓上的这些文字有着原始的封闭特性，他们被学者们认为是关于中国古代最古老最完整的记录，但是更有可能是复制古代青铜器上的文字。铭文包括一系列 10 首颂歌，每个石鼓上都有一首完整的诗歌。这些诗歌记录了公元前 1000 年前的诸侯在狩猎和远征中的庆祝情况。这一时期也是雅利安人征服印度的时期，同时也是大卫统治以色列的时期，还是荷马在希腊游唱的时期。

许多汉学家破译了这些几乎不可破译的东西，而且许多诗歌把最美好的赞美都留在了这些 3000 年前的石头上，它们被反复摹拓，从韩愈——他看到第六个石鼓已经被人们用来做舂米的工具而感到非常痛心——的那个时代到乾隆的时期，都当做珍宝保藏着，乾隆还让人将证明它们真实性的诗句刻在一块大理石板上。

在石鼓之外，我们发现自己在一个院子，院子里有一个点缀着六个黄瓷砖的亭子，这个亭子中有一个可爱的石龟，它背着一块大石板，石板上写着外族征服者——康熙、雍正、乾隆

---

① 中国人在薄而坚韧的纸张上均匀地涂上墨，然后将这些纸张精巧地放到碑文或青铜器上，让纸和碑文充分接触后，慢慢将纸拿下来，就获得了一张精美的拓片了。在制作的过程中，这张纸首先被木槌敲打，在纸上附一张毛毡以防止损坏纸张，然后用长而柔软的毛刷子将纸压入每一处裂缝和凹陷。它最终被剥落后，就会印有完美而持久的铭文印象，当然，它是在黑色的底面上以白色出现的，在旧石碑上经常能看到墨迹的暗影。——布舍尔

皇帝的事迹。正如日本天皇，从过去到今天，他们都在帝国祖先的牌位前宣布胜利一样，所以这些帝王都会在孔子的排位前宣布其功绩，以祈祷这位圣人能够看到帝王们对国家社稷的努力并保佑国泰民安。

有一个三级台阶从庭院通往主楼（大成殿）。大厅的比例甚至比日本京都最好的寺庙还要漂亮。它的空间和设计令人钦佩的印象。我们走到这里，我们的脚踩在棕毯厚苔上，感觉非常柔软。一切都是朴素而纯粹的，没有影像，没有任何装饰，没有任何象征意义——只有一个朱红色涂漆的牌位，上面写着"大成至圣先师孔子"。在孔子牌位左右分别配享着孔子的四位圣徒（曾子，写《四书》第一篇《大学》的人；孟子，著有《孟子七篇》；孔伋，著《中庸》的人；颜子，在《论语》被孔子最器重的学生），此外还有八位圣哲的牌位分列左右。大柱子上挂着两联赞美的对联，而且梁上还有横批，其中的一副被历代帝王崇拜的圣人匾额是被围起来的。另一个匾额①在民国时期因为考虑到可能会受到损坏而被移走了。只有黎元洪总统写的匾额被高高挂在左边，金色的文字在昏暗的灯光下闪闪发光。

游客通常去参观国子监，在孔庙的西边。②北京的国子监最早是元朝时期建的普通学校，后来被永乐皇帝改造为国家最高学府。皇帝每年的第二个月都要到这里来阅读经典，聆听圣人教诲，坐在中央大厅（辟雍宫）的宝座上，宝座后面是他

① 这些匾额中最好的要数康熙写的四个字"万世师表"了，最后一处，应该是宣统皇帝写的，模仿着他的祖先语气赞叹圣人。
② 著名的李自成将军的衬垫制服和铁头盔，被保存在国子监附近的一座小文物博物馆里。

著名的以五座圣山的形式设计的屏风。在庭院中有棵元朝时种植的古槐，但是这座大厅却不是元朝时期建造的，辟雍宫是乾隆时期模仿古代样式建造的大厅。这是一个有着重檐的高大建筑，周围被巨大的镀金球围绕而且被许多高贵木质圆柱支撑着——中央大门的四座大理石桥穿过一条圆形的水池。①

窗户的优雅花纹，宽阔的屋顶和美丽的木质结构，还有屋外那高高的复杂重檐，使这个建筑成为了中国建筑艺术的好样本。

不幸的是，这座大厅尽管只是间接的和孔子有关，但它并没有像孔庙一样被修复。到处都是灰尘，连红色的漆和镀金的饰品都被灰尘遮盖的非常灰暗。

"你们应该至少把这皇帝的宝座清理一下吧？"我问这位温顺的守卫者。守卫者回答说："因为如果我把皇帝的宝座清理出来了，游客们就会争先恐后的来坐这宝座，如果我不清理这些灰尘，那就没有人会再试图那样做了。"他对人性的了解远胜于他的借口。

事实上，懒惰是他骄傲的根源。这是一个真正的保守者，在中国的文化传统中，憎恶外国的入侵者，他领着我们绕着空无一人的长廊走着，长廊中存放着上百块刻有四书五经的石碑。②

---

① 这个池塘曾经有金鱼和美丽的莲花。但是当中华民国宣告成立时，因为在这古老的地方出现了一位总统而不是一位皇帝，据传说，这些花和鱼因此便都死了。无论如何，现在那里没有一朵花或一条鲤鱼还活着。

② 这些石碑上的铭文是乾隆皇帝命人刻上的，这是对汉朝和唐朝的效仿，这两个王朝都在当时的皇都西安存放这样的刻有四书五经的石碑。他们用这样一种保险的方法以确保这些重要经典文献能避免损失而且也能避免大火的侵害。

第九章

帝都的庙宇

除了这孔庙之外，北京还有成百上千的庙宇，西方人不太了解，但是在中国人中则非常著名，中国人有个特点就是对待在神社里的每一位英雄和神坛上的每一位神灵都不偏不倚。"较高的心智就可以满足于抽象的想象：下层社会必须有具体的现实来确定他们的信仰。"因此，与纯粹的对至高无上的存在的崇拜并肩的，是卑微的百姓对灶神的原始崇拜。

　　我们发现我们在神奇的宇宙面前，依然保持着史前时代对自然的崇拜。这宇宙引起了人们本能的好奇和恐惧：太阳、星星、雷电、风雨——所有这些人看到的、听到的、感觉到的、看到的，都不能理解。随着文明的进步，他给自己的恐惧披上了类似于人类的形状，而且用祭品安抚他们或感谢宇宙赐予人类的一切。

　　每一位自然神都有他自己独特的个性。雷神的庙宇在凝和庙，在庙宇的东面有一层绿油油的屋顶。这座庙宇建于1770年左右，现在这座庙宇已经偏离了原来的初衷，变成了平凡的警察岗亭。显然，这个神的闪电不再在人们的心中引起恐惧。

另一个神殿，雷神，在紫禁城西边的昭显庙，昭显庙和凝和庙是在同年建成的，现在也变成了一座用于教育目的的机构。这是相当可怜的，让人感觉就像一个受人尊敬的悲剧人物突然失去了赞成与支持，因为他最壮丽的姿态不再有力量刺激任何一位观众了。

雨神的境况要好一些。祭祀雨神的地方曾经是福佑寺（昭显庙附近），这座庙宇最初是给了僧人，后来给了西藏的喇嘛。尽管有些事情现在被忽略了，这座建筑的黄绿相间的房顶仍然是西华门附近最漂亮的装饰，而且大约有20个喇嘛生活在这里，而且这里还有座中国的学校。其馆藏的珍贵图书在1900年的时候被带到了日本。但是从这座寺庙不能带走的是那些日子的记忆，之前，这里属于一个香火不旺的雨神，当康熙还是个孩子的时候，为了避免紫禁城的天花传给他，就把康熙和他的医护人员送到了这里。作为一个孩子，他抱怨父母离开了他，甚至在他年老的时候也讨厌离别。但是他留下了一块匾，一个宝座和一系列著作来弥补他的偏见。而这块匾在这座大厅里依然可以看见。

由于他的宗教热情和建设性精神，康熙还将明朝时候的兵营改成了寺庙，即万寿兴隆寺，就在福佑寺的对面。寺庙里的铭文证明这座寺庙建于1700年。渐渐地，这座庙成了朝廷老太监们最喜欢的避难所，而且也得到了满族皇帝的青睐，他们中的任何人，包括现在退位的宣统帝，都给这座寺庙上了不少香火钱，而且还赐予这座寺庙皇帝亲手书写的匾额。大厅中有趣的佛像——只有受到大和尚礼遇的陌生人可以看到——被完好的保存，这个寺庙也充当太监停棺的地方。在这个庭院中有一丛美丽的楸树①花，遮阳的露天剧院是宗教活动场所。场地的整体气氛暗示着静止、沉思，这是整个东方人生活的理念……所以那些太监、和尚坐在花园中，"当树叶抽芽且灌木丛变得柔软而潮湿的时候，当风拂过新叶且鸟儿们在盛开的花丛中逗留的时候"，他们对每件事都进行体悟——用人类有限的智慧探究无限的精神——"直到自我的感觉似乎消失了。并且通过无意识的虚无的门户，他们漂浮到了广阔的地方，如同涅槃大海的样子。"

祭祀风神的圣地是宣仁庙，这个寺庙的外观和凝和庙相同，而且都在同一条街上，只是比凝和庙更往北点。当1738年这座庙刚建成时，南面的微风轻抚着漂亮的祭坛，而北面的风则呼啸着绕着祭坛，与此同时，东风和西方也来凑热闹，突然之间分不清具体的风向。但是，现在它们正在蒙古和公海进行更为紧迫的业务，并且他们的崇拜者也同样分散。那些被遗弃的建筑物仍然由一个官员负责管理，他则把这里用固定的租金租给了需要的工匠。

满族征服者比汉族人更崇拜自然，满族的后裔部落居住在阴暗的森林里，这是一片暴风雪会突然降临而且有很多极端自然现象的原始森林。在帝国都城的东南角有一群正黄旗的建筑，不幸的是，这里是不允许参观的，而且这里也是满族皇室祭祀萨满的单独之地，或者说是北京的"黑色信仰"。著名的"堂子"或满族宫廷的官方萨满寺庙，已经建成并取代了老式的"堂子"，在义和团运动的时候，这里被焚毁。尽管没有外国人被允许去参观这里，但我们从一些记录汇总得知，他们使

---

① 在中国，这种树种是做棺材的上好木料。

用的祭祀方法和他们在奉天时使用的一样。在祭祀的时候，萨满穿着一件饰有许多条龙的长袍，头上戴着"神帽"，而且腰上拴着锣，颂读满族人在神坛前制定的训言，然后按照古老的满族仪式表演舞蹈。这是"万物有灵论"的最初信仰形式——西伯利亚原住民原始信仰的残存物，从那里兴起了满族的通古斯人的祖先。满族人应该坚持在一个高度发达的文明的首都，像汉人一样，对他们的过去表示深深的崇敬。祖先的历史鼓舞了第一批满族统治者建立了他们祖先宗教的庙宇——最后一次是在外国武装和思想入侵之后重建的。男萨满和女萨满的管理人员（为皇后服务的），从宫殿中的护卫中选出，他们是维持到清朝统治最后一天的人。也许其中有些人主持过紫禁城中坤宁宫的萨满祭祀，尽管我们没有办法确定仪式的任何部分，皇帝们曾经小心地在宫廷中以自己的身份出席，但这也仍是保密的。

离堂子不远有一个喇嘛庙，也与清朝有关的。这就是大黑天庙，它建在一个 15 英尺高的房子周围的平台上——这是一个不寻常的地方。这个地方原来是明朝的宫殿，是明朝正统皇帝从蒙古被囚禁释放后居住的地方（大约在公元 1457 年）。① 在满族统治时期，普渡寺变成了睿亲王府，著名的多尔衮，即努尔哈赤的第十四子，是在满族灭明时拥有最大权势的人。他

---

① 正统皇帝，其统治中国期间遭受严重的瓦剌人的入侵，他被太监们诱导率领几十万人亲征瓦剌。后来失败，他的军队几乎全军覆没，将军被杀，正统皇帝也被蒙古俘虏。瓦剌人要求明朝拿赎金赎人。尽管赎金不多，但是由于一些奇怪的原因，明朝没有支付赎金，而且正统皇帝被俘后，他的弟弟登基做了皇帝，改元景泰（公元 1450 年）。当瓦剌人认为他们无法从这位囚徒身上获得好处，就把他送回了明朝，但是作为弟弟的景泰皇帝，不想把皇位再让给哥哥。所以这位哥哥被迫退休，过了一段私人生活，生活在安静的普渡寺。后来，在景泰皇帝病重的时候，他通过政变登基取代了景泰皇帝，又执政了八年。

是一个成功进入北京的满族人，根据和吴三桂的协议，奖励那些平息李自成叛乱的人，并且也奖励那些为建立满族皇朝立功的人。于是，他成了摄政王，并且将自己六岁的侄子立为皇帝，还把这小皇帝放在自己的摄政之下，这小皇帝被称为顺治帝。

当 1650 年 12 月时，睿亲王被杀，死时仅 39 岁，他是在狩猎途中死去的。而少年皇帝顺治获得了最高的权力，他在其叔父多尔衮的帮助下，已经具有了统治的才能，并且也有了最高的权力。后来，尽管由于党争的原因，他被剥夺了爵位，但是百年之后，乾隆皇帝，又恢复了这位摄政王的爵位，这也证明了没有任何人的行为在中国历史上永远受到谴责。

他那如诗如画的宫殿长久以来一直萦绕在大众的想象中，并带有对伟大英雄的记忆。它铿锵的悲怆是用当代民谣演唱的，其大意是：

我漫步在松林中

通过王室的门口

宫廷内一片寂静

熟睡的鸟儿被我的声音惊醒

通过雕刻的窗户窥视疯长的杂草

高高的茅草穿透瓷砖

没有人在敞开的门前寻求帮助

那地方不过是个空房子

这里也没有主人……

七年光荣的战士

在这些摇摇欲坠的墙内计划着光荣的行动

他也去天堂当了客人

后来康熙皇帝把这个地方改为了一座喇嘛庙供奉大黑天菩萨，因此这里就成了大黑天庙，并且给予了蒙古族高僧特殊的权力，而却没有把同样的待遇给予藏族高僧。①

　　一个小喇嘛，看到了我们一行参观人员，就拿出钥匙开门领我们进去，给我们做向导。他领我穿过一个庭院到圣所。这里有许多名胜和古怪的事物。在左边有一个刻有青铜编钟的精美雕刻台，这青铜编钟每一个都有不同的声音。这个小喇嘛笑着指出其中的几个编钟已经找不见了。也许空荡荡的空间代表了便宜货。后面的一排排古怪的神在黄昏的光线中若隐若现。罗汉、佛和菩萨还有比他们年长的神奇老者的塑像，填充了这个阴暗的空间。这些艺术品没有地方或者时代特征。一些是传统的观音菩萨坐在莲花座的塑像；另一些，有坐在大象、老虎或怪兽身上的天神；还有一个危险的体型壮硕的形象，有红血，魔鬼的外表，浑身都是可怕的肌肉而且眼睛都快掉出来了，其双脚践踏在人身上。

　　高高的天花板是一个小片的丝绸帘子——盖住了黑天佛。但是黑天佛的黄金塑像已经不在了，像其他寺庙的珍宝一样，在义和团运动的时候都被盗走了，只留下空空的壁龛。它的纯金神像同样吸引那些自称是"义和拳"的贪婪之人。我们的向导给我带来了一个壁橱，里面放着圣书。可能是盗墓者不知道这几个为数不多的完整的蒙古文字的圣书，不知道它们的价值所在，或者它们太大了搬不动，所以就没有带走。一些珍贵

---

　　① 这是北京唯一允许蒙古族服务的喇嘛庙，尽管大部分喇嘛社区几乎完全由蒙古人组成。只有在海田村的两个寺院有一个类似的例外。一个寺院在颐和园的路上，另一个寺院在西陵附近：这些都在满族的历史中有记载。唯一的在中国全国有影响的喇嘛寺，据说是在热河。

树木雕刻的佛像仍然矗立在祭坛前，还有一个漂亮的香炉，就像早期的意大利字体，而且还保留了有各种彩绘的青铜器，这些青铜器都已经不易辨认了，但是却能发出柔和的声音。

这个小喇嘛摸索着进入了一个小的僧房，这里太黑了以至于人不能看清任何东西，只能看到模糊的外形。带着不敬，他点燃了蜡烛，照亮了这里，并且他爬上了神坛去照亮这些雕像。这些都是魔鬼的塑像，半人、半鸟或是怪兽，有喙和爪——可怕的怪物代表死亡。在这些深红色和绿色的神的旁边，邪恶的眼睛在黑暗中燃烧，就像黑猫的眼睛一样，站在四周的黝黑的监护人，穿着像个战士，它们似乎天真地盯着外国人，完全无意识地显示他的邪恶和丑陋。它们是古怪的如来佛祖肖像的"动物的军队"，凶猛的怪兽象征着力量，保护着他们。

第十章

北京内城的寺庙

内城的寺庙要比皇城的多。在内城北墙，我们发现两个即使在阳光下也被风吹得瑟瑟发抖的小神殿。它们在积水潭的岸边，而积水潭现在是一个低洼的水池，不过从前是一处停泊着好多大船的湖泊。在元朝忽必烈可汗时期，这里停泊着全国各地的商船。[①] 在内城西直门和德胜门之间的整个西北角是很少被外国人涉足的一块还处于中世纪的美丽地方，而且几乎没有受到"进步"的影响。这里的人还是生活在乾隆时期，只有一些电线杆打乱了这里的风景。小贩们贩卖东西，而妇女则从门缝中羞涩地偷看有没有自己需要的用品。染工在晴朗干燥的空间伸展丝织品。而且这种幸福，友善的生活没有现代化的

----

　　① 这个水渠，今天在西直门还能看见，但是现在水太少了。积水潭最初是试图将西山上的水引到首都，并且用这个大水渠连接整个水路系统。内城的湖泊系统是在万历皇帝的时候完成的，这也是为了纪念明朝的发源地——扬子江的场景。过去在积水潭岸边热闹非凡，而且很多奇怪的仪式都在这里举行。在每年六月十二这一天，是帝国在积水潭为马洗澡的时候，并且这些动物身上覆盖着光滑的毯子，马夫挥舞着红旗，而且后面跟着一只独角的黑牛，"决不允许任何人在马前面。"——星期之前，帝国的大象也在这里洗澡，这一天观看此种场景的观众真是人山人海。这里还有特定的日子允许妇女洗她们的头发，还有特定的日子给猫和狗洗澡。

阴影。

这个古老的街区里有许多鲜为人知的寺庙，非常值得去一探究竟。到目前为止，最好的要数雄伟的关岳庙了，这里原初计划建一个纪念宣统帝的父亲醇亲王的庙宇，就在故宫后面。而这个庙是在光绪时期建成的。它仍然完好保存，使我们能够判断旧的纪念碑是新鲜的，上面的瓷砖仍然完好无损。袁世凯，以共和国的名义，占有了这份财产并且把它改成了纪念武神的神殿，主要是纪念关帝和岳飞。

关帝有时被错误地描述为中国的战神，一个实际上在中国万神殿中不存在的人。"但是他可能是伟大的武士中最著名的一个，他忠诚仁义，而且当然是中国历史上最浪漫的时期中最浪漫的人物（中国历史中的三国时期）。他首先被宋朝皇帝给予了特殊的荣誉，宋朝皇帝使他成为民族崇拜的中心人物。"明朝也延续了对他的定期祭祀，到了清朝又发展了这种祭祀的规模。

"因为关帝在晚清时期受得了皇家特殊的尊崇，那么那些反叛者对关帝视若仇敌也不会令人奇怪了。"但是中华民国建立后并没有对这位英雄冷漠相向，这是非常奇怪的，这位英雄在各种各样的人中保持自己的声誉，而且，今天他坐在了国家保护神的圣座上了，接受人们根据古老的法令向他的生日致敬（早在1531年颁布的），这个法令上说："以后国家大事都要在关帝庙向关帝爷的神灵汇报，这样他就不会对国家的命运一无所知了。"也许新一代人觉得他的奇迹可能仍然对自己有用，人们仍然记得这位英雄在许多战役中救了无数的军人，而且人们看到被围攻的要塞对恶魔出现了不可抗拒的力量（外国的蒙斯事件①在中国也有许多原型），所以人们不仅仅是对他心存感激，更是他的忠诚的信徒。

然而，关帝的特殊位置在 1911 年前还不是很确定，因为现在他被要求与另一位爱国者分享他作为神的荣誉，岳飞，也在中国人民的感情中占有一席之地。这位品德高尚的战士，曾被称为中国民族英雄，他生活在关帝之后 1000 多年的宋代，主要是对抗金朝。那时候，宋朝在岳飞等抗金名将的努力下已经收复了北方很多失地。但是即位的宋高宗对这样的胜利一点也不高兴。他害怕这样会迫使金朝送回钦宗和徽宗，因为钦宗和徽宗被金兵俘虏走了，高宗才有机会即位。岳飞也不幸招致秦桧的敌意，秦桧是一个有权势的宰相，他阴谋杀死了岳飞。

随着时间的推移，岳飞在中国保护神中的地位被逐步抬高，而且他有过许多显圣的神迹。"一座庙建成来纪念岳飞，而且为定期祭祀仪式提供资金。但是在满族统治的清朝，很少有人注意到岳飞。因为岳飞抵抗的就是满族的祖先。如果不是宗族观念，那么至少民族自豪感使得清朝皇室对他们的祖先格外尊崇。然而，事实上没有任何东西能损害这位伟大战士的名声，或者剥夺他精神上已经享有的荣誉。他曾是金朝人最致命的敌人。"

最崇高的敬意本应该给予关帝和岳飞，这是武神庙的理念，关帝和岳飞还有其他 24 个历史上伟大的领袖和爱国者被认为值得人们用仪式来纪念（关帝和岳飞平等地享有最高的荣誉，而其他的则被作为配享来纪念）。袁世凯这样做是基于经

---

① 第一次世界大战中，在马恩河战役期间，在蒙斯流传的天使下凡帮助英军的传说。——译者注

世致用和国家利益的思考。它的主要目的是鼓励人民的爱国理想，提高公众对军队的重视，培养和激励士兵自己的战斗热情和战斗素养。

在关岳庙中，主厅是"纯武殿"，这个大殿被认为是祭祀军队英雄的最早形式。这座大殿是一座漂亮的建筑，上面挂着漂亮的彩色瓷砖，矗立在一个宽敞的院子里。其内部有木柱子且有装饰华丽的屋顶，富丽堂皇，中间摆放着关帝和岳飞并排的塑像，他们身披绸缎披风，二者都用和蔼与仁慈传达神圣庄严的一面。这也是关公"红脸怪人"的塑像，而且他的青龙偃月刀和他一样有名，传说他曾经劈开石头掘水解渴。

"第一个仪式——既普通又平常——是在1915年2月份在关岳庙大厅中正式祭祀关帝和岳飞。被袁世凯认可的一位将军带领着他的军官和士兵来到这个新建成的寺庙，每个人都对着塑像或牌位鞠躬，就像对着那些为了国家战斗而死的英雄鞠躬一样。在北京和外省都有类似的仪式。"

就在这座雄伟的英雄庙旁边，坐落着一座古老而和平的南华寺，寺中有几个安静阴暗的庭院和有着一层镀金的精细塑像。寺后面的大厅里，尽管有一个大玻璃罩盖住了它，灰尘也很大。大厅中有一尊由数百个小佛像围坐的大的青铜佛像——这是一个非凡的经典之作。

不远处有两处明代的寺庙——佑圣寺，在这里一位野心勃勃的商人正在制造黑色和金色家具的现代精美复制品，这些复制品站在走廊的灰色屋檐之下看起来非常奇怪。另一处为广化寺，在这里来访者意外地发现了一件精美的欧洲旧家具标本，赠送给广化寺的葡萄牙木雕桌，据僧人们说，这是乾隆时期的家具。

另一个关帝庙，始建于 1734 年，在后门和鼓楼之间的石桥附近。在这里，我们再一次证明了这位爱国者是如何无私地与其他神分享他的神社的。财神，总是最受欢迎的神祇，他有一个属于他自己名字的建筑；火神，事实上也有自己名字的建筑（庙宇），那就是著名的火神庙。他是黑脸，可能是被自己的火熏黑的，而且，他看起来更像一个粗鲁的神。

　　也许内城中这么多著名庙宇中最古老的要数马神庙①了，这座庙是为祭祀马匹的保护神（现在这座庙宇的一部分已经被北京大学占有了），这其实是座小庙，不过现在已经没有了。不过这座庙的历史悠久，大约在唐朝时就有了。唐朝时，这里供奉的是二郎神，他是玉皇大帝的外甥，而且有一个神犬——哮天犬。他奉命前去捉拿大闹天宫的猴子。这猴子是看管蟠桃园的，但是他监守自盗将王母娘娘的桃子都偷吃了。当二郎神发现了后，就马上去捉拿这猴子，这猴子有 72 种变化（根据中国民间传说得知），猴子和二郎神打得难解难分。猴子一会变成小昆虫，一会变成小麻雀，目的就是想要逃跑。后来，猴子又把自己变成了一座庙宇，他的嘴是庙宇的大门，屋顶是他的大脑等等。二郎神注意到了庙宇外面的长的旗杆，那是猴子用自己的尾巴变的，因为这旗杆在庙宇的后面而不是前面，也就是说，这在解剖学上是正确的，但是在建筑学上却是错误的（对一座庙宇来说）。幸运的是，二郎神能够用自己的 72 般变化来对付猴子的 72 般变化，并最终凭借自己的智慧将猴子捉拿归案。

---

　　①　马神庙建于明朝正德年间，后来这里被清朝统治者重新修整了。在它旁边矗立着由太监掌管的帝国马厩，而且还有养大象的地方。

在哈德门街对面的灯市口，有一个著名的庙宇，"狗庙"，而且有数不清的北京哈巴狗，小小的卷毛，短短的鼻子，穗状的爪子，都堆在祭坛上。当狗生病时，主人有时会给它们提供一种类似于毛毡或毛皮的栩栩如生的肖像，但是当庙里的主持被狗主人的祭品蒙住了双眼，背对着狗主人时，狗主人偷出来一个塑像，这被认为是幸运的。然而，如果祭品不够丰盛，主持会突然转身而且抓住这个试图偷走塑像的人，而且此时所有的花招都显得非常无力。

这个发现是被一位老妇人意外制造出来的，即不仅二郎神能够治愈人类的疾病，他那愚蠢的同伴（哮天犬）也同样能够为它的种族治愈疾病。当这位老妇人为自己的儿子祈祷疾病痊愈时，她那只宠物狗，也跟着跪在了神像面前，后来她的儿子和她的宠物狗都奇迹痊愈了，这位老妇人满怀感激地为二郎神的哮天犬建了一座塑像。

当我们来参观这座庙宇的时候，一位妇女正在帮助庙宇打理日常事务，在她休息时还不时地燃烧着香烛，敲打着锣，并帮助香客抽签算卦。抽签是一种用小木签或竹签算卦的方式，每个木签或竹签都对应着一种结果。为了寻求好运，就把木签放到竹罐中，或是皮筒中摇晃，直到有一根竹签被摇出来为止，然后老太太给解签，并把签中的预言储存起来。成年男子会严肃地去请教神谕和这位谦卑的女祭司。事实上，寺庙中的较小的收入主要来自于这种无害的迷信。

关于二郎神庙还有一个古怪的传说。在很久以前一个屠夫在二郎神庙附近有个兴旺的肉铺。一天早晨他发现自己的肉架上少了块最好的肉，而且此后每天都发生同样的事情。他非常奇怪也非常愤怒，所以接受了自己儿子的建议，在晚上打烊后留在肉铺，他手里拿着一把刀，希望能够等到小偷。大约在午夜时分，他被一只黄狗吵醒，这只黄狗试图偷走肉架上那最好的肉。他刺伤了那只黄狗，但这只黄狗却突然不见了。他非常奇怪，循着血迹，他看见那怪物从一扇闩着的门的裂缝里出去了。第二天早上他循着血迹来到了二郎庙。现在他的家人一直都是那座庙的虔诚信徒，而且他看到在二郎神脚下的狗的塑像，那狗身上的刀口和血迹使他非常吃惊。从那天起屠夫的生意失败了，而且他的家人都变成赤贫，这个故事证明屠夫像其他人一样，有时会有眼不识泰山。所以，有时放弃一磅肉是值得的。

在城市的另一边，西北部，有两座比较有名的大寺庙。一个是白塔寺，因为它那高高的塔尖比大树还要高，我们从远处经常能够看到。这里的白塔和北海的白塔遥相呼应。

我们对黄包车夫说我们想去那里，在警察的协助下，一位老妇人和友善的人群甚至准备好回答关于北京的问题并给予我们一些忠告。然后我们开始穿过漫长而曲折的神秘通道，这通道随着我们的前进而变得逐渐宽阔了。直到我们到达了宽阔的平则门大街上，白塔就在这条大街上。白塔寺四周被围墙围着，只有一个破旧的大门。但是白塔寺曾经非常富有。它始建于1096年，是金朝建的，目的就是为了保存佛祖舍利。在1271年，忽必烈重新修饰了这座庙宇，使它看起来更加雄伟壮观。在元朝时，白塔寺供奉的是大智文殊师利菩萨。楼梯上有汉白玉栏杆。白塔寺中有块用了五百多磅的黄金和二百磅水银镀金的纪念碑。白塔寺塔顶大约有270英尺高，且白塔全身都用碧玉和珍珠作为装饰。在1423年，又增加了800个放许愿灯的砖块，而且这里的铁灯笼上，乾隆时期的字迹清晰可辨。

伴随着低沉的脚步声和空洞的咳嗽，守护在这里的一位老喇嘛走了过来，手里还拿着已经生锈了的钥匙。从他的穿着看，他非常贫苦，但面容慈祥，从他欢迎的微笑中表明他是多么的需要一点小费，通常我们也是给的。当他打开每一个吱吱作响的门时，他咳嗽的更厉害了，以至于如果我们之前来过这里，就不会再向他询问事情。

在寺庙里看不到多少东西，只有几个大殿，大殿里的神像都已经被破坏了，而且神像的祭坛也没有什么祭品。一位悲伤的佛陀，穿着它的折叠长袍孤独地站着，举起双手表示祝福。通往它神社的破旧空心台阶告诉我们，这里香客相互踩踏曾导致过上千人死亡。而且这位老喇嘛，已经在这里看门看了40年了，记得他年轻时候听人说过，这里曾经香火十分旺盛，寺庙也非常壮观。这里曾经有佛像画廊，有17世纪著名的图书馆，有1819年最后修复时的壮观，最重要的就是檀香木佛曾经就被安放在这里。

现在这尊佛像是几百年来北京最著名的佛像。据说这是在天上建造的三尊雕像中最小的一座，而且由释迦牟尼本人认可作为他身体的代表。它传达了这个信息："当我圆寂1000年后，你（这个雕像）要去震旦（中国）传法，并引领他们往生西天净土。"这个檀香佛在几经周转后被安置在了白塔寺，但是所有的事迹都没有记载。康熙皇帝对它的历史非常感兴趣，于是就留下了一段描述。这檀香佛的声音，就如同青铜器的声音一样。它像漆一样光亮，奇迹般地随着光和温度改变颜色。从后面看，打坐时似乎头要向前倾。但是从前面看，脸似乎向上抬起。一只手向下伸，另一只手在祝福中升起，而且手指像鹅的蹼状趾似的连在一起。对白塔寺来说，不幸的是康熙皇帝对这个最神圣的形象的崇拜，使他又为这座圣像单独建立了一座寺庙，弘仁寺。这座寺庙坐落在北海附近，据传说，当时这座佛像已经有 2700 年了。因此，自从这座宝贵的檀香佛被挪走后，白塔寺的声望就逐渐下降了，直到现在，白塔寺也成为了只供参观的地方。①

　　紧挨着白塔寺且在新中心医院附近的是另一座著名的寺庙——地王庙，一座祭祀中国从远古到清代的所有君主和历代伟人的庙宇。事实上，这是中国的万神殿。在大门前的两块石碑是下马石，如同我们在帝王坟墓和特别圣洁的建筑物前看到的一样。然而，石碑的碑文却不同寻常，它是用汉、满、蒙、藏四种文字书写的。

　　前面的庭院是空的。在第二个庭院中有一些建筑物，主厅用的是宫殿式风格，还有两个边厅和两个存放石碑的"厅"——所有的这些都是 1522 年建成的，但是在清朝这里又被扩建了，屋顶全是用的黄色琉璃瓦。鸽子在屋檐下栖息，不受骚扰。当我们靠近时，这群鸽子便飞走了，它们中有白鸽，有灰鸽，它们或在阳光中飞翔，或在阴影里休息。交错的翅膀发出悠扬的呼呼声，我们听到一个哀伤的音符，像风中竖琴的叹息，那是由空气通过在它们的尾巴上的竹哨子时发出的声音。②

---

　　①　辉煌的弘仁寺给所有参观寺院的人留下深刻印象。寺中的珍宝都是无价的——帏幔、刺绣、金坛容器和各种宝石，都是虔诚的香客贡献给佛祖和寺庙的。在 1900 年时，这个地方变成了义和团的据点，后来，檀香佛不见了，弘仁寺也被烧毁了，现在成了一座兵营。
　　②　北京人用 11 种不同的音符制作哨子。因此，几只鸟彼此在附近飞行时，几乎产生了一个编钟的效果。

这里只有一位年老且驼背的看门人，没有其他人员，也没有僧人。每年都会由皇帝钦命一位王子来到这座寺庙主持祭祀。

西方读者自然会问："为什么这个外族建立的王朝会祭拜那些已经不存在的非本民族的皇帝和其他人？"回答这个问题，要联系中国祖先崇拜的信念来做解释。

然而，即使对基本原则没有更深入的了解，这几行简单的牌位也令人记忆深刻，这些牌位是中国古代帝王和他们的继承者的，它们并排摆放着，似乎他们的英灵能够保佑社稷。

"那里没有塑像。那些彪炳史册的英雄人物都只有一个牌位，牌位是一个长方形的木头，每一个都有它所代表的人的名字。以牌位代表名誉，比其他牌位都稍大些的，是一位完美皇帝的牌位。"

这些条形油漆板（上面写有统治时期或死后的头衔，这些条形木之间只有镀金的字符不同）作为一个调节的工具，根据死者生前的功绩给予了不同头衔，因为死者的精神本来应该放在碑上。由于新的牌位在被供到地王庙前所需的仪式是要向祖先致敬，所以礼官虔诚地跪着接受它，并庄重的离开马车，将牌位请到寺庙里来。精神世界的优先权是极其严格的，要比任何现世的宫廷还要严格。①

然而，中国的史册里充满了死去的人在另一个世界里被削

---

① 有一个奇怪的例子，证明中国人对这种等级的谨慎遵守。当慈禧的牌位被请到清朝的祖庙（太庙）的时候，是要先将她的儿子同治皇帝的牌位和她的儿媳妇的牌位都从大殿里转移出来，因为有了年轻一代的牌位，这个牌位无法像往常一样向祖先敬礼。后来想到一个办法，从这个办法中我们可以看到他们对一个去世的皇帝有多尊重。礼官要求即位的宣统皇帝，在九位祖先面前磕头，给每位祖先按照顺序各磕九个头，还有他们的 35 位嫔妃都要依次磕头。

弱或提升的实例，鬼魂甚至可能被排除在万神殿之外。例如，康熙就拒绝两个明朝皇帝的牌位进入帝王庙，因为他们是明朝灭亡的罪人，但是他却将崇祯皇帝列入帝王庙供祀。一位好君主的选择令人想起了古代耶路撒冷的风俗，他们如果选择了一位品行不好的王子做国王，那么这位国王死后则不能葬在皇家的陵墓里。但是在中国这种情况则非常慎重，这要经过激烈的讨论，因为谴责一位过世的人，可能会给活着的人带来一系列危险的后果。

另一方面，那些被不公正地关在门外的人可能会被复职，而且这不仅适用于君主，而且也适用于杰出的政治家。这些政治家被作为圣人供奉在帝王庙的边厅里。这项规定甚至对皇室妇女也有好处。就像珍妃，在1900年的时候，慈禧逃出紫禁城前下令将她投到井里杀死。当慈禧太后开始良心发现时，颁布了一项特别法令，赞扬珍妃的美德和令人钦佩的勇气，"贞烈殉节"。她值得信任的行为也因此在死后被授予一个头衔作为奖励。这项法令被视为履行了对死者赎罪的所有合理要求。"活着时，珍妃对老佛爷的政令没有多少分量；然而，一旦死了，她的精神必须受到调解和补偿。"

双塔寺有两个白塔，凡是经过西城的人都会注意到，这两座白塔是为了纪念两位藏族最高宗教领袖而建立的。这两座塔和这个小寺庙是公元1200年金朝修建的，后来又被明朝重新修整，乾隆时期也重新修整了，但是现在这两座塔却没有了。这两座塔，一座有九层高，另一座有七层高，用它们纪念神圣的人。

第十一章

外城的寺庙

外城的寺庙是首都中最古老的寺庙。这些寺庙很少有外国人去游览。有些人甚至没有看到过，因为这些寺庙隐藏在远离大街的弯曲的小道上。小路中国人有时叫它们"死胡同"。然而，这里的许多寺庙非常古老，而且还有着非常奇怪的传说，这些传说有着丰富的想象力，即使现在是在废墟中，它们和著名的神殿也差不多。

　　正如茹思科所说："那些人不值得羡慕，在他们心中的伟大想象力已经死了，而且对他们来说，想象没有能力表达毁灭的痛苦，忽视该忽视的，或者掩饰场景中不和谐的东西，剩下的事物在记忆中就会丰富起来。"

　　在琉璃厂附近有一些庙宇，它们有着重大的历史意义，且在城市的旧地图上标明是大而重要的，这些庙宇现在都已经消失了；现在寻找的是"失去的爱"。渐渐地，虔诚的火焰在一个接一个地燃烧着。直到商店取代了祭坛，在那里被破坏的图像看起来像它们的真实情况——尘封的神灵不再被人崇拜——现在的木材场曾经也充满了对佛祖的赞美之声。这里有个奇怪的例外，即有个小的道教庙宇即著名的吕祖庙，供奉的是吕祖，是被称为"八仙"的圣徒之一，现在还有中国的政要迷信他们。走廊中有许多还愿牌一直通往空气流通不畅的小圣殿，这里比较憋闷而且空气污浊。

在蟠桃宫则热闹了许多，这是在东便门附近的河岸旁的一个小的道教庙宇。蟠桃宫翻译过来就是"种植桃树的地方"，里面供奉的是"西王母奶奶"，也是著名的"碧霞元君"。

在中国，桃子是一种长寿的象征，而且对于道教徒来说，这代表着生命之树本身的果实。如果一个人的德行使他有幸从天上圣母的果园摘下一颗桃子，那么他就被列入仙班了，可以参加由西王母主持的每年一度的蟠桃盛宴。在这盛宴中会有美味的菜肴供应给他们——熊掌、猴唇、龙胆和在蟠桃园里摘下的赋予了永生的桃子。在蟠桃宫，天上所有神的塑像都被戴上装饰精美的饰带来欢迎西王母——西方天堂的皇后——她由凤凰和仙女陪同，手里拿着蟠桃等待着客人。蟠桃宫在三月的第三天，会进行著名的，盛大的庙会。大批群众聚集在运河两岸，那里有整齐的商店和餐馆街，还有赛马和杂技工人们娱乐。偶尔在马背上可以看到罕见的女杂技演员，而且她们的红衣服和小脚给人一种奇异的魅力。这个集市上有个非常受欢迎的老太太，她一直在西王母面前烧香跪拜祈祷，祈求长命百岁。

在蟠桃宫的附近，朝着左安门的方向，坐落着一座法塔寺的古塔，即著名的"小累塔"。传说几百年前，在金朝的时候，这座塔建在一座遥远的省份。但是有一天，它想去首都旅游。于是它开始在田野和村庄里徘徊。而且这里的村民，都被这种奇迹震惊了，因为只顾着看奇观，有很多人都在路上摔倒了，这时有位智者看到了这种景象，喃喃地说："不可能的事是由欲望的力量造成的。"终于，这座塔经过长途跋涉几百英里，穿过了大城市的城墙，不停地走。就像一位旅行者一样，它变得疲倦了，没有力气再走了。便停在了我们现在看到的这里。因此人们叫它"小累塔"，而且为它建了一座庙。但是这座庙已经废弃很久了，现在庙宇已经不在了，只有这座塔孤零零地立在田野间。

距离天坛的北墙很近的地方，有一座非常奇特的纪念性寺庙，精忠庙，是纪念岳飞的，他在关岳庙也有自己的神位。而且非常奇怪的是，这精忠庙是康熙下令修建的，清朝的祖先是金朝，所以在此之前，很少有清朝统治者纪念岳飞的。我们经过多次询问才找到这座庙，而且我们沿着一条敞开的下水道走到那里，从一条小巷走到一个新油漆过的大门前。

一位彬彬有礼的人，显然是商人阶层，我们对他说明来意后，他邀请我们进去参观。他告诉我们："我为了贸易的目的租了这个地方，但如果你想看古庙的形象——那就请进吧。"他带我们经过一间现代化的展厅，里面有一排排廉价的钟表，然后来到一个摇摇欲坠的古老门廊旁边，这里有两个因为时代久远已经倾斜了的石狮子。这两只石狮子的落地基座也塌陷了，脑袋也损坏了。在第一个院子里，他把我们的注意力集中在一座破旧的铁雕像上，这是人跪着的塑像。他解释说，"前面两个人，一个是大奸臣秦桧，另一个是他的妻子，他们俩阴谋害死了岳飞。直到现在他们还跪在这座庙的外面，而且路过的人都会向这两个人身上吐口水，踢打他们。现在只剩下一个塑像了，秦桧妻子的那个塑像已经被踢打坏了，不见了。"约瑟顿的《英雄崇拜》一书中说，"对于秦桧，不仅仅是他每天都会受到唾弃的铁像，他的名字也一直在遭受各种最侮辱的待遇，因为他的名字后来成为了痰盂的同义词，而且他死后的尊称已经变成为'虚假与污秽'，然而，另一方面，他阴谋害死的武士已经在过去的几个世纪逐步提高了自己的名声和荣誉，成为了人们心中崇拜的神。"

专门供奉岳飞的两个大厅没有被拆除，但是他和他随从的塑像被一个玻璃盒子给罩了起来。在第二个大厅里，他坐在妻子面前，两个塑像都比真人大，而且在罩子中坐在一个象征荣誉的椅子上。

商人对这位英雄的钦佩似乎毫不被周围肮脏的环境所影响。对历史上最伟大人物的判断，一般会根据他在特殊时期的表现来判定，在最特殊的时刻发挥他们的最佳状态，他知道岳飞一生中肯定不止一次的身陷险境。"对任何受过教育的中国人来说，伟大的形象，没有戏剧化的理想主义的影子，正相反，这是他们周围日常人性的证据。是最让他们记忆的平常心，相比之下，更美丽、更令人钦佩的生活并不平凡。"

从前，在先农坛的围墙后面也有一座庙宇，但是很多名胜，像黑龙潭，已经完全消失了，只剩下几块石碑让人知道这里是庙宇的遗址。现在剩下的这几块石碑，并没有实现它的文化意义。这里成为了约会地点，主要是人们经常在温暖的天气里来这里安静的吃晚餐或是聚会。这里还有一座独特的寺院三圣庵，是在印刷厂路上的一座素庵，靠近城隍庙（供奉着一座城市里的守护神），这里最有名的集市是在第四个月纪念清明节的时候开始的。这个庵的厨师以制作蔬菜素食而闻名，而且因为这是有钱人宁愿不吃肉也要尝尝这里的素食。

在右安门附近还有一些寺庙，这些寺庙里的平静与外界的庸俗形成了鲜明对比，这里没有喧嚣和混乱，而且在庙墙的后面，有一条深深的河流缓缓流出。这些庙宇中有一座圣安寺，这座寺庙因为时代变迁而日益破旧，它沉睡在这开阔的空地上就像一位很老很老的老人坐在太阳下晒太阳，然后闭上双眼回忆着很多很多事情。因为这里多年没有修复，房顶和墙壁都已经破败不堪了。但是有两三个僧人一直在三圣殿前守着。

佛祖和罗汉的塑像都已模糊不清，然而，佛教人物的画像（大约是明代时候）还在墙上，并且依然非常清楚——这佛教人物画像不仅画得好，而且保存得也好，这里还有仿制的檀香佛（旃檀佛），这佛像曾经在北海附近的弘仁寺里，后来被毁掉了。

这里的僧人说唐朝的最后一位皇帝哀宣帝（公元 904—907 年）建的这座庙宇，但是在他死去的时候，这座庙宇还没有建成。

不远处还有一座唐庙，崇效寺，这是唐太宗在建完法源寺后，又建成的一座寺庙。为了表达自己对佛祖的敬意，太宗皇帝将两个从西藏运来的金漆佛像分别赠给了他最喜欢的两个寺庙。无量佛被供奉在法源寺的大厅，但是在崇效寺里的是一个复制品，被供奉在圣所的一座石碑前面。除了墙上的几幅壁画，没有任何文物或珍宝能使我们感兴趣，也没有迹象表明这里的僧人对神的祭坛的关心或崇敬。这里的僧人贫嘴又贪婪，他被来这里看著名的大树根的游客给宠坏了，因为这棵大树的年龄始终激发着游客的好奇心，他们来这里就是要证明这棵树的年龄的。很久以前，人们用庙宇的红墙外面那圆寂的方丈舍利塔来算这座寺庙还有大树的年龄，宗教非常重视这些。现在，这里的僧人也不顾及这些了，他们为更有利可图的园艺事业而努力。他们的牡丹在花开的季节吸引了大批游人。他们在植物上花费了大量的时间和精力，显然，这损害了宗教的仪式。这些牡丹花有各种颜色，有酒红色、粉红色、白色和黑色的花。然而，最珍贵的要数绿牡丹了，在它开花的时候，阴暗的地方比它们的叶子还绿。

崇效寺尽管有花园，但还是不能跟法源寺相比，法源寺是外城最大的寺庙，坐落在琉璃厂的南面（干面胡同），大约建于公元645年。这座寺庙有一种梦幻般的宁静，还有一种圆润可爱的罕见的魅力。这里没有人工雕饰，只有青砖和石头在太阳和风雨的作用下变成了灰暗的颜色。此外，这座寺庙的古老感，跟太宗的历史渊源，也深深地吸引着游览者。

在这些僧人之间，我们高兴地发现古代的理念绝不是死的。与大多数佛教寺庙的僧人不同，这里的僧人不会假装信仰佛教，他们是真的信仰，他们热爱他们的圣所，也深深地了解这座寺庙的传统，他们为这些财富感到骄傲。老和尚劝我们登上钟楼敲钟，就是为了让我们对那些回荡在世纪里的丰富音符感到激动。他还领我们参观了桦树，据说这是唐朝时期种植的，而且这里也有许多美丽可爱的花树——直径为一英尺的紫丁香，朵朵梅花，还有花瓣朦胧的樱树。但是，就好像他自己错了似的，他懊悔到现在牡丹还正处于嫩芽状态，并且他请我们四个月后再过来，那时候这座寺庙的花园里，会有各种盛开的牡丹花。

当整座寺庙的僧人都听说有尊敬的外宾正在参观时，有一位学历很高的僧人，过来给我们介绍寺庙的历史并且回答我们的疑问。

他非常礼貌地在寺庙的前院辨认刻在石碑上的字迹。一些是明朝的，是王朝最后一个命运多舛的君主的礼物，但是只有较少的一些是清朝的碑刻。

"那里有更多现代的事物"，他抱歉地说，"现在我会给你们看更有趣的东西。"

寺庙里所有的门都在他的命令下打开。我们被带到一个小厅中去看一个佛祖童年时期的佛像，是一个漂亮的裸体婴儿的塑像，这婴儿挥舞着手臂，并且脖子还有褶皱——和普泰喇嘛庙的一样，但却比那更有慈悲相。

接下来，我们登上一个高高的平台，那里有另一个圣所。大师指着它的基石说："它们是唐太宗建庙时候的原基石。这位敬爱的皇帝从征战辽东和朝鲜归来后，在这个地方竖立了一座宝塔，来缅怀在战争中阵亡的将士。在这里祈祷是为了他们灵魂的安息，并且在这些石头下面放着他最喜欢的骑兵的骨灰。那些死去的，都是不朽的英雄，他自己携带着虎皮的旗帜领导战斗——活着的战士，在分享他的胜利后，回到自己的首都西安府。"

他还告诉我们，"许多伟人都和这座寺庙有联系，在1126年，金朝攻打北宋时，宋钦宗从开封府被俘虏到北方后，就被关押在这里。"这里还有谢枋得的祠堂，他是一位被元朝俘虏的宋代官员，也是大学者，被俘虏后，拒绝投降，绝食而死。

与法源寺有关的还有位叛乱者，安禄山①（公元 8 世纪），他是被唐太宗征服的突厥族的后裔，他当时掌控着北京，后来叛乱削弱了唐朝。他和另一位叛乱者在法源寺立了两块碑。但是与法源寺有关的这些人中，最伟大的就是唐太宗了，他是最伟大的统治者之一。他是法源寺的荣耀。②

不久，这位僧人告诉我们如果我们能到主持的房内喝杯茶，那么主持会很高兴，对于这个要求，我们欣然同意。到了主持的住所，一位老人恭敬地向我们施礼，这马上打消了我们这几个陌生人的拘谨，而且用我们西方人的礼节回了礼，表达我们对老主持款待的感谢。

他对我们说："很少有欧洲人来参观我们这座古老的寺庙，你想看看你的同胞很少看到的东西吗？"

---

① 安禄山在太原战役中被唐肃宗的军队击败，而后又被其儿子杀死。安史之乱后，唐肃宗继承了唐玄宗的皇位。而唐玄宗是位才华横溢却又不幸的皇帝，他创建了翰林院和邸报——这可能是世界上最古老的官方报刊。值得注意的是，肃宗皇帝在这场战役中从哈里发阿布贾法尔那里雇用了四千名阿拉伯士兵。这些阿拉伯人的后裔是甘肃穆斯林人口的一部分，至少当地居民保留了一个关于这一点的模糊传说。一种特别好的小马和兰州猫（在中国特别常见），应该就是当时阿拉伯士兵最早带到中国并繁衍下来的。

② 历史记载证明，对这位皇帝的赞扬是正当的。伟大的唐太宗（公元 627—649 年在位）可以和他同时代的穆罕默德相媲美。在他父亲建立唐朝后，他又开创了贞观之治。《中部帝国》的作者将他与阿克巴皇帝、马可奥勒利乌斯大帝、康熙大帝，还有查理曼大帝和哈鲁恩·拉希德大帝相提并论。对他来说，在经历了几个世纪的破坏之后，帝国得以平定下来。他是一支 90 万人军队的创建者，这些军人都是从一个忘记了自卫艺术的民族中招募而来，他是从卡什加里亚到韩国（包括西藏）地区的主人。他是第一个从比萨尼德那里得到大使馆的人，同时也是最后一个为比萨尼德人提供避难所的人，他是艺术和文学的赞助人，也是一些杰出作品的作者，一位伟大的猎人和一位著名的战士，他具备中国人心理想帝王的特征。他那金碧辉煌的宫廷让人想起了我们在《阿拉伯之夜》中所看到的对中国富丽堂皇的令人眼花缭乱的描述。博尔格在《中国简史》中说："他的整个形象是中国最有能力、最有人性的皇帝之一。"帕克对唐太宗的评价是："从欧洲人的角度来看，唐太宗是中国历史上唯一的一位绅士皇帝，也是一个勇敢、精明、富有同情心的人，是从傲慢和无能中解脱出来的皇帝。"

我们再次表达了我们的感谢，而后他吩咐我们应当以神圣之地看待这里，他陪伴着我们，告诉我们注意那些值得注意的事情，例如，在圣殿前或石碑内的古怪的灯笼形石头盒子；公元10世纪留下来的两处珍贵的历史文物。在镀金的木质品和纱布后面的塑像，其中一个塑像被认为是太宗本人的塑像，还有"戒台"或者说是僧人受戒的地方。

　　我们跟着他来到主楼的一个漂亮的庭院，那里有一座两层的庙宇。在这里，我们欣赏了雍正统治时期的一些绘画作品还有仿制的古代制品。深沉的蓝调和丰富的红色鲜艳无比。人物和面孔遵循中国艺术的规律，个人主义的考虑是次要因素，我们看着这一张张庄严而冷淡的圣徒面孔，在那些站在我们周围的僧侣的脸上寻找同样的安静的复制品，怀着好奇的心情，不住地凝视他们，发现我们周围的僧侣，他们穿着颜色不太鲜明但形状不同的长袍。

　　这位老主持对我们的钦佩感到高兴，他让一位僧人从他的住处拿来一个卷轴。打开卷轴后，这位老主持欢喜地对我们说："看，这是宋代的珍品。我能在义和团之乱的时候将它保存下来就算是幸事了。但是我通常不会轻易示人的。曾经我给一位外国人展示过，他看后表示想买来送给他们的博物馆，但是我们是不会以任何价格出售的。"

　　在我们对这些奇迹进行了适当的检查和怀疑之后，他又说："这里还有些你们想看的东西。"随后领我们到了旁边的祭坛上，上面有几块石碑，主要是为了祭奠亡灵的，它左右点着灯，前面摆放着美味的蛋糕和水果。

第十二章

城外的寺庙和陵墓

我们也发现许多散布在城市外的平原上的寺庙。有些寺院已经没有了收入来源而废弃了，还有些寺院只有几个孤零零的瘦弱的僧人主持。这些事物只能引起中国考古专家的兴趣。他们的这些已经破损的神，如果没有几年的熟悉，那将是一个无法理解的世界——那是一个西方文化中没有的神话、信仰和迷信交织的世界。这里还有一些寺庙和城内的寺庙一样有名，比如大钟寺、万寿寺、白云观和东岳庙。

　　也许对外国人来说，最著名的要数大钟寺了，大钟寺又名觉生寺或者"是一座了知生死的寺庙"，这里因为有一座巨大的钟而著名——在拉夫卡迪奥·霍恩写的《中国鬼故事》一书中记录了一件发生在这座寺庙里的孝顺故事。这座庙宇坐落在宁静的田野中，离西直门人只有两英里远，是一条轻松而愉快的道路，我们四五个人乘坐一辆漂亮的车从安定门穿过平原和内城城墙来到这里。

　　在1743年这个著名的大钟搬到万寿寺之前，这个地方也有一些著名的神殿。而放大钟的地方是一个红色屋檐的六角形建筑，在这里摆放着中国青铜铸造的艺术品。吊钟的橼子非常长，而且边缘都刻有各种花纹和佛教咒语。我们站在下面的人，对这个大钟的高度都惊叹不已。① 然后，因为从洞里掉下来的硬币能给投掷者带来好运。我们爬上扭曲的楼梯，把一枚硬币从顶部的洞里扔了出去。我们故意往左扔，以防止敲击太猛而导致大钟炸裂。②

我们想听一下这口钟的钟声，但是这里的僧人告诉我们没有皇帝的指令，是不允许敲这口钟的。他还向我们讲述了这口非凡的钟的历史。

在 15 世纪时，永乐皇帝下令打造一口大钟，据说是送给一位著名僧人的礼物，而且这钟的铭文上记载君主的名字和铸造它的人的名字。按照帝国的意愿，这口大钟的尺寸要大到在百里外也能听到钟声才行，因此，大钟是用铜加固的，用金加深，用银使声音更加清脆。但是尽管铸造师他精通机理，测得了合金材料比例和懂得巧妙地处理火候，而且铸造了两次，但都不尽如人意。这时候，皇帝非常愤怒，于是便下令，如果铸造师下次再失败，就处决他。"这样铸造师便去占卜师那里咨询，占卜师沉默了一会儿对他说：'黄金和黄铜永远不会结合，银和铁也不会融合在一起，除非处女的血来使它们熔合在一起。'

当这位铸造师漂亮的女儿听到这些话后，她决定用自己的生命来拯救自己的父亲。所以，在铸造的第三天，她跳到了大

---

① 然而，通过实际测量，这口钟有 17 英尺高，开口周长有 34 英尺，钟的厚度是 8 英寸。它的重量在 2000 到 8000 磅。尽管莫斯科的大钟很大，但是这口钟却是世界最大的。

② 就像大多数中国钟一样，它没有舌头，也没有敲响，而是被铁链上摆动的一根木头从外面敲打。

熔炉里，跳的时候喊着'为了救我的父亲'，完后瞬间就不见了人影，只剩下一只女孩绣着珍珠和花朵的鞋子，这只鞋子是在女孩跳的时候，旁边的妇女试图救她的时候抓到的。但是，当这口钟铸造完成的时候，其钟声清脆悦耳且洪亮动听，真的是百里外都可以听得到，比其他的钟都要好。但是，每当敲钟的时候，其钟声总有一个低沉的回音，好像一个女人在叹息一样发出'鞋'的声音。当这个清脆的，穿透天际的钟声余音不绝的时候，很多中国的母亲都对她的孩子说：'听吧，这是孝顺女儿在找她的鞋子呢！'"①

在安定门外的开阔地上矗立着另外一座著名的寺庙，黄寺。这个大而杂乱的地方由两个机构组成，东部和西部，每一个由不同的喇嘛团体主持。前面的建筑，供奉释迦牟尼佛，这个地方最早是辽代建立的一座寺庙，后来在1652年由顺治皇帝将这个地方改造成了一座喇嘛庙。后面的建筑是由康熙皇帝在1720年安置西藏和蒙古的喇嘛时建造的，而且从那时起，就一直是这些喇嘛们的天堂。尽管早期的满族皇帝煞费苦心地调和喇嘛教派的政要，因为清朝皇族需要这些人的效忠，不想让他们感到敌意。康熙这样做还有个特别的原因，据传说，他在征战的途中，导致了一位蒙古活佛死在了归化城（呼和浩特城）。因此，此君花了大笔钱财建造黄寺，同时努力赎罪，获得蒙古僧侣的友谊。②

---

① 这个大钟寺的钟是永乐命人打造的五口大钟之一。其他的挂在钟楼上，有的已经没有了。

② 当康熙皇帝到了归化城见到活佛时，这位活佛已经承认了康熙皇帝的合法地位。皇帝的一位随从，对自己的主人这样随意的处理感到不满，于是拔剑杀了这位圣徒。这引起了一场可怕的战争，双方都损失惨重，据说，康熙皇帝是在自己护卫的保护下骑马逃出去的。

华丽的大理石"佛塔"是乾隆修建的，这个宏伟的建筑是为了纪念西藏的班禅喇嘛，他于1780年在北京死于天花。然而，这位圣人没有被火化。为了巩固中央和藏族的关系，这位艺术家皇帝对自己的虔诚做了双重的证明。他派人用黄金棺材装殓班禅喇嘛的尸体后运送到西藏，而且建立这块美丽的纪念碑来装殓班禅那有感染病毒的衣物。

北京附近的现代石刻没有比这块藏系的尖顶纪念碑更好的了。这纪念碑遵循古代印度类型，但不同的是，圆顶是倒置的。由13个阶梯段象征佛教十三诸天，这个尖顶是被一个巨大的镀金青铜圆顶所覆盖，而且整个纪念碑上有四座塔。在一个大理石台阶上有一座破损的白色牌楼。从波浪形的底座到上面的镀金球体约有30英尺，这都是精心雕刻的浮雕，这些浮雕不禁令人想起在阿格拉和德里的蒙古皇陵和宫殿。在这座塔的八个墙面上我们发现雕刻在墙面上的，这位过世喇嘛一生的事迹浮雕：出生时出现的祥瑞，出家生活，与异教徒的战斗，教授弟子，死亡。一个浮雕中雕刻了一头狮子，在它看到这位圣徒过世时，它用爪子擦拭了自己的眼泪。所有这些雕刻都异乎寻常的精致，也有着极其丰富的装饰。不幸的是，浮雕上的许多人物在1900后被驻扎在寺庙里的士兵破坏，用步枪的枪托把浮雕人物的头打掉了。然而，那些没有被破坏的浮雕，已经足够显示雕刻技艺的精深巧妙了。

与这座纪念碑相比，在黄庙的其他景点都变得毫无意义。古怪却又可憎的"葬坛"（在寺庙的主要区域之外）是死去的主持棺材停放的地方，这也就吸引那些喜欢恐怖的游客罢了。例如，一个热心的导游将棺材盖打开让人们观看不同衰变期的喇嘛。这座游客宫殿及其精美的高级房间和漂亮的私人礼拜堂对公众开放，之前这里是预留给活佛专用的。其他建筑物的大部分都倒塌了。即使存放释迦牟尼佛雕像的大厅，也到处都是裂缝。与其相邻的寺庙虽然有着华丽的黄色、蓝色和绿色的珠子但是却也已经褪色倾斜甚至即将坍塌了。而在前面有佛塔的牌楼，也躺在一堆石膏和石头上。

如同雍和宫一样，黄寺在帝国衰落时期也遭受了一系列的不幸。僧人们用那些粗制滥造的青铜塑像和饭碗以及给香客焚香等来弥补自己匮乏的生活。曾经他们的铸造厂与内蒙古多洛诺的制造神像的地方发生了激烈争执，目的就是为了向蒙古和西藏的本地人出售自己的工艺品。但是对图像的需求不再是以前的那样了，而且我们看到的大部分作品都不是用来供应寺庙的，但对于这个城市的景泰蓝工人来说，他们也做电线和漆包，而且也用少量的钱购买喇嘛们的那些青铜容器。

尽管他们很贫穷，但是黄寺的僧人们始终保持着每年一度的鬼节，这个节日在每年的 1 月 13 日举行。当他们伪装成佛陀的动物军团成员表演舞蹈时——跟雍和宫举行的这种节日非常像。类似的重大聚会也发生在附近的黑寺中，之所以叫黑寺，是因为这座寺庙的屋顶瓦片的颜色是黑的。在这里，展览、骑马和比赛吸引了大量的观众，而且所有快马的主人都在北京。[①]

另一座纪念碑，其建造风格就像黄寺那样深受印度的影响，这就是五塔寺。在北京以西两英里的地方，离颐和园比较近。这座寺庙被认为是仿照古代印度的菩提伽耶寺庙而建的，

---

① 不像我们的牧师，喇嘛们总是鼓励人们赛马，作为蒙古人他们最了解这项运动了，而且整个蒙古最高宗教要人与权贵们公开支持这项运动，他们中的很多人喜欢赛马。

它还有着一个奇特的历史。

在永乐皇帝统治的早期，印度教沙门的高僧来到中国首都，这给中国和印度之间的交往增添了新的动力。这位印度高僧受到了皇帝的接见，他给皇帝展示了五尊金色的佛像和钻石王座上的石头模型，即金刚宝座，这是释迦牟尼佛成道时所坐的宝座。皇帝作为回报，封他为大国师，并在北京西郊赐地为其建造寺庙。他同时承诺要在他所带的模型神庙的石头上竖立一个和他带来的佛像一样的仿制品。然而，新的寺庙直到成化年间才建造完成，里面竖立了大理石碑，还有皇帝题的字。这就具体说明了在尺寸上和具体细节上五塔寺是一个中印度的著名的金刚座仿制品。寺庙只是用五座塔的名字来命名，这五座塔站在一个巨大的方形基础上，两边都是一排排的佛像。崇拜者和崇拜的客体都消失了。僧人们离开了，这个地方被彻底地遗弃了，除了匆匆忙忙的旅游者偶尔来此参观。

在五塔寺附近——实际上从五塔寺可以清楚地看到——有一座两层高的圣殿：大慧寺（大佛寺）。虽然部分是在 1910 年被修复的，在一个僧人忧郁的眼睛里，它很快又腐朽了。这个僧人因为贫困使他无力再经营这座摇摇欲坠的建筑物。他坚持说这座寺庙是唐朝太宗皇帝时候建的，而且在明朝时又经过了大规模的整修，可以在大厅中看到的摆放着的景泰年间的香炉和万历年间的石碑可以作为证明。这里还供奉着一尊"千手千眼观音"的巨大塑像，所有令人印象深刻的人物都是用木头雕刻而成的，这个塑像表现出良好的工艺，但却受到膨胀的屋顶破坏的威胁。

再远一点，在同一方向上我们到达万寿寺，这座寺在通惠河的河岸上，旁边是美丽的垂柳。在明代万历皇帝（公元

1577年）时修建，到后来，这座神社经过多次修复，现在保存完好，因为帝国送葬队列和颐和园往返的驳船都在那里停下来休息。慈禧太后尤其喜欢这里——喜欢它迷人的独立客房套间，喜欢漫步于古老的岩石花园中，也喜欢在厅里喝杯香茶，也喜欢在万佛堂驻足，万佛堂是乾隆为了给自己的母亲祈寿而建造的。因此，老佛爷对僧人的赏赐从来没有吝啬过——这样也使得僧人们以这座寺庙为荣，以释迦牟尼佛为荣，并竭尽全力取悦老佛爷。老佛爷一般都停在高梁桥附近（这是从西直门到颐和园的第一座桥）。这座桥有一个古老的传说。因为永乐皇帝用不正当的手段夺得了皇位，一位圣徒想要用法力来惩罚这位皇帝，如果可能的话，让他忏悔自己的罪过，于是这位圣徒切断了北京的供水来源。他接着做了两个水桶，从首都的不同的两个井中打了两桶水，一个水桶装的是甜水，一个水桶装的是涩水，用手推车将这两桶水推到城外。一位睿智的老臣告诉永乐，说明这座城市的潜在危险，而且这位皇帝，非常警觉，于是希望有能力的人来挫败了这位圣徒的计划。然而，除了一位名叫高亮的武士外，没有人敢来，这样高亮也以他的勇气和鲁莽而闻名了。高亮接受了命令去抓捕圣徒，有高僧指点他，让他用鱼叉把装有甜水的桶刺穿，然后全速返回，但绝不回头（就像罗德的妻子一样），如果回头将会大祸临头。但是，他没有做到，但他刚一捅破水桶，就骑马飞奔，鱼叉在石头上闪着火花，他听到身后有一股巨大的流水声。他跑得越快，轰鸣声就越大。当高亮快要到达城门的时候，突然从他身后传来了可怕的巨响，他看到大水已经漫到了马腿中间了。这时候，他的好奇心使他忘记了智者的忠告。他不顾一切地转过身来——海浪扫过他，他在现在高梁桥的地方淹死了。后来永乐皇帝发现这位勇敢的武士因为太鲁莽而没有分清圣徒的两个水桶，高亮刺破的是那个装有涩水的桶。从那以后，北京的水一直都是苦涩难咽，因此，很多旅行者都不愿意在这里停留。

在城市的北部，安定门附近，有一座地庙——地坛，始建于1530年，根据中国人的观念，这是南部天坛的一种对应。就像天坛一样，它曾经是一年一度的帝王崇拜的圣地，这里也是公众的禁地，直到1860年时，英法联军打破了这一规定，将军队驻扎在这里。尽管这里从清军入关到嘉庆皇帝时期，经常得到修复，但现在这里已经衰败不堪了。然而，他们的而总体规划依然是可以追溯的——虽然没有天坛壮丽，但基本原理是一样的。斋宫也是对仿照天坛建造的，只是略小，还有牌楼、储物室（每年祭祀用的各种器皿仍保存在那里），这些建筑都庄严地矗立在树林之间。只有一个敞开的祭坛是方形的，而不是像天坛那样的圆形，因为根据中国古老的信仰，天是圆的，地是方的。此外，地坛不是由闪闪发光的大理石，而是由黄色的瓷砖构成的。因为黄色是土地的颜色，而且这里没有天坛里的那种火炉，因为祭祀用品需要埋到地下而不是烧掉。

还有一个坛，夕月坛，在平则门外的西面，还有一个朝日坛，在西华门城墙外——较小的那些神殿都是明朝嘉靖年间修建的——在这里都是皇帝亲自祭祀大明之神（日神）的。

月坛是四方形祭坛，这个祭祀是在每年的接近秋分日的月圆之日举行，即中秋收获季节。所有的祭品都是白色的——白色的丝绸，白色的玉器，白色的珍珠等。当月亮慢慢升起的时候，一个乳白色的牌位意味着"月神神位"被请来降临到这座圣坛上，这时古朴的仪式在附近柔和的钟声中慢慢开始了。

这两座庙都不值得一看。为什么不去拜访它们呢？部分原因是场地问题，这里宽敞、平和而宁静，但已经变得荒草遍野了，看着牛在倒塌建筑物的砖块中觅食，唯有一处香炉还能隐约体会到古代祭祀的虔诚。另外是因为是有可能在这些破旧的荒野学会对自然的崇拜，中华民族灵魂也能因此而发展。

后来这种自然崇拜促使了其他邪教的成长，例如，道教，这是一种崇拜长生不死的宗教，这是一个多神的信仰，也有人格化的鬼神形象。

道教是神秘的纯洁构思理论的一个显著例子，但却被大众化为迷信。如果它的创始人老子依然活着，他不可能在自己的理想之间找到最小的相似之处，以他的名字命名的多神崇拜，他当然不会承认，有一个半神的雕像站在他的寺庙里。

道教有数不清的神，而且有些比较荒谬，关于道教万神殿的最好例子是东岳庙。始建于元代（公元1317年）的东岳庙是一座著名的道教场所，它是在以往旧建筑的遗址上建成的。这个地方距齐化门（朝阳门，内城的东门）大约有半英里。东岳庙里有光彩夺目的绿色和黄色牌楼，而且供奉的是东岳大帝。东岳大帝是在道教等级体系中与造物主几乎处于同一水平的神灵。在主殿中，东岳大帝位于中央，两旁有几个伺像。他神像的一角摆放着文昌帝的塑像。在庙会的时候（通常在每年的三月十五或二十八日），虔诚的香客在忏悔和认罪之后，会将赞美写在纸上作为礼物留在这里。这样，地下的判官就可以写下他们的记录，并储存起来，以备将来的审判。① 三个宗教

---

① 根据传说，古代神话时期的文字之神——仓颉，在造字的时候，模仿鸟类脚印创造了中国的文字。在中国，文字已经变得非常神圣，以至于写错一个字或用错一个字都是一种罪过，而保存书籍则被认为是值得称道的行为。有的寺庙的义工专门去捡丢掉的纸片或写有字的废纸。然后，这些碎片被带到一个特殊的熔炉，虔诚地焚烧。

的协会也促成了这个节日——除尘工人，他们清除圣像上的灰尘；造花工人，他们用人造花做拱门；还有灯匠协会，他们捐赠了一盏油灯，油灯都是定期添油，保证它的火焰不能熄灭。

东岳庙的小神龛内摆放着非常多的神像，它们之中大多数都是能够保佑凡人身体健康平安的。患有各种疾病的人来这里是为了祈求诸神治愈或安抚自己的发烧、寒战、咳嗽、消费、绞痛、大出血、牙痛等，因为他们相信有神灵支配着人的"身体的每一部分，从头发到脚趾甲"。为了做出确证，病人在朝圣中参观了正殿后面的一座神庙中著名的黄铜马，这黄铜马能够治愈男人的一切病痛。在《圣经·旧约》中有句箴言："以眼还眼……"这句话的字面意思是，盲人不停揉自己的眼睛，为自己祈祷，不过他还是失明了。瘸子因为同样的原因还是瘸了。

精神疾病和焦虑同样能在圣殿中找到它们的医生。一个黑暗的小屋中供奉着"月老"，这位神仙倾听孤独少女寻找伴侣的祈祷，然后把命中注定的夫妇的脚用无形的红线绑在一起。关帝是正义的化身。可怜的妇女虔诚地跪在碧霞元君塑像前祈祷，希望神灵能够赐予她一个可爱的孩子。当然，这位神仙从来没有拒绝过，所以人们相互传颂她的灵验。

在入口处的墙上，画着一个巨大的算盘，这是帮助债务人和债权人结清他们的账户（算清人世间的各种因果）。据说，这些神明经过祈祷和禁食后前往寺庙，在那里度过了一个夜晚。然后，在第二天早上，没有人能说清何时，正确的决定就会出现在算盘上。众神已经审判，他们的判决凌驾于法律之上。

但东岳庙最不同寻常的特点是开放式的彩绘泥塑画廊，描述道教世界中，那些在阳间作恶的人，到了阴间所受到的惩罚。

有一座特殊庙宇叫做十八狱庙，离东岳庙较远点，位于去通州的路上①。这里通常被外国人认为是最恐怖的地方。这个地方摆着各种酷刑的塑像。他们认为这是阴间的法庭，每个人死后都要在这里接受审判，如果作恶太多，那么就不会再有转世投胎的机会了。可怕的阎王掌管着生死簿，严肃公平地主持着阴间一切审判。小鬼忙着把灵魂锯成两截。我们注意到他用他的锯子和中国木匠用的锯子是一样的。一个说谎者，被绑在一个柱子上，他的舌头正在被人用刀割下，还有许多小鬼手里拿着鲜血淋淋的罪犯的头颅。再往前一点，一个男人被两个有女人脸的怪物活活吃掉：一个是红色的脸，另一个是蓝色的脸。我们的导游告诉我们，红色的女人脸是他妻子的，蓝色的女人脸是他小妾的。

我耸耸肩问道："为什么中国的艺术家喜欢雕塑这么恐怖的事情呢？"

"呃，我们认为这些彩绘石膏雕像非常好。也许这个人无法维持家里的秩序。也许他被激情的迷恋蒙蔽了双眼。由于这些原因，他怎么能够逃脱惩罚呢？"

"呃，如果你们喜欢看一些比较舒适的事物"，他笑了笑说，"我带你们去那边走走。"他亲切地领着我们去看善良人的果报。明智、公正、尊贵的人死后会得到丝绸和玉器那样的供品，而且灵魂能够上天堂。因此我们也能够带走一些愉快的

---

① 在这条路上，有一座汉白玉石桥，横跨通惠河，这就是著名的八里桥。1860年英法联军在这里与清朝的部队进行了一次战争。

印象。

在北京最早的道观要数白云观了，在北京外城的西北大门（西便门）外。白云观是在忽必烈时期建成的，它仍然是附近最大和最富有的寺庙之一，有超过 100 名道士的院落。这里是宫廷里的太监们，在他们富裕的日子里，慷慨地为自己的晚年准备了一个舒适的休养所，这座庙与宫廷有着密切的关系。寺庙里级别较高的道士经常出入皇宫，但他们不参与政治活动，同时他们也赢得了民众的尊敬。

白云观拥有着许多大殿，大殿中也摆放着各种塑像。这里也有供香客居住的大房子和石头花园，正如中国古诗所说："曲径通幽处，禅房花木深。"

寺庙最古老的部分始建于唐代，而后在 1192 年金朝的皇帝对其进行了修复，当时，这里是金朝的内城。在成吉思汗的时代，这个地方被称为"长春宫"。不过现在长春宫的遗迹已经很少了。这里曾经凭着道教圣徒丘处机的个人魅力和才干光大了道教。也使丘处机本人成为著名的道士，他曾被请到成吉思汗哈尔和林的皇宫。丘处机满足了成吉思汗对中国各种宗教的好奇心。长春真人属于全真派，是一位炼金术大师，他花了大量时间研究化学、哲学和养生学。他出生于山东，在宋朝和金朝时就已经声名远播了，而且经常被宫廷请去讲法。后来他又被蒙古征服者所敬重，成吉思汗召他去讲法，尽管长春真人年事已高，但成吉思汗还是写信给他表示想见他一面，成吉思汗让他的大臣代笔给这位圣人写的信（因为这位伟大的征服者不会写字）中说："我与你吃着同样的食物，穿着同样的衣服，谦卑的如同我的牧人一样。我热爱我的子民，也把有智慧有才华的人看成我的兄弟……希望您能到我这里一起畅谈。如同我邀请圣人一样……为了维护帝国的秩序，我恭敬地恳请您！"但是当长春真人到达蒙古的时候，成吉思汗却西征了。这位圣人只好远涉万里去向成吉思汗传法。

必须承认这位杰出思想家的真正价值，他忍受艰苦跋涉去给成吉思汗传法，目的就是为了拯救战争中的百姓免于杀戮。当成吉思汗见到他时，盛情款待了他，接受了他的建议，并向他问了许多问题。这位无所畏惧的圣徒一再地告诫成吉思汗，如果想一统天下，就必须停止杀戮和掠夺。"一个政府的真正基础是服务于上帝天和爱的人。如果想要延长寿命或是得到永生，那么就应该清心寡欲。"

这位帝王欣然接受了这位圣徒的劝告，并下旨："神赐给我这位良师，是他使我的良心苏醒。所以，把他说的话写下来，好让我和我的儿子们永远看到它。"①

众所周知，当长春真人回到直隶时，成吉思汗将北海附近的白塔寺赐予他作为道观。他是否真的在那里住过倒是无从查考了。寺庙的记录中写着他在 1227 年死于白云观，享年 80 岁。他的墓在一条石头路的下面，墓前有一座纪念他的纪念堂。堂中有一个他吃饭用的碗，据说是从朝鲜进贡过来的，碗上有两位皇帝题写的铭文证明了其真实性。他的塑像被珍藏起来，到现在依然被尊敬和崇拜。

他已经去世 600 多年了，但是每年（正月十九）人们仍然

---

①　长春真人对成吉思汗的教诲，我们可以参见关于描述他西行的著作《长春真人西游记》。这本书被蒂莫西·理查德翻译成西方文字，并命名为《天国使命》。其内容不同于唐朝玄奘大师写的《大唐西域记》，后者被称为《西游记》。而且，长春真人也因为这部游记而成为了众所周知的英雄。长春真人的伟大功绩在于远途跋涉到中亚地区，以先知的身份去说服历史上伟大的军事天才成吉思汗不要滥杀无辜，即著名的"一言止杀"。

蜂拥着用奇怪的仪式来纪念他，当神圣的形象向公众展示时，庆典便隆重开幕了。这是庆祝"百神聚会"的日子。神庙的精灵之一应该以官方身份出现在它的区域内，一个小女孩或一个乞丐和道士们在杉树下守夜，等待他的到来。一般情况下，活动会持续三天，期间还有赛马活动。首都的少男少女经常光顾这些地方，在由席垫铺就的大道上，拥挤着很多喝茶和吃瓜子的观众。

白云观附近最值得去的要数天宁寺了，这是北京附近最古老的建筑物之一。这里的僧人通常在倒塌的庙宇的高层客房内提供茶水和雕有法轮的糖果，这个高层客房就是尊贵的 13 层佛塔（大约始建于公元 6 世纪），塔中有一座镀金面孔的大佛像。他们诱使游客们把钱扔到悬挂在图像上方的金属盘子上，以保佑他们的祈求都能实现。在离开时可以登上这座塔，一览附近的田园风光。

西边是望海楼，是被毁的钓鱼台宫殿的一个公园。这里还保留着 12 世纪的遗迹，这是早期满族皇帝最喜欢的垂钓场所。这座"面朝大海的塔"（建于 1773 年，是在金朝皇宫的遗址上建成的）现在已经破败不堪了，泻湖的湖水被大风吹得凌乱不堪。只有青蛙的叫声打破了寂静。它们的声音似乎比稻田里的青蛙柔和，它们在这个被世人遗忘的角落，欢欣不已。

在望海楼之外，我们还能看到遗留下来的金朝的古城墙。一列火车经过时，火车的汽笛发出刺耳的声音，实用但不生动，但这一个代表过去的时代，一个代表现在和将来的时代。

外国人在这里养着蒙古小马来取乐，这种马是马贩子在特定季节从长城外的草原上贩来的。在北京汉口线和新的公路开通之前，人们不得不用马、骡子拉的四轮车往返于京内外。与体育赛事的节目相比，这里的人们还在运用中世纪的交通工具的景象更显得有趣。

我们的眼睛，在赛马场和湖中的芦苇荡中游荡，① 有条用石头铺就的小路直通一座废弃寺庙，寺庙里有一尊 50 英尺高的大佛像。毫无疑问，这座大佛曾经被放在最好的大殿里。现在只剩下寺庙的两堵墙了，还有这尊大佛依然暴露在阳光下。这个地方完全荒芜，只有一些村里的孩子，他们一见到陌生人就羞怯地走过来乞讨。

依然按照卢沟河左岸石路的白线向前走，我们能够看到供奉青铜母牛像的白堆子庙，这座神像看着卢沟河，防止它泛滥危害周围的村庄。

在我们旁边，太阳底下闪闪发光的是一座横跨卢沟河的卢沟桥。在公元 1189 年到 1194 年的五年里，一队劳工为了使它变得坚固美丽而辛勤劳作，造了 13 个石拱门（现在还剩 11 个），栏杆上雕刻着守卫大桥的石狮子。这些石狮子数量很多，所以，民间传说没有人能数得清。13 世纪时，马可·波罗来到这里并极力盛赞这座桥的精美与雄伟。因此外国人也称此桥为"马可·波罗桥"。他认为这座桥是当时世界上最好的大桥。这也是当时中国强盛的不朽丰碑，而这座桥至今都被建筑师所惊叹。作为卢沟河（永定河）上唯一的大型石桥，甚至在今天也是一条重要的交通干线，所以这里经常被修缮。从技术的角度来看，将桥墩放在淤泥和流沙的河床上，在雨季时，一旦洪水暴发便会造成很大危险，但建设者巧妙地克服了这些

----

① 赛马场湖，即莲花池，在《金朝编年史》中提到过，它是连接直隶和山东两大水系的枢纽。

问题。在 1215 年成吉思汗攻打北京城时，金朝的军队在这座桥上发生了兵变，全部投降元兵，这也导致了北京城的陷落。在 17 世纪时，这里发生了洪水，后来，康熙皇帝重新修复了这座桥。乾隆皇帝时又修复了这座桥，在桥的两头建了两座黄色屋顶的牌楼作为纪念。桥东边设防的城市是明朝崇祯皇帝为了阻止李自成的叛军而修建的。

如黄褐色的田野中的绿洲一般，树木葱茏茂密，这里多是寺庙或坟墓的场所，而且坟墓居多。这个地方埋葬的人，比他在世时的住处洁净得多。在田野里埋葬的风俗是多么美好啊，而且这个地方常常是一个人一生中辛苦劳作的地方，而不是在阴暗的墓地。这让人想起了《海伦》悲剧里欧里庇得斯的话："哦，这是我父亲的坟墓！我把他葬在这条人们常走的道路旁，无论我是出走还是回家，我都会看到它，都会以儿子的身份向他致敬。"这样的习俗证明人们没有病态的恐惧，这也是后代对先辈们最温柔的致敬。他们会认为他们的土地，永远的都被他们的祖先佑护着。

中国如同古希腊一般，观念中认为死亡就是拥有超人的力量——而且亡灵可以通过超自然手段使幸运或不幸降临。昨天还是一个普通的人，今天作为死者，他变得有了神力。难怪活着的一代会以死者为荣。对灵魂的祭祀取决于最深刻的伦理感情。东方一位伟大的人物曾说："对祖先的记忆是一切美德的基础。凡是履行责任的人，都不会对神或他活着的父母不敬。这样的人会对君王忠诚，对朋友仁义，对妻儿疼爱。"

但也有一部分是为了生者的私利而对死者崇拜。每一个鬼魂都必须依靠其生前的宗族而获得祭祀：只有通过本宗族的认可，他们才能安息。好的墓地和合适的供品，也有助于给本宗族带来好运。但是如果亡者生前拒绝选定好的坟墓和将要进行的葬礼，还拒绝祭祀食物和酒水，那么这位亡灵将会忍受饥渴和寒冷，因为其家人会因此而愤怒，将取消定期去扫墓。[①]

令人惊讶的是，中国人有这样的观念，最好的和最美丽的地点都被选为他们的坟墓。那些有钱人，都会花大价钱给死去的人买一块上好的墓地，而且无论我们在哪里发现一个被忽视的坟墓，都会从它的土墩上发现一块破碎的石碑，我们可以知道这坟墓里的人，可能已经没有了继承人，因此无法定期来扫墓了。而且，在中国人的观念中，家庭最大的悲剧是灵魂没有了寄托。

在赛马场附近有许多著名的墓地，其中最有趣而且也是保存最完好的墓地要数慈禧太后父母的墓地了。守墓人是一位老头，他自豪地指着坟墓前大大的拱门和大理石石碑，对我们讲了不少慈禧太后的逸事。就像所有的东方人一样，慈禧也对父母非常孝顺，而且也特别注重宣扬自己的孝道。在义和团运动后，慈禧因为拒绝从北面进入北京，而从满洲正统贵族中获得了更大的荣誉。在 1900 年她逃亡归来的途中，在北京—汉口的铁路线上，因为这条铁路在她父母亲的坟墓附近，如果从这里走，而不对自己的父母进行祭拜，那么将严重违反孝道。如果要祭拜，却没有祭祀的用品。由于这个原因，她改变了路线，她选择从南面进京，这虽然给她的人民带来了极大的不便，但也引起了人民的极大钦佩。

另一个雄伟的坟墓是一座亲王坟，在沙窝门（广渠门）

---

① 参见拉夫卡迪奥·霍恩的《日本，一种解释的尝试》；斯宾塞的《动物崇拜的起源》。

以西两英里处，这个地方以一棵松树而出名。这棵松树不到11英尺高，但是它的枝干上下蔓延覆盖了大约有20平方英尺。当然，从外面看不到树干，整棵大树的外形，如同农民在雨天戴的斗笠一样。

北京附近许多上好的陵墓都坐落在东南城郊，外国人称其为欢乐谷。顺便说一句，欢乐谷还是北京附近最好的骑马之地。从通州运河延伸到南海子，或者"南部的狩猎场所"，这里是一块废弃之地，多年来，稀有的麋鹿群在这里到处游荡。现在这里的野生动物早已消失了，优秀的步行者和敏锐的骑手们，会喜欢参观东南角永和宫（永远和平的宫殿）的迷人遗迹，这个地方也是皇帝狩猎时的休息场所。其中的一处建筑是明代的道观，即著名的"蓝庙"，这座道观因为它的屋顶是蓝色的瓦片和地板是蓝色的瓷砖而得名，大厅被许多大木柱子支撑着，其上都雕刻着精美的龙图案。这座公园的南头现在出于功利的目的，变成了兵营、阅兵场和飞机的机库。这里还有一条有趣的铁路，它从永定门一直延伸到公园的南面入口。

通州河渠的两岸同样是墓地——这里有座新墓地，是荣禄的。他是慈禧太后一生的朋友和忠诚的家臣。在许多破败的古墓群中，都能在一排排的柏树间看到被破坏的墙壁和倒塌的佛塔。

外国人最喜欢的地方是美丽的"公主坟"。虽然一条蜿蜒的马车路能够带我们去那里，但是我们为了观看周围的风光选择走了水路。

谁不愿意沿着这条13世纪的水路旅行呢？在巴黎的大街小巷，或者伦敦的街道上有了第一盏公共路灯之前，它就早已存在了。① 当然，没有几个外国人知道河岸两旁的迷人生活——岸上和运河中都有奇妙的惊喜。夏天，满是石凳和桌子的露天饭馆里挤满了乡下人，鸟笼被挂在船篷上。菜农用手推车将蔬菜推到岸边，将菜洗干净后再运到市场上出售。在北京郊区农村养大的又肥又大的鸭子，是饮食爱好者的最爱；沉重而缓慢的大船上装着数不清的羊。在距离不远的地方，说书的人在拥挤的驳船上来回踱步，其单调的语调里充满了浪漫；他那两块竹板中仿佛有说不尽的历史故事，使得船上的乘客乐此不疲。在整个场景中的灯光，会让人联想起海市蜃楼的魅力——一种非常清晰的大气反射，通过它，最远的物体看起来都具有惊人的清晰度。这些灯光，照亮了风景中的所有细节，给所有东西都蒙上了色彩，就连泥墙都闪闪发光。

冬季，景色变了，河水结冰了。船只慵懒的停在河岸上，都用泥块固定，并被荆棘丛的枝条保护着。古朴的雪橇取代了它们的位置。雪橇被一个人拉着，另有一个人推着，小男孩们穿着原始的铁冰鞋围着饥饿的麻雀转圈，还向过往的客人讨钱。这时茶馆空无一人。偶尔会看到村民打破河岸附近的冰，让鸭子们游泳。当人们把昂贵的鸟关进鸟笼时，我们可以看到口渴的流浪狗聚集在水坑喝水，而且它们还会用神秘的方式把消息传给远方的同伴。

在这个荒凉的季节，公主坟上优雅的松树打破了黄色平原的单调色彩——就像公主的浪漫故事与中国普通百姓的单调生

---

① 我们必须要知道，这条运河是世界闻名的大运河的分支，它一直通到天津。因此这条全长900英里的大运河打通了北京到杭州的水路，加深了这一带的经济联系。正如马可·波罗所说这足足有40天的路程。这里大多是元代修复的，即使在清政府也经过了多次修复，它仍然起着它原来的作用——便利向首都运送贡品大米。

活形成鲜明对比一样。

这里有一处乾隆的题字为"佛手公主",意思是这位公主的两根手指有蹼相连,犹如佛手的样子。但是乡下人有个传说,即她是一个帝王的女儿,拥有许多土地和值得骄傲的血缘。但是,她忘记了自己的地位和尊严,爱上了她父亲马厩里的马夫。他们秘密见面,而且如干柴烈火般迅速热恋了起来。直到有一天,由于马夫的疏忽,他们被发现了。这在中国古代父权社会里,是一桩死罪。所以,当这位帝王听到自己女儿的丑事后,下令处死这对恋人。于是他命令建造一座庄严的坟墓,把自己的女儿和她的恋人都放在里面。据这里的农人说,三天后,这对恋人还活着,因为在坟墓的外面还能听到他们的细语。每年春天,美丽的树木仍在坟墓旁低语,而且路过的人也能听到枫叶的喃喃之语和松树松针的轻声哼唱。

当我们从小公主的休息处转过来的时候,我们停下来看门口附近的一群孩子。他们正在玩模仿葬礼的游戏,用牵牛花埋葬死去的蟋蟀,而且学着僧人的样子在坟前念着佛号。一个路过的小伙子唱了一首充满哀怨且调子很长的歌,出奇的好听。我们把他叫住问他唱的是什么歌。

"这是一首老歌",他说,"我在运河边上经常听到船夫唱这个"。歌的大意是,自从有神仙起,男欢女爱就如同水的流动一样,从未改变。

在中国传说中,我们很少发现爱情主题,但在有关古墓的故事中,往往会出现悲伤的音符。这古墓中的悲伤音符,就如同明朝两位被剥夺帝位的皇帝一样令人伤感。

第一位皇帝是建文帝(公元1399—1402年),他的帝位被他的叔叔永乐皇帝夺去之后,他逃到云南在一个寺院里出家做了一个僧人，尽管有个悲惨的过去，但他在这里找到了自己完美的幸福。他的身份最终被一首诗描绘出来，在诗中讲述了他早年的不幸遭遇。后来，他被皇帝召回皇宫囚禁了起来，在首都平静地去世了①。

据说，在他最后的几年中，一口老井涌出的泉水威胁着北京。这位圣洁的前朝皇帝自愿去平息泉水，他投身到井中，镇住了泉水。而建文帝的木乃伊可能就在这口井中。现在这里建了一座铁塔，就在东直门外，它由小铁塔盖住下面的塔身而得名。而建文帝的木乃伊现在仍被人们认为不仅镇住了反叛的泉水，也能够回应祈雨者的祈祷。

在山脚下，离颐和园很近的地方是另一位不幸的明代帝王——景泰帝（公元 1450—1457 年）的坟墓。他统治时期是明朝中期，而且他被明朝官方拒绝以皇帝身份埋葬，他被葬到北京北面的明皇陵中。慈禧太后曾告诫她那悲惨的侄子光绪帝，不要想着像景泰帝那样用不合法的手段夺取皇位。甚至威胁他会有和景泰帝一样的命运。因此，光绪皇帝始终保持着一种忧郁的心情，对于景泰帝的命运记忆尤为深刻。从颐和园中一个房间的窗口，他会对着景泰帝的坟墓凝视好几个小时，哀叹其被忽视的状态，他说服了一个太监，让他给景泰帝的坟上种上新树。而且还去修复祭祀大殿的柱子，同时吩咐这些太监不要让老佛爷知道，至少不要让她生气。所以，这个古老的坟墓不再孤独，因为至少有光绪帝这样一个同病相怜的皇帝陪伴安慰他。

---

① 建文帝最后下落不明。——译者注

第十三章

颐和园和玉泉

颐和园的建筑风格和建筑理念可以追溯到中国古代。在辽代和金代（公元 10—13 世纪），那个时期的统治者就已经在现在的颐和园附近建造行宫了，而且记录了玉泉山泉水的存在。事实上，从这泉水开始供应淡水，就已经决定了这个地区在这么几个世纪以来的定居点。

虽然这个地方在中国人看来风水很好，曾经应该有过许多雄伟的建筑，但是这里却没有留下任何遗迹。即使元朝和明朝的建筑物也都已经消失了。1908 年时，在玉泉山附近出土了一对 16 世纪中叶的青铜狮子——这个地方被认为是在颐和园内。

我们可以假定，在满清征服时期，在玉泉山附近有些明朝的建筑，可是到了清朝康熙皇帝统治时期，他觉得没有什么值得恢复的，因此便在 1709 年着手建造一座全新的宫殿。苏格兰人约翰贝尔，他是由伟大的彼得大帝派往中国的俄国大使馆的工作人员。他记录了俄国大使和他的随从，受到康熙老皇帝的邀请去拜访他。他们到了被称作畅春园的皇帝乡间别墅，这个地方大约在北京城以西 6 英里的地方。据约翰贝尔的描述，这个乡间别墅明显的是一座新建筑，应该是圆明园的一部分或者是颐和园的一部分。① 雍正皇帝住在圆明园，并于 1735 年在那里去世证实了这一事实。

雍正皇帝的继任者乾隆对这里进行了修缮和美化，将康熙以来的宫殿结合起来组成一个和谐完整的宫殿群。由耶稣会教士带来的凡尔赛图画和对这座皇宫的描述，使得乾隆皇帝非常兴奋。他计划用比以前盛行于中国的更精细测量方法来修建这座园林，甚至仿建了欧洲宫殿。

中国人在自己最喜欢的住所挥霍了数不清的财富和各种人才。在圆明园的欧洲建筑，都是由法国和意大利的建筑师和艺术家来完成的，但这种风格和样式，并不被后代的欧洲人所喜欢。嘉庆皇帝更喜欢热河，不幸的是，他在热河休息的时候，被雷击而死（正史说是中暑）——尽管如我们所知，他有时候也住在圆明园，因为他打算于 1816 年在圆明园接待英国阿姆赫斯特勋爵。② 道光皇帝厉行节俭，晚年近乎吝啬。他是不会用过多的财产来供自己享受的。但是他却有个屈辱的儿子——咸丰帝，就是在这个咸丰帝统治的时期，圆明园才被英法联军给烧毁的。现在那里一片荒芜，只剩下几个石头做的技艺精湛的亭子和其他的几块石头石碑等等。

我们从一条老路穿过海淀的几个小村庄，这是以前宫殿的守卫营地和宫廷附近的一个繁忙之地。当我们走过破碎的墙壁

---

① 参见格拉斯哥《从俄罗斯圣彼得堡到亚洲各地旅行》。

② 阿姆赫斯特勋爵毕竟从来没有见过圆明园的恢宏壮观。他拒绝在海天村走得更远，也因为中国人坚持他应该像荷兰大使那样对皇帝行磕头礼，他错过了与天子见面的机会。

和杂草丛生的公园时——这里曾是皇亲国戚和政府要员休息娱乐之地——不禁在头脑中浮想联翩。我们好像看到了一队人马，旌旗蔽日，浩浩荡荡走过大桥——前面的人高举着旗帜。柔软的旗帜举向太阳，旗帜上有着多种图案的刺绣，代表皇帝和他祖先的荣耀：方的和圆的旗帜，蓝的和绯红的旗帜，白色的旗帜，还有一个身穿丝绸金光闪闪的斜眼人。那么这些拿礼物的是什么人呢？

一个人手里拿着海蓝釉色碗，另一个人手里拿着昂着头、有长长银脖子的天鹅。第三个人手里拿着一个雕刻的盒子，这盒子被粉末状的孔雀石和青金石涂成了一幅象征着皇帝万寿无疆风景画。第四个带来了一个花瓶，上面画的是古代的仕女图，她们的头发上戴着翠鸟的羽毛宝石，穿着厚厚的长袍，裹着她们缓慢的小脚。其他的则有宝石、紫水晶和翡翠雕刻的等稀有珍宝，还有象牙做的小神像，被精妙地放在一个漆黑的小盒子里。还有用上好的绒毡丝编成的寓意凤凰鸟的镶板。还有人高举着一块精美的玉佛，祈求着这位神仙保佑整个世界。

这些送礼物的人，必须要去皇宫，由穿着华丽衣服的太监引领，被成群的武士保护着，而且还要锣鼓喧天，场景可谓壮观热闹。他们将从皇宫的大道转到一条长廊上，长廊上面有装饰华丽的屋顶。慢慢地，他们来到有深红色柱子的大殿，跪在天子的宝座前，把礼物放在龙座下面。镀金的旗帜仿佛在向这六色的神圣屋顶致敬，屋顶有橘红色和绿色、蓝绿色和紫色、黄色和白色，在角落里有小动物守护的孔雀和蓝宝石。随后他们将登上大殿低矮的白色台阶，为什么他们会暂停或推迟？为什么长队一动不动？他们华丽的长袍和服饰在阳光下闪闪发光。为什么天子会独自在天庭徘徊、沉思？天子拥有着青春和权力，他的龙椅传说有 12 种力量的象征，而且他的皇冠上镶着一颗珍贵的珍珠。① 他为什么不站在他的宝座前，当进贡的人来到并俯伏在他面前时，他好享受万朝来贺的殊荣？

天子坐在有 12 种权力象征的龙椅上，他一小时一小时地坐着，等待游行队伍的结束。因为天子正在做一首诗——一首四行小诗。

当我们到达入口处时，幻象就消失了——曾经的金狮依然站在那里。② 这里驼背沉默的守护者，小时候目睹了圆明园被英法联军洗劫后烧毁的全过程。他带我们去看那些被毁的遗址。因为圆明园是个巨大的公园，他从一条长满荒草的农田小路中走过，绕过各种假山，来到一个破碎亭子堵塞的小山谷中。穿过残破的石头，跨越运河和一个荒岛，岛和陆地接壤的桥上栏杆都摇摇欲坠，这个扇形的湖上也长满了芦苇。

这个岛曾经是圆明园里卓越和无与伦比的瑰宝。岛上的宫殿有一百多间房子，色彩鲜艳，令人赏心悦目，但很多房间都没有命名。"这座宫殿有四面"，来这里参观的艾提特神父说，"并具有我无法描述的美和品位，用'优美'一词不足以形容。岛屿本身由野生和自然形态的岩石构成，同时被白色大理

---

① 在一个无月的夜晚，一个哨兵在宫殿附近巡逻，突然注意到湖里有一些闪闪发光的东西。他在灯光照得很亮的地方挖了一下，发现了一只大牡蛎，里面有两颗葫芦状的珍珠。这些珍珠是送给康熙皇帝的，他说一定是从天上送来的，所以他就命人钉上扣子戴到了帽子上。现在宣统帝的帽子上也是戴的这颗珍珠（参见阿林顿：《新中国回顾，1921》）。

② 参见沃尔塞的《1860 年与中国的战争叙事》，沃尔塞上校说："因为这些狮子是青铜色的，所以没有一个外国人费心去确定它们是由什么金属组成的，以为它们是普通的合金，在中国很常见，通常是用来铸造青铜的。"几个月后，在上海，一个中国人问住在那里的一位英国人，他们是否把金狮从圆明园偷走了。当被问到这些金狮时，这位中国人准确地说，金狮是被漆成了青铜色。

石的露台环绕着，上面有雕刻着奇特图案的栏杆。"① 另一位耶稣会教士也描述了这片园林："在京城外的乡间别墅里，皇帝（乾隆）在此度过一年中的大部分时间。他不断修缮，以进一步美化它。为了形成一种理念，建筑师必须能掌握著名园林的精华，然后描述和绘出这园林的蓝图，最后才会形成这里如此鲜活和美丽的风景。蜿蜒的河道在人工山脉之间通过巧妙布置形成了一张网。通过一些场地的安排，一些岩石的摆放形成了一个个由大理石台面为边界的可爱湖泊。有的曲折小径是通向迷人的楼阁和宽敞的大厅，有的小路是通向河边，有的是丘陵山坡上或是在宜人山谷中的小路，这里到处都有芬芳的花树。尽管这座万园之园总的规模不大，但是足以胜过欧洲任何皇族的宫殿。"他又天真的加了一句，规模和他的故乡杜尔镇一样大，"在这里能够找到全世界的奇观，在这里有着丰富的家具、饰品、图片、珍贵木材、瓷器、丝绸、金银的东西。"这位高尚的人的结论是："没有任何园林能跟圆明园相比，这是人间天堂。"

因为乾隆皇帝羡慕法国皇帝的享乐方式，于是也想在圆明园建立一个和法国宫室相似的喷泉。尽管修建喷泉的所有人都表示"缺乏知识"，他还是请了贝诺亚神父来设计这座喷泉。喷泉中的水需要从距离圆明园五六英里的玉泉山上引来，然后建一个水塔储水，再根据精确计算，把水压到12个动物（十二生肖）的嘴里，并按照两小时一次的规律喷出来。中国人没有完全按照贝诺亚神父的精确计算建造喷泉，最后，这座喷泉

---

① 在这个露台上，皇帝和嫔妃们可以在这里观看载有小铜炮的小型帆船之间的海上战斗。

只持续了 25 年，然后就只能用人力来抽水了。

与此同时（大约在 1737 年），乾隆皇帝任命卡斯蒂廖内神父修建欧洲风格的建筑。有着高超建筑工艺的中国工匠，成功地再现了耶稣会士给他们设计的洛可可风格的大理石门廊、凉亭和马蹄形楼梯。这些西方宫殿对乾隆来说，有着新奇的魅力。当法国宫廷派一队传教士去帮助参与设计圆明园时，他很高兴。在这些建筑物庄严的残骸中仍然有很多魔法需要我们永久地去面对，我们更不能亵渎这一堆废墟，因为这比最完美的纪念碑更有影响。这里到处都是大理石的柱子，而其他的则躺在荒芜的草地上。色彩强烈的花，黄色或紫色，蓝色的团簇锦绣，好像依然在装饰着昨天京城的繁华。雄伟的二重门也变成了石柱和碎片。墙上雕刻的仿古盛装，其中包括太阳王的太阳标志。一只蜥蜴从温泉的阴影中穿过，爬到附近的草丛中。多么悲哀的情景——当所有的东西都要毁灭时，它们是多么的可悲！我们的向导把圆明园形容为"失去灵魂的宫殿"。①

当夕阳的余晖如同一根金手指指向西方和颐和园的白塔顶时，这里有着最鲜明、最美丽的风景，在我们中很少有人感到遗憾。每一位当代作家都对圆明园的毁坏和它所失去的宝藏感到悲伤。

当英法联军到达圆明园的时候，皇帝带着随从刚刚从另一个门离开。法军军官发现皇帝所用的一切事物都还在他的寓所

---

① 在京城所有的皇宫中，只有圆明园的建筑和喷泉有塑像的装饰。这在中国人看来是很重要的。这也是中国人的偏见。如果有雕像，那会被认为不吉利。为了维护这种传统，当光绪皇帝的雕像出现在西藏的银圆上时，迷信的反对者就把他的一系列不幸归咎于此。同样的预言也发生在袁世凯身上，当他的头像出现在银圆上时，他的地位也岌岌可危了。

里，这就证明他们是仓促离开圆明园逃往热河的。编年史记载了一个保全面子的办法，把皇帝的离去描述为"秋巡之旅"。

英法联军的士兵却抢走了圆明园大部分可随身携带的东西，如寺庙天花板上的金盘子，祭坛上的金像，玉器和珍珠等。现在在欧洲和美国博物馆中摆放的被救出的宝藏，不及原来的十分之一。有一半以上的珍宝不是被士兵的枪托打的粉碎，就是被大火烧毁了。①

圆明园的大火燃烧了两个多昼夜，夜里通天的火光照亮了半个北京城，大火一直烧到了圆明园以外的玉泉山附近。如果有一座宝塔或神龛被某个军官收藏了，那么也会被时间损毁，因为木结构和砖块很难长久的保存。圆明园被烧之后留下来的瓷砖，被当地的居民挖到或用几美分买到，用来制作烟囱。圆明园的大理石雕塑被打碎了，里面的铁制物品被当地农民用来制作了农具，未被烧毁的珍贵木料也被当做木柴用了。

在 1860 年的黑暗日子过去后，咸丰也去世了，而圆明园就这样被废弃了，再也没有重建。毫无疑问，这个地方对慈禧太后来说充满了太多不愉快的回忆，她甚至希望自己的丈夫依然活着。因此，在她摄政的头十几年里，清廷没有再修建夏天休息的宫殿。但是，当老佛爷发现自己的地位越来越巩固时，她便渴望有一个安静的宫室了。而且在她权力达到顶峰时，她已经成为中华帝国事实上的统治者，并且统治了长达四分之一个世纪了。她尝到了专制的好处，而且也满足了她所有的欲望需求，她非常愿意用比较自由的乡村生活来代替紫禁城那严格

---

① 参见西德莫尔的《中国，万岁之国》。两个玉器和金器，一个完整的皇家服装，几个戒指，珍珠项链，漆器和瓷器被保存下来，作为纪念品送给拿破仑三世。

的规矩。

她的计划一开始就遭到了反对，但反对从未阻止她追求自己选择的道路。她的私人钱包虽然是空的，然而，这不能阻止一个像她那样有决心的女人。她把二千四百万两给海军的军费，用来建造她的游乐园，从而解决了问题。中国在 1894 年与日本的战争中蒙羞，这个奢侈享乐的女人应负最大责任。也难怪美国作家称这个女人为"500 亿美元女人"。

这座新宫殿是为了庆祝她的六十大寿而修建的。凑巧，她所选择的遗址上的原始建筑也是为纪念皇后 60 周年而建的。钮祜禄氏，乾隆的母亲——一个不像慈禧的女人，但却和慈禧的母亲同名。当这位皇后和她的儿子乾隆一同游杭州时，这位皇太后非常喜欢这里的园林，于是乾隆就下令在北京建造一个相似的园林。这就是颐和园的开始，当时叫万寿山。

当乾隆的母亲死后，这个地方多年未用，年久失修。就像圆明园附近所有的帝国财产一样。1860 年时，它也受到了英法联军某种程度的伤害。这里只有少数几个人看管，外国人爬过破碎的墙，在湖上野餐或尽情地滑冰。①

当老佛爷决定重建万寿山（又名颐和园）为自己所用时，禁止公众游览，现在却变成收费开放的公园了。当我们到门前时，被一个导游惹怒了。他说要给我们介绍这里的各种事物，但要付一美元费用。我们告诉他我们不需要导游，因为我们来这儿已经好几次了。他对我们说我们会迷路，而且价钱可以降到 60 美分。我们告诉他我们知道路，而且比他更熟悉。他说

---

① 关于 19 世纪 60 年代北京生活的令人愉快的描述，见弗里曼·米特福德（雷德斯代尔勋爵）的《北京武官》。

50 美分就可以做我们的导游。我们让他离开我们的视线。在一些纠缠之后，他又保证 20 美分就可以带我们转一下午。我们没有办法只好叫了警察，然后他才平静的离开。

艺术素养很平常的慈禧在这里建了一个漂亮的湖，还有一个不大的青铜亭子和万佛寺，如同乾隆当年的样子。这些遗迹中，保存了一个优美的绿色和金色相间的佛塔，来访者对它们没有什么兴趣。随着时间的推移，它们变得越来越美丽了，给这个明媚的地方赋予了自己的魅力。

因为"女王"陛下与旧址之间有着不愉快联系，新的住宅宫殿集中在湖东北端的建筑群里。离入口最近的地方，我们看到了一个大殿，通常这种安排，是为了使官员避免经过私人公寓。在这座大厅外，一条蜿蜒的小径通向湖泊和皇帝自己居住的亭子。

后来，这个慈禧太后喜欢的湖泊继续扩大，它还直接在湖中设了一块特殊的平台，平台周围的栏杆被卷成海水泡沫和龙的样子。和中国的宫殿相似，这些房间都被各种走廊和亭子的通道相连着。这里有两棵树，被修剪成特殊的形状。这两棵树在几个世纪之前就已经很有名了。如果它们不能自然生长，那么也将失去人为的修建样式；但是其外形不会在短时间内改变，因为叶子只会在最小的阻力方向生长，也就是说，用剪刀修建枝叶必须要顺从树本身的自然生长趋势。按照惯例，中国社会也会被剪裁，就像这树一样弯曲和伸展。现在旧传统正在被冷落，那么要用多久才能重现昔日那种社会结构的平衡对称呢？

这些建筑都被人们用交叉的纸条密封起来。但是我们可以透过窗户的大玻璃看到皇帝的卧室、床和木头隔板，这些东西上都雕刻着精美的图案。龙床建在壁龛里，上面挂着黄色的缎子窗帘，两边分别用刺绣的带子连着两个环将缎子窗帘笼了起来。上面的空架子上曾经放着存放时钟的大盒子。当慈禧在此居住时，她同时需要 15 个人伺候。慈禧也会偶尔为外国使节的女士和先生举办一次花园派对。"这些花园派对"，卡尔小姐在她那本迷人的书中说，"为女士们准备了好几天，而先生们则在同一时间收到邀请……当女士们到了后，所有的人（距离外交部只有几百码的距离）都到宫殿的门口，走进门后，便向大殿右边的亭子走去。他们按顺序将要带领女士们参观的地方布置好。廊子和大理石台子上帐幕一样的丝绸掩盖着，地上铺着红地毯。公主带领着两列贵妇人下楼看戏，并且在大理石平台上会见外国女士们。公主和贵妇人们在她们面前招呼完后，转过身就能进入大殿。在这里，她们分开，站在宝座两侧的一个屏风前，在昏暗的灯光中，慈禧太后坐在王朝的宝座上，而皇帝则坐在她的左边。在女王陛下（慈禧太后）面前，摆着一张桌子，上面盖着的黄绸缎都伸到了地上。这张桌子上摆放着金字塔样式的水果和鲜花。女士们进门时都要行三次恭敬之礼，正式会面结束后，慈禧太后从台上下来。她的黄色缎子椅子也被带下来，然后她坐在大殿的右边。接着，这些外国女士们被慈禧太后挨个介绍给公主和贵妇人们，当客人们站在老佛爷龙椅旁边的时候，侍从们会给她们挨个上茶，而且，慈禧太后还会对每个人小声说几句话。当夫人们饮茶完毕后，会由太监和公主陪着，走到宫廷的戏院。经过年轻皇后的房间，穿过老佛爷的大殿，来到了供午宴的地方。午宴过后，由公主带领着，这些来访的夫人们走到有大理石台阶的平台上，俯望一座皇帝最喜欢的湖。她们在此之前从来没有邀请过外国人来参观，甚至慈禧太后本人也很少来……那天慈禧太后并没有乘坐驳船，那里倒是有三艘大船，每艘大船都有摆放龙座的小屋，尽管她从来也不用，但也不让任何其他人使用。我们在湖面上划船，首先到了离岛最近的宫殿和小庙，然后去了大理石船上。在甲板，这里能看到湖中最好的景色，而且这里供应清淡的茶点、糖果和水果。当湖游结束时，女士们向陛下道别，然后离开宫殿回到了大使馆。"

　　附近的一个漂亮的剧院式建筑是一个三层的私人公寓。"它离地面大约 12 英尺高，其主楼层与皇家阁楼相距较远。下面的地下室是用来存放布景的，还有一些简单的操作装置。就像希腊那种三面开放的舞台，演员从两边出来，入口处在左边，出口从舞台右边穿过帷幕……去第二级和第三级舞台的阶梯是在场景的后面。这些上层平台被用来进行壮观的演出和表演。当王子和贵族被邀请到宫廷观看演出时，他们在皇帝包厢的右面里看戏。在贵族和王子的包厢里，没有椅子。这些人穿着本族人的衣服坐在地板上，这是因为在他们的礼节中，朝臣在君主面前不能坐椅子。这个舞台上一个有 12 英尺高的彩绸帷幕，一直从王子们占据的最后一个包厢延伸到舞台。皇帝和王子贵族们可以看到后台演员们的各种准备活动，但是帷幕隔开了他们的皇家包厢和皇后及女士们观看戏剧的包厢。"①

　　颐和园的大殿无法与紫禁城的皇宫相比，但是它们有着自己的独特之处，虽然比不上紫禁城雄伟，却也清雅脱俗，非同凡响。在颐和园，有些宫殿和房间的间隙，或者中间的庭院，是用蜂蜜色的席子盖住以增加使用面积，从而把它们变成了像

---

　　① 参见凯瑟琳：《慈禧太后》。

西班牙露台那样凉爽的室外起居室。

当然，颐和园的最大特点是它的布置。作为宫殿和寺庙的场所，自然起伏的山峰被充分利用，不得不说中国的工匠具备令人惊叹的艺术天赋。沿着大理石露台和湖面的北侧，一条长廊装饰着周围的风景。每隔一段距离就会在拐角处或河边修建一座亭子，以避免单调乏味。平地和雄伟的牌楼为这座由两个著名的青铜狮子守卫的露台提供各种便利。这两座铜狮子（面对从皇后的住处到大理石船的路上的装饰拱门），不仅是艺术品，更是历史遗迹。据说，这两个青铜狮子是三国时期（公元221—265年）吴国皇帝孙权命人打造的，曾放在他的宫殿里。后来，这对青铜狮子被乾隆迁到了颐和园。当然，它们古老的起源被夸大了。尽管如此，时至今日，这对狮子在太阳底下仍然熠熠生辉。因为它们金银混合的比例，虽然时代久远，仍然有着色彩斑斓的包浆。据说他们拒绝了北京古董商会200万美元的开价，保住了这对青铜狮子。

当我们游览长廊时，看到了右边太监们（李莲英等）的卧室，还有一块供人休息的场地。在我们的左边，穿过湖泊，我们看到了树林后面的空地上摆放着乾隆时期的铜牛。来到湖边，穿过17孔的大理石石桥，我们就到了被绿水环绕的小岛上。岛上有座小庙，它的一堵墙是借着石头的自然走势而建。这里供奉着中国的龙图腾。小岛的西面有一座老式的拱桥——是一座大约30英尺高的单拱桥——这个高度足够帝王的驳船通过。而在我们面前，则矗立着神庙加冕的小山。

这里任何可能的地方，都种植着各种花朵，而且一年四季都能看到花朵盛开。春天带来盛开的果树——花瓣上精致的粉红色如同一片云霞。其次是紫丁香，具有舒缓和清新的气味。

这里繁花似锦，芬芳扑鼻。尤其到了夏天，风景更是美丽，荷花散发出一股浓烈的甜蜜，夹竹桃的花朵，粉红得像少女的红唇，猩红的石榴花如同树枝上的火把一般。最后，在收获的秋季，紫苑花和菊花是花坛中的霸主，把花坛变成了自己表演的舞台。

登上万佛寺，需要勇气和耐心。但是当我们看到万佛寺的屋顶时，我们便迫不及待地想去看一看了。因为这个屋顶告诉我们这是座很古老的建筑，而且其独特的屋顶仿佛将天空分成好几个层级。这座建筑的颜色没有屋顶的样式吸引我们，这是因为屋顶运用了精细的瓷砖并进行了精美的排列。在我们去乾隆时期的青铜亭子的半路上，我们停了下来。因为这里有几个亭子的柱子、横梁、瓦片和其他装饰附件都是用金属铸造的，所以在 1860 年兵灾大火中遗留了下来。据说这是耶稣会教士设计的建筑，而这里的昆明湖则是乾隆最喜欢的地方。①

在这里，我们被之前的那个导游带着他的游客给追上了。一个来自密苏里的女孩问那导游自己能否买下那青铜亭子。她说，这座亭子显示了中国人的高超艺术，而且如果把这亭子放到自家的院子里，那会特别美妙。她的父亲认为这座亭子损坏得太严重了，他要给他女儿买个新的。然后，他们就开始聊其他的了。这位女孩听说昆明湖是乾隆皇帝最喜欢的地方，变得更兴奋了。

教授告诉我们从庙宇的高处能看到更好的风景。通往庙宇高处的路是一条很长的岩石画廊，我们蜿蜒爬到山顶。那位女

---

① 昆明湖的名字起源于汉武帝时期，是当时西安府（陕西省的首府）附近的一条湖泊。汉武帝为了备战，就在这个湖里训练战船和水手。颐和园的昆明湖，方圆 4 英里，它始建于明代 1476 年。

孩坚持认为，任何文明国家都会引进电梯。这位教授对我们俯视的美丽景色满怀热情。"就像对阿拉伯之夜的描述——一个古色古香的夏宫仙境，柔软粉红色的墙壁，彩虹屋顶，大红漆柱，白色大理石拱门和骆驼背的桥梁抵御了山峦的背景，多样的外形，如此柔软、温柔、美丽，以及不断变化的颜色。自然和艺术融合在一起，很难分清哪里是自然哪里是艺术。"他自以为是学者，喜欢在万佛寺闲逛。"所谓的万佛寺，就是这座建筑中每一个黄色瓦片都代表一位佛祖。""这个数量和芝加哥牙科医生的数量差不多。"那个小女孩说。

但是教授拒绝被这个不敬的比较所打扰。他找到了一块印有一首诗的石板，而且坚持要翻译。虽然译文可能被那个微笑着的导游给误导了，但无论如何，这都是一首好诗。

他确信这首诗出自一位女性之手，而且这首诗是皇帝最喜欢的。"难道你不能描述她吗？她盘着云鬓，而且婀娜多姿。她用凤凰样式的别针把头发固定好，并精心打扮了额头和耳朵。她眉如柳叶，眼如秋水。金色的耳环把她的脸拉长成了莲花芽的形状。她的衣服像竹叶一样柔软。她穿着缎子上衣迈着四方步，裙子是绿色的，走起路来沙沙作响。衣服上的纽扣是纯玉做成的，手上戴着八颗珍贵珍珠的戒指。"

"某个女孩！"父亲一边在一张纸上潦草地画着数字，一边心不在焉地说。最后，他说："我希望我们的公司能有合同来点亮这个地方。女儿，我想在山后建一座整洁的小发电厂，会比他们在湖边看到的那个小东西好得多。"

然后，我们又爬了下来，累得两腿酸软。那女孩背靠在底部的墙上，不知道这次攀登是否值得，因为纽约有比这高两倍的建筑。"是的，夫人。"她对我说，"那比这高两倍的建筑，里面都是有电梯的。现在，我想这里都无法买到冰凉饮料！"

没有冰水，但我们说过你可以在大理石船上喝暖柠檬水。所以我们都走到那里去找"好奇，但不是美的东西"——在颐和园里只有幻象。正如一些诙谐的人所说的："中国想要一支海军，但她得到的只是一艘大理石船，里面有一个可怕的木屋，这里面有假山和游客们可以买热啤酒和软饮料的地方。"我们离开了我们的同伴，教授反复阅读着指导书，而且他女儿解释道："如果我没有出生在上帝自己的国家，我可能会被认为是中国皇后并且居住在这座宫殿。太浪漫了，还有蒸汽、电梯，我想如果那样会比现在更好！"

我们离开颐和园后，去参观耶律楚材的坟墓，并且发现这座坟墓在颐和园的宫墙外面，因为没有人参观，所以比较难找。这里只有一个日本的仆人为他守墓。颐和园的发电站就建在这座坟墓的前面，这是不可原谅的不敬。因为我们必须穿过一个装满破旧机器的房间去向一位中国最伟大帝国缔造者的遗体致敬。耶律楚材是辽国贵族后裔，出生于 1190 年，长大后在金朝做官，后来被成吉思汗倚重。历史把他看作是一个多才多艺的人——撒马尔罕的首脑，蒙古历法的创立者，辽金历史的编著者，中国纸币的发明人和完全无私地说服皇帝给孔子的后代永久公爵身份的人。事实上，一位当代的中国人说："他是一个罕见的无私而又与众不同的人。"他所有的努力和成就都是为了他的主人，不管是蒙古人还是金朝人。

当北京被忽必烈攻陷后，耶律楚材当时在北京。忽必烈希望他能臣服蒙古，做蒙古人的官员。此后他就成为了蒙古的要员，跟随成吉思汗在 1224 年征战印度。传说在卡拉塔，远征队遇到了一只"像鹿一样的动物，它的头像一匹马，但前面有一个角，而且全身都是绿色的毛"。这个动物会说话，它对向导说："现在你们的主人应该回到他的领地上去。"成吉思汗得到这个消息不能定夺，于是请来耶律楚材，他对成吉思汗说："这个神兽是角瑞，它懂得所有语言。它的出现是上天告诫我们不要再进行杀戮了，不要再流血了。因为四年来在西方就没有停止过征战和杀戮。这是上天派独角神兽来警告我们。我们要听从上天的安排，适度会带来无穷的乐趣。"（柯廷《蒙古历史》）成吉思汗听从了耶律楚材的建议，他的人格魅力因为个性而更鲜明。他身高八尺，长髯美须，声如洪钟。他足智多谋，但根据历史证据表明，他都是劝解统治者宽容戒杀，给民休养生息。可是，我们能够看到很多人的墓穴要比他这破败不堪的墓穴雄伟壮观得多啊！

就在颐和园之外不远，在同一天就能去参观的距离内，是与昆明湖相连的玉泉公园。因为这条水路已经不通了，游览者不得不走陆路。途中有个寺庙，大门口有两个石头神兽守卫着，很值得参观一下。这两个神兽不是狮子，因为有翅膀，中国人称它们为"犼"，它是"众兽之王"，能走能飞，有着统治所有生物的法力，即使老虎也会服从。老虎遇到犼也像其他弱小的兄弟那样，急急忙忙地面对不可避免的厄运，因为这些嗜血的怪物能够吃掉它们所看到的每一个生物，并且会用额头上的角撕开猎物，吸吮猎物的血。这种暴饮暴食的怪物震惊了上天，天帝下令将这种怪物的眼睛调到它们的角上，让它们永远看着天上，以此来拯救天下的动物。① 这对非凡的动物在这

---

① "犼"应该是一只凶猛的蒙古狼和一只有翅膀的老虎的杂交种。这有罕见的保存标本，而且由于它们体形巨大，很少能够用石头雕刻成功。但是用石头雕刻的小型的犼，在中国很常见，有时候它们象征着佛祖的"狮子吼"。

里保护着一座元代皇帝铁穆耳建的护圣寺。史册记载，他和他的继任者"经常来这里，不仅是为了祈祷，而且还要沐浴更衣"，同时也要朝拜这里的三座塔。明朝皇帝曾在这一带察看农业收成，嘉靖皇帝也来拜访过这座寺庙，而且认为这座寺庙对于他的王朝是不吉利的。有一次，他来到前任景泰皇帝的墓旁，地方官员把寺庙后面的山开拓出了一条道路以供帝王通过。据占星家说，这条路非常像白虎的血盆大口。当这条路建成后，这白虎的嘴开得足够大了，能够吞掉这座庙宇，这是个不好的预兆。此外，当这位皇帝拜访完这座墓地后，在回去的路上停下了，他被守卫皇宫大门的一位修罗王的可怕面孔给吓着啦。他为自己的恐惧而生气，他以寺院建筑没有按规定的严格尺寸为借口，关闭寺庙，寺庙里的和尚们也接受了审判。

这座庙宇只在1770年时，被乾隆重新修缮过，乾隆赐予这座庙一大块土地，并且将这座庙变成了一座喇嘛庙。于是，他在这个保留了一个神奇的木球的地方获得了很高声望。这个球原来属于一个僧侣，他是在公元870年唐代时护圣寺里的和尚。这个木球因为可以运动，于是这个和尚便用这个球来做各种事。比如，这个球可以用来帮助寺庙到周围村庄去募化施舍。这个球可以去请随从或观赏者，也会在重要的客人面前跳来跳去，好像给他们"磕头"一样。一旦失火，它自发地潜入一个池中，从那里它能被毫发无损地救出。造出这个球的人，被人们敬佩有加。但是乾隆对此事表示怀疑，不过当乾隆看到了这个木球后，也对潘安钦佩不已，认为这是不朽之作。这座寺庙现在已经毁灭了，木球也不见了，尽管这里的喇嘛僧人都知道这是中国传说中独一无二的故事，但没有人能够知道，这是不是真的。"现在没有任何证据了。"他们说，"在一个古老的青铜大钟上和一个美丽的大理石碑上都刻有乾隆皇帝来访的铭文。"也许有一天，这个大木球还会回来募化钱财，重建寺庙呢！但是无论它什么时候来，都没有多大价值了，因为这里已经没有任何东西了。

从这座寺庙到玉泉山的门口，只有几百码的距离。从山上的古塔中，一眼就能看到颐和园。这个小小的公园，"宁静明亮的花园"，事实上已经是北方统治者统治了 700 年的快乐之地，甚至更长。就我们所知，这个地方是金朝明昌年间（公元 1193—1208 年）兴建的。元朝时保持了这个规模。明朝时，又扩建了这个地方。清朝康熙年间，在这里修了庙，建了塔——有一座庙是供奉佛祖的，一座是供奉泉神的，其他都是供奉那些不知名的神的。这里让我们想起了黄寺的佛塔。这个基座是模仿海浪而雕刻的，整个佛塔有七层，底层是一个巨大的雕刻精美的莲花座。

更令人震惊的是最高山顶上的尖顶——"玉峰塔影"（或妙峰塔），这个地方也是康熙建的。根据中国人的审美，这地方非常漂亮。在西坡的废墟附近，是绿色和金色的琉璃瓦覆盖着整座塔。[①]

如同我们所看到的，这个地方没有宫殿。在中华帝国的辉煌时代，这里曾是野生动物出没的地方。当勇敢的猎人们全身心投入到追逐中时，出发点通常是从这里开始的，而在这场大比赛中，他们很乐意在邻近的公园里放松一下。

现在这里都被火烧焦了，除了这些遗址，玉泉山还有一个小湖泊和许多美丽的树木，但它的最高荣耀是纯净的、闪

---

① 中国人认为这是万佛塔最漂亮的景观，而且也曾经是北京周边最漂亮的景观。

闪发光的从山坡岩石上涌出的泉水。上面的洞穴，在芬芳的紫藤花中，到处都摆放着神像。我们在一位可爱的女神像前逗留了一会儿，欣赏她那双脚踩在大理石上的舞姿，她的脸靠近左肩，下巴稍微翘起，面露微笑。我们在乾隆手书"天下第一泉"的石碑前停了下来，而后又爬上山坡去看更美的风景了。

事实上，这玉泉的水澄澈碧绿。当夏天的时候，树荫下的玉泉更是妩媚多姿，风从水面拂过，仿佛是在古琴上演奏古老的音乐一般。佛塔倒映在水面上，小山、佛塔、树影、柳枝，简直就是一幅中国的水墨画。一艘尖船头外表古怪的老海盗驳船，懒洋洋地穿过水草，船尾有一位诗人写的赞美诗，这首诗流畅得如湖水的涟漪。在这里无论何时都有温柔的风，佛塔上风铃的美妙音乐不时地从远处传来。我们多么希望能理解风铃的低声细语，能够知道它们都告诉那些曾经的皇帝和皇后什么。那些未曾见过大海的宫廷诗人把这里比作碧绿的海或是神话里那巨兽的眼睛。

当两个中国小男孩跑上这条路时，我们做了件令人欣慰的事。这两个小孩中，其中一个倒下了，结果鼻子流血了。他大声哭了起来，并不时地揉着脸上的泪水。我们很同情他，就给了他一枚硬币。当他看到硬币时，马上就停止了哭泣，去追赶另一个男孩，不料头却撞在了刚从休息室内做完事出来散心的绅士。在相互致意后，我们询问了他的写作，而且非常欣赏他的中国字。

"不，这不是诗"，他说，"我只是想记下来关于'玉玺'的古老传说。你注意到乾隆对着玉泉的题词了吗？这个传说就是解释乾隆为什么这么写的！"

"请你给我们说说这个故事吧！"

"好的，从前，在一个被遗忘的年代，一位楚国的农民偶然发现了做这块玉玺的原石。这位乡下人对这块石头的神奇品质深信不疑，于是他尽了一切所能使他的国王注意到它。他因坚持不懈而被两次赶出皇宫，而且在第二次被赶出时，国王还砍断了他的腿，以免他再次到皇宫来。最后，他还是设法说服了君主。这块石头经受了考验，被分成了三块美丽的宝石，其中一块被制成了皇帝的印章①，第二块被制成了道教始祖'天师'的印章，第三块被制成了孔子用的砚台。"

"当乾隆游览扬子江时，遇到了滔天巨浪，这时这块帝王玉玺展示了神奇的力量，当乾隆将玉玺投到江中后，风浪马上平息了。但是这块玉也因此丢失了。最后，许多年后，当乾隆在玉泉山的'龙口'乘舟而过时，他看到了玉泉山的喷泉中喷出了他遗失很久的玉玺。然后，他怀着感激的心情，写下了'天下第一泉'的题词。你们外国人是不是觉得这个传说有点荒谬啊？"

"不，不会，我们的历史中也有类似的传说。"

于是我们向朋友告别，他开始爬上我们最近的嶙峋的岩石小路。对东方人来说这是一种不寻常的努力，但他解释说，他的《中国导游手册》将玉泉山排在八个著名景点中的第一位。② 游客只能从最高塔上对颐和园进行鸟瞰，没有其他地方能够如此。从山顶看这湖的样子，如同一只蓝绿色的孔雀，披着阳光般镀金的羽毛，还能看到桥和宫殿的位置，同时能看到

---

① 这个玉玺现在仍保存在紫禁城。

② 燕京八景：太液秋风、琼岛春阴、金台夕照、蓟门烟树、西山晴雪、玉泉趵突、卢沟晓月、居庸叠翠。

一望无际的稻田，这里也能看到西山全景，还能看到美丽的碧云寺和其他姊妹寺庙，还有那皇家狩猎公园中闪闪发光的绿色瓷砖。

第十四章

西山的寺庙（一）

我们只需沿着玉泉山外的路继续走，就能到达西山脚下，那里山坡上的寺庙有着丰富的历史。中国人总是喜欢这些山峰，它们的山峰在太阳的照射下，仿佛镀了一层金一般，或者在寒冷的冬日被雪染成银白色。这座山如同一座无人装饰的永恒神庙，"在建筑过程中，没有听到锤子、斧头和任何工具的声音。"

　　在 15 世纪时，一股新的信仰思潮席卷了大地，一个新的寺庙建筑时代开始了。这可以和同时期的欧洲相媲美，这一时期欧洲也掀起了建筑大教堂的巨浪。明朝皇帝很高兴地用这种方式向这些高高在上的众神致敬。他们并不是在这里完全修建新的庙宇，更多的是修缮，装饰和扩建前朝的庙宇，如唐朝和元朝时期修建的庙宇，而且几乎所有重要的寺庙都得到了修缮和维护。来到这里，一下子把我们带到了几百年前。很难确定这些寺院的年龄，在这些寺庙中，往往只需要一块墙或一个屋顶，就能让人追忆古代的创立者。那些恢复寺庙的人总是遵循古老的中国建筑师逐渐发展的计划，他们的名字甚至不为人所知。"是僧人到处募化筹钱才得以修建这些寺庙,他们心中有着执着的梦想,靠着这个执着的梦想,做成了我们想不到的事情。"

因为要容纳更多的人,中国的寺庙通常修建得要比其他的建筑大。"比起其他建筑来,寺庙的装饰性材料用得更多,因为这里远离暴力,相对安全,适合所有人来此朝拜上香,而且,它们从未以怪异、神秘和宗教的风格建造;它们是以每个人都熟悉的方式建造。"我们通常发现长方形庭院是从北到南的,中心是主楼,两边是较小的建筑物。门口有一对石狮子,两边都是高大的木棁杆,在节日的时候,棁杆上挂着横幅和灯笼。大门的屋顶上有保护门廊的精灵,除此之外,还有一尊佛教弥勒佛或者是关帝的塑像,弥勒佛被认为是一个肥胖的中国人,面带微笑。穿过前厅,我们看到两边都有一对正方形的亭子,亭子里面有一个铜钟和一个木鼓,在庙宇的正厅前是"大雄宝殿"——佛祖释迦牟尼。他几乎始终是内嵌在莲座上的三位一体的中心人物。①

在主庭后面,常常有另一个幽静的庭院,供奉的是观音神像,她是慈悲女神,这里也是中国妇女常来祭拜的地方。两侧的建筑物中也摆放着许多已故的主持和大和尚的塑像和遗物。在这个大寺院中还有个两层的建筑,比较珍贵的物品都被储存在这里。有时我们会找到其他的神殿、佛学院、图书馆、岩石花园,或者是一座古老的满是锦鲤的池塘,其上还有一座风景如画的石桥。一堵外墙环绕着整个寺院,而且还围了一段山

---

① 另外两人通常是阿难和摩诃迦叶,他们是佛祖的两大护法,他们旁边分列着十八罗汉。这些罗汉都证得了阿罗汉果,已经了脱生死,但是他们还没有达到涅槃的境界,他们在人间度化众生。

坡，这座寺庙如同一个小的世界。这里有给香客单独住宿的充足空间，厨房和马厩，水果和谷物的储藏室以及赏景的亭台楼榭，应有尽有。许多寺庙都有皇家的旅行宫殿，叫做"行宫"，而且还有接纳香客的"客堂"。如果一个村庄里没有客栈，那么过往客商往往去寺庙过夜，这和中世纪的欧洲非常相似，寺庙都是接纳陌生来客甚至是外国人来访的地方。事实上，香客们给的"茶钱"也是寺庙的收入来源之一。

如果环球旅行者知道在距离北京城 10 英里的地方有这样的山，山上的寺庙生活又如此有魅力，他们肯定会不辞劳顿来体验一次的。这里一年四季风景如画，能够满足人们对美好风景的各种要求，甚至多年后都对此记忆犹新。这里有清新的空气，秀丽挺拔的树木，壮观的日出日落，山地和平原纵横交错，所有的这些都是 20 世纪的悲伤中的一个安慰和救赎。这里就像中世纪的航船上一样，人们还有时间去思考，去梦想，去治愈他们不安的心灵，也使他们远离火车和巨大的敞篷车所带来的"现代的进步"。①

当然，有些人会对许多寺庙的污垢、贫困和破坏感到失望，并且认为"佛教的东西都是无用的"。正如莱塞立·史蒂夫对约翰博士说的那样，"不能让人们毫无保留的接受它。"其他人则会很高兴，因为时间使周围的山峦变得暗淡，就像岁月为这些蒙上了面纱。我们常常访问这些摇摇欲坠的圣地，并且越了解他们的教义，就越热爱这种宗教。研究他们的教义越

---

① 然而，游客们在规划这种旅行时应该记住，这些佛教圣地的客房里只有一张木质桌子、一张长凳和一张床。为了舒适起见，营地的床上用品和折叠椅应该提前一天送给负责的"男孩"，这位男孩也能够准备简单的外国风格的膳食。鸡和鸡蛋可以在村庄买，但是像茶、咖啡、糖、面包和肉这样的奢侈品是买不到的，必须自己带。

多，就越被他们所深深吸引。

为了在古色古香的佛教圣地中享受一个风景如画、营地私密和乡村结合的生活，北京居民在这个季节租住了他们最喜欢的寺庙。例如，卧佛寺，是西山上一座古老的佛教寺庙，大概始建于唐朝，和其他著名的寺庙一样，这座寺庙前也有一块乾隆题字的石碑。有一条美丽的古柏大道，这在一个木材如此稀缺的国家，是很难得一见的风景。这条大道直通有着琉璃瓦的牌楼入口。我们走进牌楼，穿过几个庭院就来到了卧佛的大殿里。在第七、八、九这三个世纪里，这种塑像被佛教徒大量拥有，其数量远远超过其他的佛像。这里的佛祖塑像，通常都不是汉人竖立的，但汉人却将它们转化成自己信仰的一部分。事实上，正是蒙古人用现在 50 英尺长的复制品替换了早先的木头雕像。

佛像平静的面庞和微微闭合的双眼——那如沉睡般的样子令人印象深刻。这个佛像全身也都被裹上了亮丽的绸缎，只有双脚是裸露的。因为这个原因，虔诚的香客给寺庙里捐了很多鞋，有大的，有小的，有丝绸的，有纸的，都整齐地摆放在佛像前。为什么要这样呢，大佛会活过来吗？香客们不知道——或者他们都不知道该怎么解释，这就使我们这些好奇者很迷惑，这些信徒是如何对待自己的信仰。寺院中浓重味道的焚香和嘈杂的钟声，混合着念佛的唱诵，如同山那边的赞美诗一般。有点不合拍，似乎无法打破佛陀的睡眠。或者，如果这睡佛能够听到，他也不是一个嫉妒的神，不介意别人的闯入。

在西边的山谷里，坐落着一座碧云寺，这是西山最漂亮的一座寺庙，而且也是中国最漂亮的寺庙之一。在这里，我们有一个例子，说明佛教僧侣如何选择他们神殿的位置，以使自然的美丽风景更能衬托寺庙的雄伟壮丽！在这个美丽的山谷脚下，我们可以看见大理石"佛塔"，就像一座纪念碑一样，在清新的空气中，看得更亲近了。然后，我们爬上两英里长的石质人行道，才到达由巨人神王把守的外殿大门。这是巨木和石灰混合的雕像。他那巨大的手指、臂膀和腿部肌肉，就像亚述雕塑中四肢和头部几乎触碰屋顶的英雄。本能的，我想起了《阿含经》的故事。"在一个美丽的夜晚，四个伟大的国王走进了神圣的充满光明的树林里，而且，恭敬地礼拜着这位神，他们像四个火把一样坐在四个方向上。"

　　我们走进最外面的院子，发现所有的建筑都已经破败了。屋顶已经跌落到弥勒佛身上了，但他还是笑着。人们羡慕他，就是因为他不仅乐观，而且他的布袋总是满的。就像中国人的幸福观念，在我们谴责彻底的唯物主义之前，让我们停下来，想想在人满为患的土地上，数百万人身上往往只有几分钱，而且每天都处在饥饿之中的境况吧！就像布兰德说的那样，"中国人由于受祖先崇拜和儒学的影响，而产生重视生育的现象。这导致人民长期不顾一切进行生育。这里的饥饿现象要比世界任何地方都要严重。所以不难理解，认为人类创造了一切的唯物主义者会谴责中国人的迷信。"①

　　侧厅奇形怪状的石膏壁画，展示了天堂和地狱的各种境况。天堂是一幅华丽的佛教徒描述的图画：在很远很远的西方，有一个地方叫天堂，是西方净土，这里没有悲伤，没有生老病死，也没有饥渴和战争，四季如春，花儿永不凋谢，果子从不落地。如果有人吃了这样的果子，他就永远感觉不到饥

---

　　①　参见布兰德的《中国时事与当前政策》。

渴。有福的人居住在这里，他们吃碗里的米饭，可是米饭却永远吃不完，直到吃饱为止。他们喝酒就用很小很小的杯子，可是他们永远也喝不光杯中的酒，直到他们喝够为止。这个地方佛光普照，到处都是七宝庄严装饰的宫廷、房舍，还有七宝妙树整齐排列道路两旁，七宝池里面也满是金银宝贝。每天白天六小时，晚上六小时，并有花雨。清晨，虔信者都集合起来唱诵佛经。这里的鸟也与人间的不同，白色的鹤、金色的孔雀和紫色的鹦鹉，羽毛比阳光更亮。所有这些生物都永远齐声诵经，因为它们没有原罪。

当我们看到地狱的场景时，则为残酷感到震惊。地狱的残酷达到了终极，而且将之描述成人类命运的最终审判。里面有一个魔鬼模样的角色在用天平秤每个人灵魂的重量。一边不远处，那该死的人被狞笑的魔鬼用铁链栓到火炉上。到处都是死人、僧人、有钱人、农民，他们在颤抖地等待命运的判罚。我们很高兴看到，世界的不公在这里都得到了应有的判罚。

然而，碧云寺相对于其他寺庙来说，不是贫穷的寺庙，也算不上古老。这座寺庙是在元代建成。在明代时，著名的太监（吴经）①，重新修缮了寺庙，他是明朝正德皇帝宠信的人，并通过精明的经营能力收税发财。当他在下一个皇帝统治的时候，还是如此压榨百姓，于是被皇帝逮捕入狱，并老死狱中。后来的人，在他的基础上不断修缮这座寺庙，才有了今天的规模。

里面的庭院仍然保存完好，包含了许多值得注意的东西：

---

① 在明朝建立和修复的庙宇中，有一半以上是太监的作品，他们以为君主（皇帝）祈祷作为借口而建造，但实际上是为了自己的荣耀和自己的晚年提供一个休养的地方。

一些保存完好的石狮子，在一座雄伟的塔里还有一个大鼓。模仿杭州的寺庙修建的大殿里，摆放着一排排比真身还大的五百罗汉塑像。看完了所有这些，乾隆建造的有着黄色屋顶的行宫，很值得转过身去参观。这行宫里面有迷人的花园，带着凸起的阳台等。行宫中的花园由僧侣打理，当皇帝退位不再使用这个行宫时，这里便回归了自然，少有人打理，花草都自然地生长了。这样经过了许多年，这座花园却越来越旺盛，苔藓爬满了岩石，爬山虎遮盖了树木，行宫中也出现了各种自然成长的奇怪的植物。

而后，我们去了"佛塔"，这是寺庙的主要荣耀，高高耸立在一系列大理石露台上。中国人称它为"完美的纪念碑"。这佛塔是1748年的时候，乾隆命人修建的。根据石碑记载，这里也有一块跟五塔寺一样的仿制的"金刚座"。

我们可以从一个优雅的拱门中看到这颗白色的"宝石"，它在一片冷杉树中。有台阶直通宝塔，塔大约80英尺高。这里有七座用青铜做塔顶的大理石佛塔。佛塔上雕刻的佛像和黄寺的佛像相似，受印度影响的痕迹很多。它们的形象中有国王和武士，有男神和女神，这些人似乎在等待着佛祖讲法。我们来到一位女神的塑像前参观，看到她坐在一个大理石莲花座上，这应该是观音像，她"坐在莲花座上，听善男信女的祈祷"。"观音的名字能够去灾消难，能够辟水火，能够驱魔降妖，她的名字如同天上的太阳一样。"

这些大理石台座上永远宁静的神明，确实是幸福的。如同梦中诗意的四月，当野桃花在灰色的岩石上柔和地相映成趣的时候，又如同昏昏欲睡的夏日，山坡上的每一个破碎的废墟就像花园一样涌到一片树叶里，或者如同五颜六色的秋天，当树穿上鲜艳的橙色和金色的衣服时，像美丽的宫廷女士一样漂亮。

在这座山的对面，有个太监的墓地。在松树的树梢上，我们瞥见了如同地毯般厚厚松叶上的墓碑，这些松树长得很慢但满树都是翠绿的松针，地衣盖在基座上，如同用银色和一片片金色的斑点覆盖着。

这是吴经选的墓地，但他却没有埋在这里，他一直老死在了狱中。而这里却成了臭名昭著的大太监魏忠贤的墓地，"他的事迹至今都被中国人谴责"，他花费了几百万两白银，为自己准备了一个像皇陵一样大的坟墓。"魏忠贤的一生揭示了中国皇家那套经世致用学问的阴暗面。"他对前朝皇帝指定不准太监干政的铁律置若罔闻，对大臣禁止他干涉内政的要求视而不见，而当时虚弱的天启皇帝，一心专研自己喜爱的木工技艺，将治理国家的重任全权交付给了魏忠贤。魏忠贤罪大恶极，最终使这个王朝走向了灭亡。魏忠贤被推倒后，逃往山东。"那些曾经追随他的人，都纷纷和他划清界限，甚至公开宣布他的罪行。最后，他在孔府附近自杀身亡，他的遗体随后被肢解，而且他的头颅被放在他的家乡（河间府）游街。"他的一些亲密的追随者，偷偷将他的衣冠给埋在了碧云寺。①

在宏伟的碧云寺附近一个叫"万花山"的小山丘上，有个小寺庙。它只有一个大殿，里面有三位女神的雕像，这三位神仙都是保佑小孩子的神灵。有一个神像似乎是眼睛的守护神，因为代表眼睛的法器就放在她的祭坛上。但是最令人奇怪的是一个玻璃容器里的小塑像，这个塑像披着黄色缎子配一件

---

① 参见《北京宫廷年鉴和回忆录》。

蓝色头饰。有和尚解释说那是一个九岁的小女孩的木乃伊。当他给我们讲这位女孩故事的时候,我们走近仔细看了这位小女孩,她稚气未脱,面带微笑。大约在 200 年前,这位小女孩生活在附近的山村里面。当她还是个婴儿的时候,她就喜欢问些只有神灵知道答案的问题,而且,随着年龄的增长,她越来越喜欢登山去拜访一座寺庙,这座寺庙里的老方丈,对那些没有人能完全理解的事情做出了非常虔诚的解释。每天晚上在祭坛前点灯之后,他教这位小女孩唱诵祷词。一开始,当她离开家出去的时候,她的父母还非常担心她,但是后来,他们就知道在哪里能找到她了,而且她的父亲会亲自去把她领回家。回家后,这小女孩开始打瞌睡,并在梦里微笑,因此,她的父亲只当是观音菩萨在和这个小精灵的灵魂做游戏。但是有一天,她的父母发现这孩子彻底沉睡了,没有人能够叫醒她了。他们大哭,直到老方丈叫他们停止。"哀悼死者对死者来说并不是真正的仁慈,在泪河之上有一座桥,当母亲哭泣时,这泪河上的洪水就会泛滥,那时灵魂就无法渡河而只能在岸边徘徊。"

尽管他们为她的安葬做好了准备,五天过去了,孩子就像活着一样平静和甜蜜,因为他们也不愿意把这么可爱的孩子埋到地下。这个奇迹越传越远,甚至传到了宫廷里,后来乾隆皇帝听说了这件事。他命令把这具小尸体用防腐措施保存起来,并把它放在她深爱的神庙里。

其他游客出现了,所以方丈请我们原谅不能陪伴我们了,他要去接待新来的游客。我们为他们空出了地方,游客进来了——他们是附近的农民,见到我们便向我们致敬。一位焦虑的母亲开始在塑像面前为自己的儿子请愿;一位父亲为寻求一个在饥荒时期出售的女儿而去求神灵的帮助;一个年轻的妇女渴望得到观音对她失明儿子的同情。这位大和尚用话语安抚所有的人，他为这位父亲向神灵烧了一个小的还愿面具，并为失明儿子的母亲放了一对代表眼睛的法器在神灵面前。他代表大家祭拜神灵。每天有多少祈祷在这即将倒塌的寺庙里进行，除了众神之外，有多少恐惧、希望和卑微的悲伤倾泻而出，无人能闻。

在山谷的对面是香山或是北部狩猎的公园，在金朝时这里就被木围栏围住了。自从木围栏消失后，很长时间内帝国的各种比赛都在这里举行。后来清朝的帝王，变得懒惰而奢华，放弃了这种追逐的运动。但我们能在历史中读到，在他们的鼎盛时期，帝王带着大批随从，声势浩大的在这里捕猎的故事。我们知道康熙是个捕猎高手，他和彼得大帝的大使伊泽希洛夫（他被邀请到圆明园）一起猎鹿，据说他们还杀死了一只老虎。乾隆一生也对狩猎十分钟爱，这让他看起来更像是他们游牧祖先的子孙。嘉庆皇帝时，已经对狩猎不再那么重视了，他的身体和精神都不再像游牧民族祖先那样强壮而饱满了。到了道光皇帝时，他还断断续续地维持着这个传统，但他是最后一个这样做的皇帝了。

在狩猎场里有一座金朝时期（公元 1200 年）的夏季行宫，而且还有辽国最后一个皇帝的墓。这里也有一座喇嘛庙和一座非常漂亮的牌楼。在这个公园的一角还有一个学校和一个疗养所，但是这狩猎场大部分的空间保持着原来的样子。一天中最好的时光应该是在攀登这个风景秀丽的小山的时候，或者是在花草丛中，在绿荫下安静的小憩，耳中不时传来蝉鸣和潺潺溪流的声响。

漫步于山谷中，穿过废墟，欣赏山中风景，我们慢慢走到了一个叫"狮子屋"的太监的休闲别墅。这条小路比较陡峭，我们走走停停，并不时地看看山下的风景，而且还能看到在1860年时被破坏的部分皇帝行宫。看到行宫中摇摇欲坠的钟楼，仍然让人强烈地想起这场灾难。这里是乾隆行宫的城墙，有着和紫禁城一样的门楼，只是没有紫禁城的门楼高大宏伟，这为负责城市治安的士兵们提供了一个典型的练习场地。这里有一个琉璃瓦的亭子，皇帝自己坐在那里观看士兵的攻防演练，如果出现什么差错，便会重复演练直到满意为止。[①]

乾隆相信万事都要有准备。他还在东山的山边建造了一个奇怪的西藏风格的建筑。现在，在这破败的城墙外荒草蔓延，山羊沿着城墙安详地享受着美餐。而那些平和的农民也在古代练兵场上寻着阴凉处坐下休息。

就在山的下面还有一个太监的游乐屋，距离圆明园很近。它的名字叫宝藏寺（始建于公元1439年，由一位西藏僧人所建）。在这座寺庙内，有一块神秘的瓷砖拒绝与它的邻居粘在一起，每次粘贴好之后它都会松动下来，就连贴在地板上也都会松动。这里的僧人解释说该寺遗址原是一个僧人的墓地，死去的僧侣把瓦片撬松，这样他们的鬼魂就可以不受阻碍地四处游荡。传说，修建这个坟墓的太监崇拜他所服务的皇后。当然，皇家的规矩使他不敢把埋藏在心中的这种愚蠢想法告诉这位皇后。但皇家确实允许他向仁慈的女主人求情——请皇后来游览一番。皇后像其他女人一样，轻声地答应了。而且，他半辈子做梦都想着建一座皇后喜欢的建筑，里面还有皇后喜欢的

① 这座围栏已被农业委员会接管，并作为一个模范果园种植基地。同样，上述废弃喇嘛庙的区域也被同一部门用于实验工作。

花园。他等待着，当这座建筑完成后，这位太监已经成为了一位老人了。在某年夏季的一天，这位老者太累了，累得等不了了。他躺在山脚建筑中一张柔软的床上沉沉睡去。绿草在他的头上竖起了一个绿色的小帐篷。人们将这件事告诉了皇后，皇后不免落泪，因为她是一个善良人，希望安慰她忠实的侍从。但是，那些年她太忙了——和其他女人一样忙碌着不重要的事情，等到她想兑现自己的承诺时，她只看到了他的坟墓。

狮子屋没有这样的诗意联想而且也很少有这样的传统。但它有很多可爱的庭院和露台，以颐和园的风格布置，而且有一条沿着小山边缘直通避暑别墅的走廊。当太阳高过山顶后，下面的风景就像一片古老的中国图画书中的叶子。山下有一望无际的平原，一直连接到遥远的城市。在附近显眼的地方，在英国夏季公使馆的废墟之下，在下面突出的小丘上，一个农夫正在驾驭着骡子，牵引着古老的犁耕种贫瘠的土地，他的妻子也用古老的锄头帮着他。农夫，他的妻子还有那头骡子正在用一种奇怪且诚恳的态度劳作，好像知道劳动就是生命的代价，就是生命毫不留情地催促着这样做似的。

我曾经在几个世纪前的画中看到过这样的农夫。我也曾经看到这样的画面被雕刻在古代的石刻上，画面几乎完全一样。这位农人身穿蓝色长袍，头戴草帽。他本人已经老了，比他的长袍还要老。这片土地他已经耕种过上千次了。但是每次耕种，这片土地都给了他新生。而且这种不断地更新也是他生命的内涵。他从来没有过多的疑问。山川改变了样式，河流改变了河道，星星变换了天空中的位置，而他却从来未曾改变。然而，尽管未曾改变，他却是改变的创造者。他的辛劳是所有创造的基础。在他辛劳的成果上，有了造船的钢铁，有了修路的材料，有了建造宫殿的基石。他的辛劳成就了新的大学和新的学问。在他辛劳的基础上，人们发明了电报、电灯和来复枪，还有科学仪器、商业机器、外交和战争机器。他创造了所有。

在山的另一边，狮子屋所在的太阳落山的这一边，还有一处名胜：八大处，因在两个小山之间的裂缝中有八座寺庙而得名。人们可能不会想到，他们可以从山后的斜坡滑到浪漫的境地。

八大处最高点是宝珠洞（有珍宝的寺庙），我们可以从宝珠洞的平台上欣赏西山壮丽的景色，而且这里美丽的花岗石上刻着乾隆的诗，资深的汉学家和传教士马丁博士翻译过，他在这里租住了好多年。乾隆在他一生统治的时期，总共做了30000多首诗，但只有刻在这里的一首诗是最好的：

极顶何来洞穴深，

仙风吹送八琅音。

个中疑有天龙护，

时作人间六月霖。

寺庙的名字是一个洞穴，它过去是朝圣者最爱去的地方。它是由于某个和尚住在山洞里而有了名气，这位和尚因为在这个山洞闭关修炼了40年而被人认为是得道高僧，拥有了无上的荣耀。就连康熙皇帝听说后，都特意将他请到京城，并赏赐他紫色的袈裟且为他题诗："悠然老衲净尘缘，台殿参差起瑞烟。驯鸽檐前应受戒，游鳞花下亦参禅。"

最古老的圣殿应是香界寺、证果寺和三山庵。三山庵始建于宋代，而且到现在都被认为是闹鬼的地方。最雄伟的寺庙是灵光寺，始建于金代（公元1162年），在一座更古老的庙宇遗址上建成。明朝时，皇室一直对神灵充满敬意，尤其是对寺庙的修缮更是殷勤有加。而且他们与这个山谷有着特殊的关系，因为他们的公主，翠微公主，被焚于灵光寺，而且山上还有以她的名字命名的——翠微庵。现在她的坟墓不见了。如同这座白塔，这也是郊外的标志性建筑，也是灵光寺的骄傲。这两处地方，在1900年联军与义和团交战中，被印度士兵焚毁了。

在山脚下的是长安寺，一个明代的寺庙，这个寺庙的名气不如前几座寺庙，在寺庙前面的小坟墓周围各种昆虫在自在的欢唱。在草丛中有一尊坐在莲花座上的石刻佛像，如同康熙皇帝的样子。他沉思的目光落在他半闭的眼睑之间的小火车站（黄村火车站）上。他面带微笑，灰尘已经扭曲了他的容貌。我们感到可惜，想起了《法华经》的经文，并试着替他擦去身上和脸上的灰尘：

尔时佛放眉间白毫相光，照东方万八千世界，靡不周遍，下至阿鼻地狱，上至阿迦尼吒天。于此世界，尽见彼土六趣众生，又见彼土现在诸佛，及闻诸佛所说经法。复见诸菩萨摩诃萨，种种因缘、种种信解、种种相貌，行菩萨道。复见诸佛般涅槃者。复见诸佛般涅槃后，以佛舍利起七宝塔。

火车每天从这里经过两次，火车的轰鸣声几乎能把这座塑像从台座上抖下来，而乡村孩子们对这个奇怪的布满石块的道路并不感到惊奇，也不会失去对那些没有耳朵和眼睛的怪物敬畏。传说这只怪物能像暴风中的龙一样咆哮，并能使大地震动。然而，佛祖，了知万物，通透虚空，因此他一直在微笑。

秘魔岩，躺在山谷的另一边，与其他寺院仅一线相隔。比起寺庙，这里更像一座神秘的堡垒，人们在悬崖上找出了很多不同寻常的洞穴和岩石寺庙。这座山叫卢师山，因为这里曾经有个卢大师，他生活在隋朝时期（大约在公元6世纪末）。大师在这里建了一座寺庙，这座寺庙在唐朝和金朝非常有名。这位卢大师经常来秘魔岩。一天，他遇到了两位小男孩，他们要拜他为师，卢大师被他们的虔诚感动，收了这两位小男孩为徒。有一年夏天，这附近大旱，这位僧人向佛祖祈雨以保佑百姓，这两位小孩对大师说他们能够带来雨水。然后，他们迅速跳到了井里并且变成了两条龙，在天空中腾云驾雾，普降甘霖。

在水井的附近有一个纪念这两个龙孩的小祭坛。这座小祭坛被垂柳围绕，到了早春时候，这里柳絮漫天，到处都是毛绒绒的东西。在东方，人们常常将美好的灵魂比作柳絮，而且据说当柳絮落在地表如同漂在河上一样，无论到哪里都能滋养大地，而后，它们再飞升天堂向神汇报。这个美丽的神话，是坟墓前那些献祭给死去灵魂食物和酒水，最好的解释，即祭品的主要作用。

除了大悲寺和灵光寺外，其他的六个寺院都曾经被修缮过，而且这八大处也都或多或少的在废墟中。很多僧人现在甚至都不会假装遵守他们的誓言，而且也不关心他们的圣殿。这些寺庙历史久远，当玫瑰战争在英国肆虐时，这些寺庙就早已建成，直至今日它们依然辉煌。

我们沿着直通平则门进京的公路返回了北京城内。我们的车惊动了去城里给菜市场送菜的驴车，驴子被农人紧紧牵住才没有发生事故。路上还遇到了一群骆驼，它们被车的汽笛声吓着了。骆驼的主人不得不让骆驼停在路边，让我们过去后再走，我们就这样一直到了显应寺才停了下来。这显应寺是西黄村附近一座破旧的建筑物。相传是由一位著名的尼姑在北京附近建造的，而且这座寺庙中的高塔也很显眼。在明朝时期，有一位姓吕的尼姑居住在这里，她是一位很有智慧的女人，也是位女先知，她满眼含泪祈求正统皇帝（明英宗）不要出关征战蒙古，因为这样会引来灾难。这位皇帝没有听从她的话，结果被蒙古俘虏，直到七年后他才重新回到北京登上皇位。这时他想起了那位吕姓尼姑的忠告，于是封她为"御妹"，她住的寺院也因此而名扬天下。在1527年时，嘉靖皇帝下令关闭所有的道庵（尼姑寺院），主要是因为道庵中普遍存在不道德的做法。这时显应寺也做了一系列的自保策略，自明英宗赐予名号以来，显应寺就成为了"皇姑寺"。首先，新登基的皇帝没有找到处理显应寺的妥善方法，因为这位吕姓尼姑是全国最著名的尼姑，而且宫里的太后和嫔妃都也为之说情。所以，嘉靖皇帝只好命令暂时留下"皇姑寺"。这种女性魅力对那些崇敬这座寺庙的人有着重要的影响，而这座寺庙也因此成为了一处名胜。因为君主对他们的名声太了解，所以所有命令它关门的法令都成了一纸空文。然而，尽管有如此高的保护，这"皇姑寺"最后还是变成了废墟，而且仅仅在康熙时候被修缮过，不久就再次陷入了道德和物质的败坏中，从此风光不再。现在的"皇姑寺"一片萧条，寺院破败，几近处于毁灭状态。这里只是个肮脏的小寺庙，在高大的阴影下，仅留下周围生活在困苦中的儿童。

再转一圈，我们就到了皇陵，这个被琉璃瓦建筑包围的陵墓，里面是清朝皇帝的棺材。清朝皇帝的遗体在这里被收殓放置好，在繁杂的葬礼仪式后，被送到西陵埋葬。[①]

在皇陵上方的小山上有一个高尔夫球场，周围的乡村景色

---

① 在北京的东北方向还有一个同样的建筑，东陵，也是埋葬清朝皇室的地方。

十分优美。在一边我们能够回头望到八大处和玉泉山，在另一边则是八宝山。这座小山的山顶有座小的佛教寺庙，这座寺庙是于金朝（公元1194年）建成的。尽管这小山丘的真名是"双春寺"——意思是在山脚下有两次春天。八宝山的名称是指这里有八种珍贵的山珍。

离八宝山不远，在其东北处，是护国寺。这里非常值得参观，因为这和明朝著名的太监钢铁有关系，他的墓地就在这座庙的后面。钢铁，明朝洪武年间就追随朱元璋打仗，后来又勇敢地帮助永乐皇帝统领军队打仗，他是一名勇敢的武士，总是冲锋在危险前线，所以人们给他起了一个"铁"的名字，或"钢"的名字，而他的真名叫"刚炳"。他使用的武器是两杆铁叉，每杆有一百多斤，这种力气没有任何一个现代的士兵可以与他抗衡，现在在他的墓前，还可以看到供奉他的庙宇，庙里有一系列他的肖像画（同治年间画的），在这些画中，他和他的铁叉不是很大，好像一幅漫画一般，带有一定的象征性。

护国寺是太监寺庙的一个有趣样本，所有的僧人都是太监，这些太监在宫里的时候，有强大的靠山，等到老了就到这里做僧人。不像许多贫穷的寺院，它是繁荣的，拥有很多财富。它享有皇家的青睐，直到清朝的最后一天，也和皇家联系紧密，而且这座寺庙经常维护，同时也拥有肥沃的领土，寺院里有马厩，空气中也充满了热情和友好的气氛。

稍远一点，沿着机动车道去平则门的路上，一座修缮良好，有着雄伟大门和漂亮红墙的关帝庙吸引了我们的注意。除此之外，隐藏在一个高大的树幕中，有一块巨大的墓地，这是明朝或清朝太监的墓地。① 大多数的墓碑都相同。那些更好的碑上有龙的图案，坟墓周围有白色的松树。要么是碑的底座是雕刻过的，要么坟前有一堆石礼器。但是我们注意到，在一个单独的围场里有一个人迹罕至的坟墓，这个坟墓较为华丽壮观，如同一位王爷的坟墓。由于历史的原因，他不是一位王爷，但却为他最后安息的地方立了一个王爷坟墓。这个就是臭名昭著的太监李莲英的墓。他曾在 40 年中，主导中国政府的力量，也是毁坏帝国最高官员的人。他性格中的可取之处是他对女主人（慈禧太后）忠贞不渝。当这位女执政者去世后，他也失去了往昔骄傲的资本，不久后在 1911 年，在他 69 岁的时候也去世了。

八里庄的 13 层佛塔是北京附近最大的佛塔，在它的附近投下阴影——这是一个吉祥的预兆。这种塔主要是用来保存佛祖舍利的，但是在儒生看来，他们认为这是可以调节"风水"的。这些在阴间的坟墓应该给城市和百姓带来福祉和繁荣。

在这近半个世纪以来，八里庄已成为废墟。这里曾供奉着一座被明朝皇后下令建造的纯金观音圣像。她建造了这座优雅的佛塔（大约在 16 世纪），并在她自己的作品中记录了这一事实，但这座观音圣像却不再在祭坛上了。随着崇拜者以及相邻寺院收入的减少，这里的僧人也变得焦躁了起来。他们卖了殿里的木料和雕刻的木质品，还有作为燃料的木材和所有的祭坛装饰品。然后他们走了，离开了这荒凉的宝塔。

过了八里庄，大约离平则门有一英里的路程，有一个慈慧

---

① 在中国，这种不同名字和不同种族的人葬在一起的情况是很少见的。但是太监和僧人因为他们都是"没有家的人"（同一委婉语适用于两类）是这个例外。

寺，即我们通常说的"倒影庙"，因为大门后面有个洞，如果光线被允许，光线投射的阴影就会上下颠倒。这座寺庙建于明朝万历年间，就像附近的其他寺庙一样，这也是由一个太监建造的。修建寺院的最初目的是为了给穷人免费分些茶水。这座寺院的墙是用不规则的石头砌成的，代表着"虎皮"。这座寺庙里也有佛塔，叫做"蜘蛛塔"。据塔上的铭文记载，这座塔的建造者是一个沉着冷静的人，他曾经跟随一位僧人学习"佛经"。在1601年7月的一天早晨，在他和僧人一起念诵"金刚经"的时候，一个蜘蛛爬上祭坛，对着神像坐了一个磕头的动作。他们把这小动物从祭坛上赶走后，没想到这小动物又转了回来。这时僧人问蜘蛛说，你是来听佛经的嘛，蜘蛛点头回应，而且继续留在祭坛上。当他们把《金刚经》念完后，蜘蛛明了了一切皆由因缘而成的道理后，便死去了，但它已经脱掉了蜘蛛的外壳，变成了人身。僧人将这位蜘蛛火化后放进了一口棺材，这样没过多久，蜘蛛塔就建成了。

在这座寺庙之外是城乡结合的地方。这条安静的路变成了市郊的街道，在这里商店和圣像上的帷幔都是一样的蓝黑色，上边写着美丽而又神秘的中国字，让人感到非常新奇。孩子们和鸡狗满街跑，使得我们寸步难行。被太阳晒得黝黑的农夫，驼着背忙着将他们的产品送到城镇中去。耐心的母亲抱着婴儿被堵在了城门口，却仍然拼命地往热闹的城里挤。

第十五章

西山的寺庙（二）

另一组寺庙群在煤矿所在地门头沟，我们可以通过公路和铁路到达这个地方。① 距离黄村（黄村火车站）5 英里的地方有座山——石景山，据说这座山上的悬崖上刻着"经文"。火车在这里有一站，到了石景山必须徒步攀登一条崎岖的小路，在这条路上，可以看到巨石之间闪着炽热的红色和金色的光芒。慢慢向上走会看到石头下面藏着的刺猬和蝈蝈，还有各种花草和其他美丽的风景。

由下而上，这座寺庙与一些古老的意大利堡垒非常相似。当我们从一群破败的佛塔向上爬时，不禁让人联想到了最浪漫的冒险。这座寺庙建于 16 世纪，像这样的寺庙在这里确实很常见。在明朝正德皇帝时期（公元 1506—1522 年）太监刘瑾

---

① 西部山区和更远的西南山脉里有珍贵的煤矿资源，这也是马可·波罗曾经提到过的"易燃的石头"。卓越的地质学家庞佩利和瑞彻特芬测定这里可供的开采量不足 50 年，直到最近，外国工程师才从政府那里获得了允许他们使用机械采矿的特许权。中国人自己经营这座煤矿时，还是用最原始的工具来采煤，采到的煤被放在地面的篮子上，用人工拉雪橇的方式将煤从矿中拉出来。

是主管太监，他也是皇太后收养的义子。他有夏洛克的贪婪，沃尔西的野心，他和一群阉党用各种阴谋获得了最高权力。他的计划切断浑河的北梁屏障，因为浑河的水可以漫灌京城。同时他还修建了石景山堡垒作为进攻的基地。如果他谋反的事情败露，那么他可以攻击也可以防守。由于太监内部不和，最终他的阴谋失败了，刘瑾逃到石景山避难。在那座山下，他和他忠实的信徒最终被埋葬了。在山的侧面仍然可以看到一条有围墙的通道，传说它通向地下的水路，在这条水路中停着一艘大船，大船上载着死去的叛军的幽灵。每当一个人穿入洞里时，废弃的幽灵船在水面下，不管是谁看着它，都会立刻死掉。

城堡现在是一个古怪的中世纪废墟，但是山顶上的小寺却得到了很好的保存。它的风景非常美丽，寺庙的后墙是一面悬崖，浑河水从舍利塔的平台边绕悬崖而走，据说这是刘瑾命令修建的寺庙。我们在这里可以看到河谷和山下的全景。

在石景山北面（大约4英里远）的隆恩寺里，周围全是高大的白色松树①——这是北京附近最好的树木。它们是高贵的树种，有着挺拔的枝干，树枝低垂且指向下方。我们站在它的面前，树枝就像一个巨人的手指向树下的小孩（我们）。这儿有金朝时一位皇后的坟墓，它矗立在一座寺院的遗址上。这里还埋葬一位清朝的王爷，他是清朝入关时的大将军。现在这里仍然是清朝皇室的财产。

隆恩寺不远处就是三家店火车站（北京—门头沟线），从这里出发到天台山非常方便，为外国人所周知的"木乃伊

---

① 这是一种独特的树种，白皮松，主要生长在直隶的中心区域，它巨大的枝干和白色的树皮使它成为坟墓和庙宇的装饰品。其他国家的人都没见过，所以每当旅客们看到这种树时都情不自禁地发出赞叹。诺曼·山：《中国的森林树木和木材供应》。

庙"，离这里徒步也只有一小时的路程。根据流传广泛的传说，"虽说是传说，但表面上看好像有确凿的证据"。传说清朝顺治皇帝并不是历史记载的那样死于1661年，而是安排好继承人和托孤大臣后，就去天台山出家了。传说顺治皇帝失去了董鄂妃，由于伤心过度才决定皈依佛门的。"这似乎是真的，无论如何顺治皇帝都是皇帝中最痴情的一个，他时刻想念着死去的妃子。""董鄂妃似乎是既漂亮又贤惠，而且深得皇帝的宠爱。当她和顺治皇帝的幼子夭折的时候，她勇敢地控制自己的悲痛而且安慰皇帝。她也曾为因严重违反礼节而使帝国上下不满。她宽容对待下属，深得侍从和下级的爱戴。她的性格和处事方式，使得她不仅深得皇帝喜爱，而且也得到了皇宫中所有人的喜爱。一个性情温和、心地善良的君主已经对国家大事感到厌倦，而且向往一种僧人的平静生活，尤其是当董鄂妃去世后，这带给他沉重的打击，使他看破红尘，但这也在情理之中。"但是，约翰斯顿通过深入地审查所有的证据，有效地反驳了这个感伤与浪漫的美丽故事。[1]

在天台山上有木乃伊，或者是僧人所说的木乃伊式的塑像。与普通佛教僧侣木乃伊的区别在于，它是以帝王黄袍而不是通常的红色"袈裟"包裹。木乃伊是坐在炕上的，而且随时向参观的人开放。石制的佛塔中放置的同样的塑像则是每年向香客开放一次。所有的迹象都表明这个木乃伊僧人并不是顺治皇帝，因为顺治虽是个很重要的人，却不会在这么长的时间内，一直都受到如此的尊重。约瑟顿暂时确定这位木乃伊僧人应该是一位周边群众普遍信仰的疯和尚，这主要是因为在这里

---

① 参见"帝王罗曼史"《中国新观察，1920》。

祈祷非常灵验，人们的各种诉求都得到了这位圣人的及时回复。"在他于 1710 年死后，如同往常一样，他的门徒把他的尸体放到一个圣殿中供奉起来——这是对一个德高望重之人死后最大的敬意，同时这样做也得到了皇家宫廷的同意，尤其是得到了乾隆皇帝的应允，乾隆皇帝还授予他'鬼王僧'的头衔。"

浑河对岸的山上有两座著名的寺庙：戒台寺和潭柘寺。而后者是首都附近最富有的寺庙，也是戒律最严的寺庙之一。这两座寺庙离天台山有些远，而且山路崎岖，那些不喜欢徒步旅行的人或者想骑驴骑马上山的人，① 我不会推荐他们去这地方。但对于我而言，这两处地方却是不得不去的名胜古迹。目的地越是遥远，困难程度越高，对陌生人来说就越需要勇气，而且到达目的地后也越感到高兴。我们的愿望有时不容易被理解的，我们就是为了探秘和娱乐，而且我们所有的努力都是为这个目的。

戒台寺相传是公元前 3 世纪时，被秦始皇赐给了一位打算修建道观的神仙。它坐落在群山之间，寺院周围树木繁茂，宛若仙境。离开门头沟，我们走了两个小时，起初在河床附近两个类似农场的地方行走，后来又走到了一条长长的被人和野兽踏平了的石头路上。当我们慢慢往山上爬行的时候，看到的周围风景令我们沉醉。山下耕耘后的农田，像一条条扇子的扇骨

---

① 如果在山间旅行，那么租轿子让人抬着是最好的方式，山路太难走，游客很难适应这里的山路。而在平地上，租头小灰驴代步，则是游客普遍的选择。租小灰驴代步的优势是，几乎每一个村庄都有这种生意，而且小灰驴不知疲倦、心甘情愿、踏踏实实地步行，在这种道路上，它比马更方便，也更稳当，速度也不慢，它大概以每小时 4 英里的平稳速度行进。

一样匀称而协调。而山坡中细小的茅草如同修剪过一般，天空中的流云在太阳的照射下犹如七彩祥云，不停变换着形态。在这里远离城市喧嚣，呼吸着山里的新鲜空气，着实令人流连忘返。树木的气味，花草的清香，还有那奇怪的汁液的味道，泥土中带有的辛辣的味道，以及那粉红色的野海棠和白色的蝴蝶，这一切都使人感觉到，人本应该在自然中快乐自由的生活。

戒台寺始建于唐朝（公元 7 世纪），在辽代的时候，这里有位著名的法均和尚，他 1075 年在这里建寺，并在死后埋于这里的佛塔之下。明朝时，这里毁于战火。戒台寺在明代有一个奇怪的传说。在明代成化年间，得道高僧道孚从韦陀菩萨（佛教战神）那里获得了神奇的力量。他每天都用法力将自己的钵从寺庙里送到宫廷中。当钵到宫廷后，李皇后就用珍宝将钵装满，然后这钵就会自动回到寺庙里。有一天，当这钵一大早出现在皇后宫殿时，皇后正在睡觉。她看到这个钵时，开玩笑地说："怎么来得这么早啊，是不是要为你们寺庙里的 500 和尚要 500 名女子啊？"当她说完这些不敬的话时，钵突然就不见了，而且再也没来过。后来皇后想到这件事，害怕激怒菩萨，于是到庙里询问高僧道孚，她怎样才能赎罪。道孚回答说，没有办法，只有执行她的建议和派遣 500 名女孩。皇后就挑选了 500 名女孩，并把她们安置在寺庙下面的石佛村。然而，她们在这里对这些和尚来说，诱惑太大了。和尚们都忘记自己所要遵守的戒律，纷纷破戒。这在当时是个巨大的丑闻，这位僧人被迫执行寺庙的戒律，将这 500 名和尚和他们的爱人都烧死了。他是当着众人的面执行处决的。但是，看吧，火焰刚触到罪犯，就有一股无形的力量把他们带向天堂，每个僧人都抱着他的爱人：菩萨不但原谅了他们，还将他们选为五百罗汉。现在，这五百罗汉还被供奉在寺庙的大殿中。道孚的钵和李皇后的床现在也变成了寺庙里的祭坛。现在庙里还有一座石碑，石碑上刻着道孚生活的细节。而道孚的墓就在戒台寺南面的一座佛塔下面。在清朝的寺庙建筑群中，乾隆最喜欢的圣地就是戒台寺。他还将自己的题词刻在了石碑上，而且这块石碑也记录了他的虔诚信仰。这也使得寺庙保留了很多古老的文物。作为佛教信仰和佛教学习的一个中心，戒台寺的重要地位不容忽视。现在这里有一百多位僧人，而每年的第六个月的第六天，有些云游的僧人要来这里"讲经"。这些僧人讲经的珍贵手稿都被保存在一个特殊的仓库——"藏经阁"。如果发生火灾，看守这里的小和尚，其首要职责就是赶紧救火。

最后，我们被带到了戒台大殿（始建于公元 1440 年）。我们已经安排好了时间看午夜举行的仪式。这是非常庄严的，对某些人几乎可以说是圣礼。夏季白昼的溽热，在夜晚都已散去，当太阳落山后，山间的清风愈加凉爽。黑夜很快穿过平原，仿佛如来佛祖正在遮蔽他心爱的世界。天空像一件黑色的天鹅绒帷幔由西边慢慢蔓延到东边，又如同一只大手慢慢拂过蓝天，而后，新月徐徐升起。这也是高僧进入大殿的信号。他们跪在地上一动不动，像木头雕刻的一样。从黎明开始，他们就没有进食，也没有饮水。因为戒律规定，要禁欲，要忍饥，要通过在炎热的时节禁食来培养自我控制能力，不抱怨，为仁慈的人祈祷。

一位侍祭从座位上站起来走到鼓的前面——这是个威力很大的法器。"他轻拍着这个古老的法器，其声音好像海浪的哭泣。他不断地用奇怪而单调的节奏拍打着，而大鼓的声音如同森林里呜咽的风。这鼓一会儿咆哮，一会儿呜咽，像雷鸣在深渊中翻滚一样。"年轻的和尚欣喜若狂地把头向后一倾，仿佛他的灵魂屈服于这个声音一般。在波浪中移动，在波浪中起伏，噪音中有一些奇怪的东西，一些催眠的东西。如果我们听得太久，我们也会感到恍惚。所以我们离开了这种可怕的，充满诱惑的场景。但是声音跟随我们进入天鹅绒般的黑暗中，寺庙看起来也变得令人毛骨悚然。当我们站在阳台上等待这个法会结束时，突然，一种奇异的感觉出现在我们身上，梦和怀疑的感觉——就好像天空的屋顶和紫色的幕布被星星扎在一起一样。而且星星长满了屋檐，甚至连我们自己的影子都伸展在白色的松树上，而后又马上消失了。这些奇怪的山峰和中国的雕刻似乎太不真实了——直到鼓声响起，其声音非常规律，然后慢慢停止，声音也慢慢消失了。

黎明的风就像一个美丽女人的气息拂过脸颊，忧郁但悠扬的佛教圣歌和祈祷停止了。法会结束后，庆祝队伍走出了大殿便开斋了。他们脸上露出兴奋的光芒。尽管法师已经跟我们说好，在我们离开时要跟我们告别，我们还是没有打扰他就走了。我们从他的眼睛中看出，这位老人需要休息，所以请求他不要特意跟我们告别。我们告别这里后，就去了始建于辽代的极乐峰寺。我们去之前就有人告诉我们，那里除了山谷的风景之外，就没有什么可看的了。然而，它被称为"最快乐最完美的山峰"，所以每个人在他的生命里至少要爬上一次。建造戒台寺门前两只石狮子的人，被认为是极乐峰寺的创建者。在他完成工作后，其成了一名僧侣，后来到了这座山峰，在这里隐居修行了十年。

从极乐峰可以徒步走三小时的山路到达潭柘寺。也可以从门头沟来这座著名的寺庙，如果从陡峭的山路上来这座寺庙，那么沿途会看到许多美丽的风景。

在外门的拱门上有碑文石刻："紫山红泉""禅林净土"，这些多是康熙皇帝在修缮潭柘寺时的题字。潭柘寺的历史悠久，史料记载在公元400年的时候，就已经有了这座寺庙。因为这个记载，人们认为它是西山上最古老的寺庙。所以中国有句俗话："先有潭柘寺，后有北京城。"潭柘寺三字中的柘，是指一种用来养蚕的橡木（属桑科）。传说，在遥远的古代，有一座水潭被成百上千棵柘树围绕着，这水潭里住着两条龙。当这座寺庙在这里建成后，水潭的水不见了，那两条龙也变成了两条叫"大青"和"小青"的蛇。因此，俗语说："龙已远去，其子尚在，其色黑，身如碗般粗大。"

这两条蛇住在一个红色盖子的漆盒中，其上有铭文："护法龙王"，但是它们是完全自由的，它们可以爬上圣坛在香炉里休息，也可以随意离开寺庙，但要在晚上钟声敲响之前回来。作为宇宙精神的化身，它们有权力随意改变它们的形态和大小。它们的这种能力在乾隆皇帝面前显示过，当乾隆皇帝拜访潭柘寺的时候，乾隆皇帝对这两条蛇的超自然能力表示了怀疑。他对这两条蛇说出不敬的话后，就惊奇地看到了一条小蛇慢慢变大。小蛇的尾巴还留在圣坛上，但它的身体已经展开到了大门外，并沿着山谷下了山，一直到了圆明园，并用自己的脑袋敲了敲门。乾隆看到大惊失色，也终于相信了它们的法力。于是下令用龙的仪式做场法会，祈求它们的原谅。在信徒们的长久祈祷下，这条蛇慢慢地变小了，最后也变成自己平常的尺寸。此后，为了表达自己的歉意，乾隆皇帝命人给这座寺庙和庙中的所有僧人供奉香火钱。这座寺庙的宏伟可以根据一个事实来判断，即君主承诺给每个来上香的香客一枚硬币，这样在约定的日子里这座庙里从早到晚的人流不息。夜幕降临时，等候施舍的队伍还没到尽头。小蛇仍可被看见，但有人警告游客要谨慎地接近它，以免邪恶降临到他们身上。

我们在这里，看到在寺庙的西面，有龙王大殿和一座清澈的龙潭。① 然后我们参观了这树木环绕，整洁干净的圣地。这里的老"柘"树，现在都已经死了，只剩下几根树桩。但是这里有三棵著名的奇迹般生长的银杏树。② 根据僧人介绍，其中有一棵是康熙来庙里时栽种的，另外两棵是乾隆时的，还有一些分别是废帝宣统和袁世凯栽种的。

这座寺庙由许多建筑组成，至少有十座大型建筑由康熙皇帝题词。其中一座供奉的是观音菩萨，殿中还有一幅妙严公主的画像，据说这位妙严公主是忽必烈的女儿。因为厌倦了宫廷生活，削发为尼到这座寺庙出家。由于她日日夜夜参拜观音菩萨，总是跪在菩萨面前磕头诵经，使得额头和双脚都起了老茧。在万历年间（公元1573—1620年），孝定皇后曾来到这里参观妙严公主的画像。她还寻找其他寺庙的遗物，把它们存放在一个珍贵的木头盒子里，然后带到紫禁城。后来，她又将这些东西送回了寺院。这座寺庙的方丈将妙严公主的画像重新供奉后，又将雕刻了忽必烈全家的塑像和妙严公主一起供奉了起来。

---

① 龙的形象一直与水有关，在洪涝或是干旱的年月，蛇（龙）一直是人们祭拜的对象。

② 银杏，俗称"金银树"，如果不是全世界最有趣的树的话，那么它肯定是中国最有趣的树，因为它代表了树木和蕨类植物之间唯一幸存的纽带。在遥远的年代，银杏是广泛存在的，因为在地质构造较低的几个国家都发现了它叶子的化石。这不仅是史前森林的幸存者，也是所有树木中最美丽的一种。

许多君主和大人物都曾来潭柘寺供奉香火，并留下他们慷慨和信仰的证明。在公元 600 年，一些香客出资建造了五个佛塔，但现在都不知道他们的姓名了。还有一个 50 英尺高的佛塔"延寿塔"，是明朝王爷瞻墉建造的。此外，这个寺庙里还有金元时期的石碑，和辽代的壁画。这位主持还给我们展示了康熙皇帝抄写的《心经》，还有他的一篇关于风景的文章和一幅风景画。

对我们来说，寺院最显著的特点，并不是寺庙的宝藏，而是那些拥有虔诚信仰的僧侣。他们不仅过着规范遵守戒律的生活，而且凭借宗教力量过着神圣的生活。也许他们虔诚和一丝不苟地遵守戒律是受一个更大的宗教社团的影响，这个宗教社团使某些规则和秩序成为必要，并刺激其成员进行活动，以免他们在彼此面前丢脸，这是单一的僧人所没有的能力。但毫无疑问，部分是由于这一事实，富丽堂皇的庙宇，必须为它的信徒树立榜样。对于潭柘寺来说，如同戒台寺一样，一直都靠有钱人的资助和王公家族的恩惠。

当我们在潭柘寺的时候，一些达官要人占用了为他们预留的上等住处。他们家族的人去世了，家族的人都来这里请和尚做法会超度亡灵。当大钟敲响时，追悼会慢慢地开始了。它那丰富的青铜声音，在荷塘间摇曳，也在祭坛上方的屋顶上回荡着。

这法会是一种令人感动的仪式，它也是一种昂贵的仪式。对于许多僧人来说，他们会唱诵，敲击木质的鱼头鼓来纪念这一时刻，吟诵是对观音的一种伟大的召唤。吟诵的大意是：

"啊，您！眼睛清澈明亮，友爱和善；您！眼里充满怜悯和慈悲——啊！您有庄严的面孔，伟大的心；

啊，您！纯粹如一，佛光普照，遍知一切——啊，您！永远像太阳一样闪耀，您的荣耀没有力量可以击退！啊，您！在您仁慈的过程中，就像太阳一样，以太阳般的热情欢迎这个灵魂。"

在祭坛前，一百根蜡烛像星星一样燃烧，而且还有一处康熙时期的香炉，香炉里也是烟雾缭绕，炉前还摆满了供奉的水果和鲜花。在这座祭坛的两边，僧人们都对着彼此跪拜——成排的光头身着华丽的织锦。颂唱要持续好几个小时，然后突然就停止了。一阵沉默之后，又发出一阵哭泣。但是，这种哭泣的声音很快就被鱼头鼓的最后一声击倒了，随后圣歌领袖们高声开始唱诵"涅槃经"作为大结局，这首歌教人在出生和死亡之海中获得觉悟，唱诵中澎湃的低音重复着铿锵话语："万法皆空，人，生而必死，死后愿他安息。"

直到信仰或爱再次唤醒他们，"愿他们死后安息。"这就是我们最后的结局，这也是我们怀念的潭柘寺。

距潭柘寺几英里外的良乡有座寺庙，这里是很少有人来游玩的古城遗址，而且这里还有被毁坏的金朝皇帝的墓葬。这座墓葬是在明朝时候被毁坏的，到了康熙时期，政府斥巨资修建了这里，主要是因为金朝是满族的祖先，所以金朝皇族也在坟墓里接受他们直系后代的朝拜。曾经在康熙朝拜的时候，一只老虎盯上了他，他吓了一跳。"不要害怕"，这个野兽对康熙说，"你可能不知道，我是受委托来守卫这些坟墓的。所以你不要试图伤害我，而且我会继续保护你和你的祖先。"康熙听后就给这位神兽磕头，然后命令侍卫不可对这位神兽不敬。①

距离良乡 11 英里有一列短途列车，从琉璃河分出来的，因此可以坐这趟列车由源水洞到上方山进行一次旅行。这是一段漫长而艰难的旅程，需要所有的旅行工具才能进行，如床、几天的食物等。此外，还应有大量的灯具和蜡烛用来探索洞穴。开车可以从琉璃河到西域寺（一座始建于公元 6 世纪的寺庙），但是从西域寺到上方山的路却非常难走。然而，远足本身也是一种回报。

浑河流域还有几处迷人的地方。值得注意的是，离三家店大约三小时的路程，有一庙宇叫娘娘庙。② 然而，毫无疑问，这里最有名的地方叫妙峰山，这里也许是西山所有旅行中最美丽的地方。去这个地方有五条不同的线路，都要穿过交通恶劣的村庄。从三家店走是最便捷的路，但是只有最好和最有耐力的步行者才能尝试这条路线。③

这条路刚开始是缓坡，沿着河穿过支流的河床。这些支流，现在还比较浅，但是到了雨季也常常发生洪涝。在其他时候，河床只是一堆石头而已，中间有些许水，石头和土块使得水流得很慢。这里也是农村妇女经常来洗衣物的地方。

我们穿过桃源村，这里有好多皮肤棕黑的孩子和满街乱跑的狼狗。从桃源村开始爬山，高度逐渐上升到海拔 2500 英尺。在这起伏的大山中，我们爬了两个半小时。美丽的蓝色的景色

---

① 老虎守卫坟墓的传说在中国很普遍。传说坟墓周围有某种神秘的动物徘徊，意图吞噬死者的大脑。这种神秘的动物害怕两个敌人：老虎和松树。因此，在一个重要的墓穴附近种植至少一棵松树或者摆放一只石头雕刻的老虎是一种常见的习俗。

② 娘娘或者是"圣母"，她是道教女神，在她的某些属性中与佛教观音有着很大的对应。有数百座神殿供奉她。

③ 如果有条件，也可以乘坐两个人抬的轿子。

滑向我们，随后又变成了绿色，而后又慢慢的过去了，最后，又全变成了蓝色。突然，我们向洞口落下了一点，我们看到山谷中的村庄中，有许多开花的果树，而山村前面的一群佛塔就是我们的目的地。灵光寺后面的圣山顶部有一块巨大的暗色岩石，圣山就是妙峰山。我们再次开始登山，从山中间到山顶的最后一千英尺，全是石头阶梯。我们背负着重物，以不屈不挠的精神和良好的幽默感，慢慢往上爬。

我们住在寺庙里，那里的露台实际上是悬在山谷上。分布在我们脚下的是一大堆杂乱的山脉、山峰与峡谷，从这里可以看到方圆100英里的风景，包括百花山、南口山和距离较远的首都——一幅巨大的全景，关于它的记忆永远不会褪色。

然而，只有那些在日出时看到它的人，才能领略它最美丽的景色，称之为"幻觉的时刻"才恰如其分。当山坡上玫瑰丛的淡淡香气飘落下来时，缓缓升起的迷雾是第一个有魅力的幻影，而且也是黎明第一个幽灵般的"爱之色"。不久，东方的微弱黄色眩光像风吹着的火焰般，沿着山顶流淌。然后，越来越多的光亮在中空的世界里生长，直到太阳像金色的球一样升起，只见它从最远的地平线上撕开面纱。河水就像镀金的蜘蛛线一样闪闪发光，而那些仍在阴影中的村庄，却如同灰色山谷中的灰尘。这座城市仅仅是一个转折点，是山与平原之间淡淡的梦。许多迷人的景色都随着雾气的散去而慢慢消失：在艳阳下，我们失去了"碧玉宫"，也失去了那远远望去的金色帆船，只看到灰突突的泥土和各式散乱的茅草棚。"因此，有了这些东西能使任何地方都变得美丽。我们应以喜悦的心情看待人或自然，通过幻想来看他们，主观的或客观的。这样，我们和自然才能融为一体。最幸福的人，他能从人出生到死亡的过程中，看到理想的灵魂中的暗淡之处，最美好的爱的薄雾，就像黎明的雾气，美化了世间一切普通的事物。"

妙峰山上的庙宇都没有任何艺术价值。但是它们安置了三个道教女神，其中一个是送子娘娘，而且她们每一个都非常神圣。每年4月的初一到十八，成千上万的香客都来此进香，①中国的妇女为了求得生个儿子，都非常恭敬地磕长头。她们这样做了，相信她们的愿望会得到回报。

在回大觉寺的路上，沿着滑石路走下去。下坡总比爬上好，我们用旗帜、鼓和铃铛单独或成群地迎接这些朝圣者。又路过涧口时，我们看到一个小商贩，爬上了3000多英尺高的仰山，然后沿着陡峭的悬崖边缘回到大觉寺。我们是乘着轿子下山的，乘轿子下山的感觉很不舒服。但是，当我们尝试着徒步下山时，我们会不断地被绊倒，最后我们又回到了轿子上，还是比较适应轿子的痛苦！因为在这陡峭之地，一不小心将意味着从悬崖上跌落，再没有后悔的可能，而且一旦倒下，受害者在这次旅行中将不再会有任何兴趣。然而，我们很快就发现，抬轿的轿夫非常沉稳，从不走错一步，他们之间也步调一致，没有出现任何误差。他们的脚在石头上总是保持着正确的角度，看起来像鸟一样轻盈。

从山上到大觉寺只用了三个小时的时间。在这座宁静、古老的寺庙里休息是很迷人的。在外面，轿夫们在欢笑和喊叫，

---

① 在计划去妙峰山的时候，最好避免在5月朝圣的那两个星期，因为这两个星期是香客最多的时候，很难找到抬轿的人。来此游览的最佳季节应该是9月和10月两个月。4月和5月也是比较好的时候，因为此时果树正开花，满山非常漂亮，而且也没有大风和暴雨。而在夏季时，暴雨使得道路无法通行。冬天的时候，大地一片荒凉，寺庙里也没有取暖的地方，无法留在这里过夜。

但是这里一切都很安静，除了清澈的溪水的潺潺声（这是整个山里最珍贵的恩惠）和松树里喜鹊的喳喳声。曾经，大觉寺是一座宏伟壮观的寺庙，也许可以和戒台寺相比。它是建在辽代寺庙的废墟上的。在金代（公元 12 世纪末），这里曾是西山八大食宿地之一。根据石碑铭文的记载，在明代和清初，它都很繁荣，以至于每天都有 200 名僧侣在食堂做工。寺院的客房容纳了数千名前往妙峰山的朝圣者，巨大的烟囱不断地冒烟，匆忙地为客人提供各种饮食。在御花园里有一个康熙的王座，王座周围有许多美丽的花，香甜的牡丹花和木兰树的阴影，尤为美丽。一个人来到这里定会感到荒凉和凄冷——古老的大树有着美丽的中性色调，墙壁表面昏暗，屋檐下有着非凡的雕刻和曾经华丽的漆饰，现在已经褪色了，看起来像烟一样卷曲起来。

有几个大殿还完好无损地保留着几个古时铜制的神像。更值得看到的是两棵高大的"银杏树"，据说有一千多岁了。每到深秋，它们的叶子就如同富豪梦中的黄金碎片一样，挂在阳光下闪闪发光。重要的是，这花园虽少有人打理，却也干净整齐，万物恣意生长。这里有一个池塘，所以在绿色的寂静中总是感觉凉爽，周围是紫罗兰、虹膜和蕨类植物。这里还有枫树和松树，微风吹，沙沙作响。有多少香客都已经忘记了，这座被绿树包围的寺庙，在黄昏中，在数世纪的沉寂中，在城市和战乱之外，做着超越时空的梦。有多少当权者，他们坐在上面的沉思春亭，看这个寺庙园林满月升起，听禅诗喃喃地说："从山脚下，许多路径都在阴影中，但在登山的路上看到的却是同一个月亮。"

在康熙统治时期，在这个花园里，美丽松树的枝条深深地缠绕着一个古老的佛塔，这是弟子们为纪念一位著名的僧侣而建的。然而，传说这和乾隆有关。几个世纪以来，据说风水给寺院带来的幸运体现在这座佛塔背后的小山上。这座山覆盖了整个寺庙，它应该像一只蹲伏的狮子。这个地方风水太好了，以至于乾隆皇帝担心上天会在这个地方降生新的"帝王"，即推翻他江山的人。他听亡灵巫师说这将使国王失去力量，应该在他的行宫上建立一座佛塔来打破这个咒语。自从建好这座佛塔后，这座强大的"狮子"（山），也成了为皇帝把门的神兽。巫师的这个建议有效地扭转了此地对清朝宫廷的不良影响。但是，自从这座佛塔建成之后，有记载表明，大觉寺的境况却日渐衰落。这里的主持在讲这个故事时并没有掩饰他的不满，他坚定地认为，就是这个乾隆结束了大觉寺的黄金时代。如果没有最近一位富有的中国商人的修缮，这座寺院现在就不会剩下什么东西了。

在大觉寺停留几天是非常值得的，因为我们还可以参观周边的一些名胜。像燕窝一样，依附在山顶上的小庙是消债寺，然而，这里供水成了最大的难题。离消债庙不远有一座为醇亲王载沣准备的巨大的陵墓，他是已退位的宣统皇帝的父亲。在大觉寺东面一个风景如画的悬崖上矗立着一座供奉关帝的小庙。这座庙是经过王老太婆的虔诚努力而恢复的，她年复一年地卖灯笼和香火给朝圣者，以此来换取修庙所需的钱。她实现了自己的目标，在这里定居下来，享受了人们的敬重和礼遇。在寺庙附近的路上可以看到她的墓，上面写着"王奶奶"的题词。而且这里也是朝圣者经常来参拜的地方。

沿着一条山路继续前进，我们穿过了一条山坡，山坡上密密麻麻的都是僧人的墓葬"佛塔"，这里埋葬的都是历代高僧。这个地方被称为"西峰寺",因为这里曾经真的有一座叫"西峰寺"的寺庙。这片墓地现在属于雷华寺,作为高僧和显要人物的墓地。

在其中一个墓穴上方,矗立着一座孤零零的高塔,上面装饰着浮雕。这座塔的名字叫"大工"或"玄同宝塔"。它是和明皇陵同一年修建的,当时传说,在大工塔的附近也要开始修建巨大的工程,这座工程太大了,以至于当永乐皇帝的墓都快修完了的时候,大工才建了一半,因此这座"伟大的工程"也就半途而废了。很难相信这个传说,因为无论这座塔的周围有多大,多么重要,它们都不能与明朝陵墓的大小和规模相比。难道说传说纯粹就是建立在虚无之上的童话故事吗?不,因为我们确信,与塔相连的更大、更困难的部分是地下的。邻近的村民们敬畏地说,这座塔耸立在一个巨大的拱顶上,包含精致的庙宇、祭坛和装饰品。这个金库的入口可能还会被荆棘阻塞,但是,多年来没有人敢冒险,因为害怕有神秘的东西保护着这个地方。

在大工之上还有另一座塔,在大觉寺后的山脊上。沿着一条狭窄陡峭的道路可以直接通到另一座山上的延金寺,这座塔就在延金寺中。塔的名字叫"六郎塔",这塔的历史把我们带回遥远的时代——公元 1000 年——它是由北宋著名将领杨继业的第六个儿子建立的,杨继业是在百望山建庙的辽太后的对手。这位老将军的所有儿子都非常优秀,而其中以第六个儿子最突出。杨六郎被任命镇守北京周边地区。据说这座塔是他作为前哨而建立的,他可以从那里查看他部队的行动。

大觉寺周边的另一处名胜是一个叫凤凰岭的地方,距离大觉寺徒步大约一小时的路程。这里有一座古老的道观,桃源观。没有什么能比这孤独的神社独自站在空地上更浪漫的。它的成立与一个奇怪的故事有关。在明朝时期，一个男人出现在附近，像是被一些秘密的誓言所驱使。他选择在这座山的山顶上建造桃源观，而且建庙所用的所有材料都是他自己亲自抬上山的，庙宇也是他自己建造的。我们既钦佩他的虔诚，又钦佩他的精力，我们跟随他的脚步，沿着陡峭的小径走到山顶，所有的台阶都是斜斜的，破碎的，通向两个荒芜的庭院。到这里进香的习俗一直被附近的村民保留着，但是一年中只有一天是进香的时间，其他时候这些建筑物都是空无一人。看到这座庙宇的神有的已经失去鼻子，有的已经失去腿，我们感到非常可惜也非常可怜。"狐狸有洞，空中的飞鸟有安息的地方，神却不再有他们的藏身之处。"时间并不总是善待神或人。只有大自然能抵御它的蹂躏，这里，一切都落在废墟中的地方，这个观点仍然是对的，大自然的时间框架在松树的树枝上，它像手臂一样优雅地弯曲着。长长的山脉蔓延到天际，当太阳慢慢落山时天边绽放着美丽的晚霞，而后不久一轮新月冉冉升起。这是中国老艺术家们最喜欢的风景之一，这些艺术家用笔触展现了一种残破之美。

离凤凰岭山脚很近的地方，有一处著名演员唐太子的迷人别墅。这样一个乡村别墅在北京附近是很罕见的。它的庭院里充满着花卉、扭曲的树木和奇形怪状的石头，它们的形状对西方人是陌生的。它美丽的露台耸立在平原之上，可以看到周围所有的村庄。

在回北京城的路上有一处矮山，山脚下有一块石碑。据石碑记载，这里有一座明代的道观：温泉寺，它以硫磺泉闻名。这些水可以治疗风湿和痛风。在公元 1700 年，康熙曾在这里用石头围成的沐浴盆里沐浴。可以说，现代的理疗师们已经重新复活了它们，还在这里建造了一个带浴室的小疗养院。5 月份，这里举行了一个乡村节日，以纪念娘娘菩萨。在山腰间有个平台，是这附近村庄的戏院。演员们都是露天演出，穿着的戏装虽不干净但却华美，在这样的环境下居然能够发挥出如画般的效果。在其他时候，寺庙里了无生趣，除非自己走在神殿中去看那昏暗的角落里几个满是灰尘的道教肖像。在昏暗中，我们看到了钟离权，八仙中最老也是最神圣的一位神仙，一个在中国广受尊敬的人物，看到这些，脑海中突然想到他是如何成为一位道教神仙。

　　钟离权是一位古代的神勇战士。在他 20 多年的征战岁月中屡立战功，最后，因为他的军功越来越大，皇帝开始怀疑他的忠诚，后来被政敌陷害。他的家人也都被陷害了，财产也被没收了。随着时间的推移，皇帝对他忠诚的怀疑解除了，在一次大胜利之后，这位勇敢的将军回来了，皇帝出城远迎，解释他的误解，并命令皇后亲自为他接风洗尘。可是钟离权被皇后的美貌深深吸引了。他回家后，由于相思成病，他躺在床上悲伤地跟下人说，希望皇后能来见他。没想到皇帝应允了。在皇后殷勤照料了钟离权之后，她问钟离权，你知道我在皇宫中喝御酒都用什么材料做成的杯子吗？钟离权回答她说："黄金做成的。"皇后又问他，那皇帝赐予你的御酒，你都用什么材料做成的杯子饮用呢？钟离权回答："白银做的。"这时皇后又问了最后一个问题：不管杯子是用什么做成的，那御酒不都是一样的吗？钟离权领会了她的话的秘密含义。他的压迫突然消失了，向皇后告别后，他从床上站起来，离开了家，进入了"成仙之路"。

过了玉泉山一直往东走就到了"三里村"（或白家滩），因为这里有一条三里多长的茅草丛生的路，因此叫三里村。这个村子自诩有北京郊区最古老的寺庙之一开元寺，这座寺庙始建于唐代开元年间（公元 700 年）。后来这座庙宇毁坏了，但是在永乐年间从大觉寺来的和尚又重建了这座寺庙。这位和尚是位信仰佛教的王子，他很喜欢来这里"享受温和的空气、好的水和美丽的风景"。这个历史遗址现在只剩下几块石板了。白家滩的人声称现在在这里建立寺庙是为纪念雍正的弟弟怡亲王，他对这里的恩德，被这里的人世代铭记着。在后方的庭院中有许多白色的松树，中国人看了也许会想起白居易的诗句"庭松"：

　　　　　　堂下何所有？十松当我阶。

　　　　　　乱立无行次，高下亦不齐。

　　　　　　高者三丈长，下者十尺低。

　　　　　　有如野生物，不知何人栽。

　　　　　　接以青瓦屋，承之白沙台。

　　　　　　朝昏有风月，燥湿无尘泥。

　　　　　　疏韵秋槭槭，凉阴夏凄凄。

　　　　　　春深微雨夕，满叶珠蓑蓑。

　　　　　　岁暮大雪天，压枝玉皑皑。

　　　　　　四时各有趣，万木非其侪。

　　　　　　去年买此宅，多为人所咍。

　　　　　　一家二十口，移转就松来。

　　　　　　移来有何得，但得烦襟开。

　　　　　　即此是益友，岂必交贤才？

　　　　　　顾我犹俗士，冠带走尘埃。

未称为松主，时时一愧怀。

（阿瑟·沃利：《中国古诗译丛》）

村外是松树山的标志性建筑，中国人称其为"蜘蛛山"，因为它就像一只蹲在脚下的蜘蛛。曾经这里住着两条龙——山的两边各住一条——白龙藏在白家滩的叫百家水的小庙里。黑龙住在黑龙潭里。现在，这座山的名字和它在两龙之间的位置的关系，让人想起了著名的中国寓意画"二龙戏珠"，这是一种为皇帝保留的图案，用于宫殿的装饰等。中国传统的习俗，总是将各种传说跟乾隆联系起来，据说这位君主和这座山有很深的缘分，而且这个故事也给我留下了深刻的印象。当地人说，在乾隆之前就有预兆，说一个皇帝迟早要出现在这里。当然，这也预示着乾隆皇帝的清王朝迟早会被推翻，会有新王朝建立。于是，乾隆皇帝决定避开危险，驱散不吉利的"风水"，即通过把一条路穿过把山劈成两半的方法来完成的。皇帝达到了他的目标，但是这座山却有一棵见证他屈辱和悲伤的老松树。据说当这棵老松树被砍倒的时候，树根还流了一些血。

我们又来到了黑龙潭，这黑龙潭的金色屋顶像画眉山山顶的镜面一样，捕捉着阳光，也反射着阳光。有人说这座山和平原相连，风景最为悦目，人们以在这里生活的一种画眉鸟，给这座山起名画眉山。[1] 画眉鸟在树上做窝，而在它们做窝的树底下，通常有黑色的石头，这种石头在金代时，是妇女用来画眉毛的化妆品。无论如何，在明代成化年间，皇帝在给庙宇选址的时候，真是做了一个明智的选择。

---

[1] 这种特别的画眉，深受中国人的喜爱。

我们的轿夫有节奏地唱诵着一首据说是汉代的诗歌，带着我们走向寺庙：

> 当龙来时
>
> 风尘起啊
>
> 纸钱飞扬
>
> 丝伞挥舞
>
> 当龙走时
>
> 风依旧
>
> 香火息啊
>
> 杯瓶冷

（由阿瑟·沃利翻译）

当我们到了这座寺庙的附近后，就迫不及待地去喷泉边找那条龙生活的水潭。古老的大树，树身都延展到了水潭里面，但却保持着一种危险的平衡。而在水池下，光滑而闪亮的树木倒映在水面上，好似在等待着吹落的紫藤和其他植物的耐心绽放。难怪几百年来，这里一直是人们最喜欢的地方。难以计数的皇帝和朝臣们都在这里盖各种大殿，俯瞰着碧绿的碧水。

因为我们是无礼的外国人，我们在这里喝酒，还在这里沐浴，所以就有僧人警告我们不可以这样，因为这样可能会得罪潭里的黑龙。这水潭的水以一种非常特别的方式使我们精神焕发，我们没有看到黑龙的迹象，所以大胆地怀疑它的存在。"说这样的话是不明智的"，我们受到指责，"以免邪恶降临。还记得当年乾隆皇帝就怀疑这件事吗？最后，还是谢罪后才得免。"我们不记得了，因为我们从来没有听说过。

在乾隆时期，在皇帝打猎回来的途中，他和随从在这座寺庙里停留了一天。他歇了一会儿，吃了些茶点，就召了两位官员来，对他们说："我拜见黑龙。告诉它能够见到它是我们的荣幸。"两位官员在他面前鞠了一躬，然后走到池边，每个人都按照宫廷的礼节按照下面的话对着黑龙潭说："现在我们有责任通知您，我们的主人，皇帝想要见您。"当他们说完后，从岩石旁发出声音回答："通知皇帝陛下，我将等待他的到来。"当乾隆皇帝走到潭水边，说了些亲切的话，并俯身想迎接那怪物时，没有他手臂长的小生物出现在水里："我就是你最想找的。你想要我做什么？"这时候，这位帝王非常惊讶。他迷惑不解地盯着那条龙，大声地叫了起来："太奇怪了！我本以为会看到能令我敬畏和恐惧的强大的神。但是，瞧！这不是一条龙——充其量只是一只小动物而已。"这些话刚刚说完，那个小生物就消失了。然后泉中的水猛烈地沸腾，一个隆隆的雷鸣声："嗨，这是你所期望看到的吗？"而且同时，从岩石下面，出现了一只巨大的爪子。然后这爪子越长越大，一直达到了树顶，然后就像怪物一样张开，好像要去抓住皇帝一样，皇帝周围有许多显贵和护从，都被吓得一动不动。怪物探出了头，身子也越长越大最后直冲云霄，地面上还有它那可怕的爪子的影子，尖尖的，好像要落在庙宇和上面的山上，所有鸟和昆虫的声音都在暴风雨面前变得异常寂静。乾隆皇帝看到了这一切，知道自己犯了天大的错误，不应该只从外表上草率判断，于是他跪在龙的面前请求巨龙能够原谅自己的错误。黑龙看到后，慢慢地把巨爪收了回去，太阳再次照耀在山间和庙宇上。从此以后，黑龙潭的精灵受到了上至皇帝、下至平民百姓的普遍尊重。附近的农民每年两次向它祈祷，跪在池边，乞求风调雨顺以确保丰收。在干旱季节，村庄里的人敲打着鼓向他祈祷。听，我们现在就听到了鼓声。我们并不理解，但我们注意到，当我们走过来的时候，一个敞开的棚子下面有一处打鼓的地方。然后从一些看不见的小村庄中传来了越来越多的鼓声，在数英里干涸的稻田里，还有其他的鼓，就像回声一样，不停地回响着。

我们开始羡慕龙王陛下，永远住在那个奇妙的水潭里。据说水潭里有两只乌龟为龙王服务，他们能听到一百个村庄的同时祈祷，能够品尝凡人上供的祭品，也能够向龙王转述虔诚的崇拜者的祈祷："龙王陛下，我们击打了鼓，也点燃了火焰，然而大地干渴，庄稼枯萎，我们希望能得到您的怜悯和仁慈，愿您为我们普降甘霖！"

现在，一个仁慈的神在倾听人民的祈祷。但是一旦这条黑龙对他们的恳求充耳不闻的话，那么，他们就会认为，上帝的力量和快乐都取决于良好的行为。于是人们便修行自己的品德，忏悔自己的罪过，而不是像乾隆皇帝那样对黑龙表示不敬。

在乾隆统治期间发生了一场可怕的旱灾。君王深感悲痛，便前往黑龙潭献祭。但是，黑龙仍然对他的请求置若罔闻。因此这位君王，在正义的愤怒中，以最高龙君主的身份向他发出最后通牒。要求黑龙要么下起雨来，要么把黑龙的精神形象从寺院中驱逐到遥远的北方（黑龙江）严寒之地。但黑龙还是对此不理睬时，乾隆皇帝便下令将黑龙的塑像从寺庙中带到皇城。但是携带黑龙塑像的队伍刚到寺庙外的第一个村庄时，黑龙就思念起黑龙潭的水来了，他看到了所有的祭品，也听到了人们的祈祷，满心欢喜，于是就降下了一场前所未有的好雨。所以乾隆又命令将黑龙塑像放回了寺庙的原位。从此，这黑龙就一直在潭里，并履行它的职责。由于一些不知内情的外国人在潭中游泳对它的不敬，恳请它能谅解。

为纪念它的忏悔，乾隆皇帝为寺庙的屋顶订购了黄砖，并命令一名画家在寺庙的墙壁上画出一系列壁画以记录这一事件。现在这些壁画还能在山顶上最高的神殿中看到，尽管视角有些粗糙，但生动的绘画和鲜艳的色彩产生了极好的效果。这座神殿旁边有两块明代石碑和两块清朝石碑，记录了其他场合下祈雨成功的事迹。

在平原上一个很小的围栏里，有独立的门通往黑龙潭和山上的庙宇（当皇帝在此住宿时，这里可以完全与僧人的住处隔绝），这也是乾隆比较喜欢的行宫之一。这个地方最后一次接待皇家人员是在1892年时，当时光绪皇帝和慈禧太后来到这里做了一次告别之旅。从那时起，这个地方就被郊区别墅风格的丑陋现代建筑所取代。不过，一群蓝鸟依然把它们的家安在了一户人家门外的竹林中，一只聪明的啄木鸟在屋檐下藏着一堆浆果。我们可以看到在被遮蔽的花园里的池塘，也可以感受着昆虫带来的活力，许多无毒的蛇在石头上安详地晒着太阳。没有任何一个中国人试图要伤害它们，部分原因是佛教对生命的偏见，部分原因是龙王常常派人来宣告神的到来。这种神奇的蛇生活在黑龙潭，虽然它们的家在画眉山，但它们却能自由地在庙宇里游荡。凡人根本看不见它们。但是这里的老年保卫告诉我们，这样的天国使者有着"一个古人的脸，白眉毛，头上戴着像皇冠一样的红色饰物"。

当我们遗憾地离开黑龙潭，慢慢地穿过寺庙外的村庄时，突然听到从田地里发出来的合唱，原来是龙泉浇灌的稻田里，一群青蛙的鸣叫。

继续向西走了三英里，我们到达通往唐山的新马路上，就在百望山（望儿山）的拐角处，西山的东北峰投下了它的影子。这座百望山很容易被数英里以外的古庙所覆盖。这是一个被遗忘的地方，一座被摧毁的神殿，现在只剩下了神殿的外壳。我们猜想，正确地说，它有一个诗意的历史。

　　大约在公元1000年的宋代，中国的北方，东北和华北的一部分都在辽国的统治之下。毫无疑问，宋代的政治家很想统一全国，在富饶的直隶平原上为年轻人打开了美好之门。所以，宋代统治者组织了一支强大的军队进攻幽州（北京）。当时辽国的最高统治者，是著名的萧太后——一个拥有许多情人的女人——她的名字至今都被人传扬。她命令军队出城迎战，最后彻底打败了入侵者。胜利后，她在百望山上建了一座祠，纪念她的六个儿子，她是一位多么沉着冷静的将领啊，在激烈的战斗中，亲眼看到自己的孩子被杀。①

　　辽国和北宋后来都被金朝取代了。后来蒙古又统治了这块土地。明朝又把蒙古人赶到了漠北。后来，在东北的满族又灭亡了明朝。但是这个已经荒凉的神殿已成废墟，只是母亲的爱和牺牲的象征，仍然屹立，挑战着几个世纪以来的各种风雨打击。②

　　通往唐山的道路向北驶入平原。田野虽然单调，但却看到了无边无际的天空，也看到了季节的变化。日复一日，这里斗转星移，就像一幅全景图，春天的清新，夏天的成熟，秋天的

---

　　① 后来她的儿子统治时，由于她的指导，成为辽国最成功的君主（公元983—1031年在位，被称为辽圣祖）。

　　② 此处与前面对百望山的描述有很大出入，前文说的是杨六郎与佘老太君，故特此说明。——译者按

金黄，冬日的白雪。

在沙河，我们走在去明皇陵的老路上。我们遇见一座保存完好的明代桥梁，虽历经了四五百年，现在依然能适应现代化的交通，它跨越河流。而在我们的右边，在摇摇欲坠的墙后面是沙城。沙城里有明行宫的废墟。沙城（也叫平安，"安静之地"，据说由于唐太宗曾经在这里休整攻打高丽的军队而得名）曾经也是繁忙之地，因为十三陵建造的所有材料都是用水运到这里，装进大车再运到建筑工地。①

明朝人和早期满族人都是从沙城出发，前往著名的汤山温泉（距北京 22 英里）。温泉在一座石斑山下，三座古庙的遗迹旁边，这里映衬着天际线，风景如画。康熙非常喜欢这里，封闭在大理石上的露天泳池，每一个都有网球场大小。这个美丽的地方为什么被人放弃，原因值得深究！

清代后期的君主，大都是在迷信和落后的知识中成长，当他们开始旅行时，都要询问巫师，算一下吉凶。有一次，有一位占星家，无疑是出于某种隐藏的原因，告诉皇帝经过沙城到汤山去是危险的。因为"沙子"，在中国字中，第一个是"沙（音 sha，同杀）"，北京附近有两个地方，沙河和沙城；而汤

---

① 当沙河和浑河这样的小溪流被冠以"河"的名称时，现代的旅行者往往会被这美丽的名称打动而依然前往。如今，在一年的大部分时间里，它们只不过是在宽阔的石床上微弱的涓涓细流而已。然而，传统的交通似乎表明，它们曾经是重要的水道。非常相似的是，水量的减少是由于周围的山丘被砍伐所致，正如树桩的残渣所证明的那样，这些山丘原来是被茂密的森林覆盖。中国人认为树木可以吸收空气中的湿气和保持水土，由于生存的原因和利益的诱惑，这里的树木遭到了大量砍伐，剩下的几棵树应该归功于农场、寺院和民居附近的保存。为了建筑房屋和取暖燃烧，在住宅附近的所有其他树木被无情地砍伐，植物学家指出这样砍伐森林会严重影响气候，正是这个原因这些北方省份产生了"逐渐退化和逐渐侵蚀"现象，也是这个原因导致了河流水量的减少。

（音 tang），汤是和开水一样的危险。当他们发现这种令人不快的文字时，康熙、乾隆的后继者撤走了他们的赞助，后来这里就失修了。

然而，温泉所处的地面属于满族民居，到现在为止，温泉已经以每年八百美元的价格租给了汤山改善公司，这个公司是民国前财政部长，也是精神领袖曹汝霖办的。他还开了一个带有极好浴室的新式酒店（西方风格）来吸引游客。这里生意兴隆，尤其是在晚秋时节，这也是汤山最美丽的时候，也是严寒来临之前适合去北京附近旅行的少数几个景点之一。这是一次绝对可以称得上令人愉快的旅行。

在这温泉附近有几座风景如画的古墓。其中有一座醇贝勒墓，他是现在的恭亲王（奕欣）的父亲，外形高大宏伟。尽管无法与著名的恭亲王墓相比，但却也具足了皇家气派。它坐落在山脚下较远的地方，把地平线伸向北方，小汤山为它挡住了冬日的寒风。还有一座墓是恭亲王奕䜣的墓，他是道光帝的第六子。这是一个与醇贝勒墓大小相同、但气势更加雄伟的陵墓，位于皇陵中，屋顶的瓦是绿色的，而不是黄色的。

龙泉寺是一座被破坏了的寺庙，而且寺中的佛塔也久经风雨侵蚀。这座寺庙始建于公元 10 世纪，也是非常值得参观的地方。这里非常荒凉，只有很少的遗址，只剩下一座亭子，亭子下隐藏着一眼泉水。寺庙的守护者告诉游客这里有一个金色的茶壶，非常大可以装满足够九个人喝的水。这座茶壶被埋在了水源处，而且还有一只金色的骡子被埋在山上的庙宇里。但是这金色的茶壶和金色的骡子是什么关系呢，这守护者并没有告诉我们。没有人见过这些美好的东西，因为它们被神圣的禁忌所保护。但是清澈的泉水中带着大大的气泡，这些气泡从水池中安静地掠过，然后在空中发出爆破的声响，摇摆的水草似乎解决了永恒运动的问题，蜻蜓在水面上追逐嬉戏——这些场景才是我们真正喜欢的宝藏啊！

第十六章

长城和明皇陵

从北京开始长途跋涉到长城，是游客最不应该错过的，即使只在首都待了几天，也要去长城的南口走走。长城不仅北京有，这种令人影响深刻的建筑，在其他地方也有不少。可以看出，从山海关到西藏边界，它绵延近 2000 英里。但是没有任何地方能更好地保存着这种古老的防御工事，现在长城中没有一个宏伟壮观的地方。而且，南口具有方便的优势（在京张线约 25 英里或火车一个半小时路程），而且还有清洁和足够舒适的酒店。

　　从北京出发，长城的行程可以在一天内完成一个来回。包括到十三陵的游览，可以在 48 小时内匆匆经过，并在山脚下过夜。但是对于时间充足的人来说，他们不会后悔这两天的探险，而且还能额外加一个下午好好逛逛南口这个地方。

　　在这个古色古香的古镇上，跨越两个狭窄的地区建造了用来阻挡游牧民族的防御工事链的第一个环节。它在某种程度上仍然是从北京通往蒙古的必经之路。离小镇不远的地方，山峦起伏，连绵不绝，我们来到了由四座瞭望塔守卫的峡谷入口处。根据中国诗人的说法，在这里，游客应该在夕阳下沉思并用诗歌来赞美这里的景色，因为"居庸叠翠"是附近八个景观之一。只有伟大艺术家的画笔才能重现这一景象。

可以乘坐火车，在长城附近的小站下车。有陌生人说，从车窗看这些著名的风景，非常平淡，没有雄伟壮阔的感觉！但是坐火车本身确实非常有趣。这条铁路是中国顶级工程师呕心沥血克服巨大困难才建成的——铁路线就像爬山坡一样，无数的隧道（其中一条实际上在长城下）和精心设计的石堤工程证明了这一点。当发动机慢慢地在狭窄的山谷上发动时，我们就会在陡峭而光秃秃的山丘中慢慢上升。我们把最后的小农场抛在脑后，这些小农场的土地是如此坚硬，以至于这个国家不可能在如此贫瘠的土地上发展工业。在火车慢慢上升的过程中，我们看到长城的城垛像哨兵一样笔直地站着，给人感觉好似一道风景如画的天际线。山上沧桑的轮廓，好像是中国人和游牧民族之间许多战争留下的伤痕。这些附属的关口，现在看来是毫无目的的断断续续，让人浮想联翩。但是在古代，他们就是在这里把土耳其人、匈奴人、赫坦人、努琴人的祖先拒之门外。同时也打破了蒙古人和其他野蛮人试图进入华北肥沃平原的美梦。

南口关可以和开伯尔媲美，而这个小镇则相当于贾姆鲁德，那居庸关的中途要塞则完胜印度的阿里清真寺。居庸关是关外进入关内的要塞，而开伯尔也是野蛮民族进入印度的必经之路。虽然在场景上不那么壮观，但前者在历史上是后者的对应物。一个是成吉思汗和他的部落找到了通往富裕的中国之路（居庸关），另一个是希腊、波斯、阿富汗人和蒙古人通过开伯尔涌入到印度河和恒河山谷。

火车在爬了一个小时后，停在了一个叫青龙桥的小站。从那里走半个小时，沿着老公路走到山顶的八达岭（海拔2000英尺）。道路中间就是居庸关，居庸关有许多拱门，但拱门中许多铁门都已经消失了。我们从这里上了八达岭，领略了冬季直隶平原的壮阔风景。长城的雄伟和奇特就在于，所有城墙都是沿着山顶建造的，这应该是人间最难的工程。这么陡峭的山峰，别说是建造防御工事，就是人自己徒步攀登都非常困难。古老的石砌城墙被世人认为是世界的奇观之一，而它们在这山间也着实令人印象深刻。这个时候，在这里除了我们和驴车车夫就没有其他人，我们到达景点后，车夫就把驴子拴在草地上的旧大炮上（最后的古董武器和盔甲是在一座塔里发现的，其中大部分都被德国人移走了）。远处还有一个观光者——牧羊人，他从村庄里来到这里寻找牧场。他坐在破碎的砖头中看着他的羊群，而他的羊群也是一处漂亮的景观，母羊后面跟着跳舞的小精灵般的孩子，而那喜欢爬到陡峭高度的留着胡子的羊群首领，则在晴朗的天空下，以胜利和宁静的姿态，如浮雕般地站在城墙下。只有偶然的汽笛声软化了距离，或者是一只高高盘旋的老鹰的尖叫声，才打破了寂静。

　　要想在这苍茫壮阔的山上看到更好的风景，你必须爬上更高的城墙，登上居庸关东面的长城，这里有最高的瞭望台。但这段路程非常陡峭，我想中国的古人在这里修建长城一定非常艰辛。从居庸关往东望去，有28个瞭望台，每两个瞭望台之间大约相距一英里。这些瞭望台都是相互可以看到的。我们站在这里观望附近山脉，长城好像一条蜿蜒的巨龙，起伏不定，又好像一直在游动一般。

　　据说，曾经有一个道士，在凉爽的夜晚坐在长城的瞭望台上冥想，而后顺着一个银色的梯子爬到了月亮上，进入了仙宫（这是附近村民口口相传的神话故事）。当然，他在仙宫有着令人惊奇的经历。首先，他穿过一道道金碧辉煌的大殿。然后来到了一个可爱的老人面前，他发现这位老人正坐在桌子前埋头看书，书名是《合婚真经》。由于中国的所有婚姻都要由这位老仙人敲定，所以他非常繁忙。但是出于礼貌，这位老人还是主动停止了工作，陪着这位地球上的陌生人游览月亮仙宫。这些仙宫全是用金银和珍珠建造的，而且还有各种珠宝作为装饰。"月宫中的云和雨都很高，在凡间云朵之上的月宫，其上也有云朵。而且月宫中到处都有美丽的仙女，她们长袍上的花瓣异彩纷呈，她们还在金色的织布机上编织星星的图案。"

圣人对他所看到的非常惊奇，这种神奇的气氛太罕见了，太好了，但一个凡人不能在里面逗留太久。因此，就在黎明前，这位道士告别了这位老人，感谢他好心的招待，希望下次能够再来。当他到达地球时，他告诉别人那些他所见过的奇迹，但他们只是嘲笑他。他们问他："如果你真的发现了一个高过云和雨的地方，那里没有冷风与严寒，你为什么要回来?"他不能回答他们的问题，所以所有的人都更加嘲笑他了。但是这些人中有一个明智的老人，猜出了这个秘密的原因，他解释道："也许是凡人更加习惯凡间的生活，所以对于完美的事物无法适应和接受。"

在这雄伟的瞭望台上，我们流连忘返，神话的想象力使得人们对这个伟大的建筑充满了敬意。在我们的头脑中如放电影般播出了一幕幕动人的画面：中国人建造长城的激情，战斗中强大的壁垒。这对任何在乡下待过几天的人来说，都是最伟大的景观。

在耶稣诞生的前两个世纪，有一个叫秦始皇的帝王，是他那个时代的汉尼拔，他认为长城可以阻止游牧民族进入中原。[①]这位皇帝便下令建造长城，他征集了 70 万罪犯和战俘来修筑长城，将之前其他六国的长城连接在了一起。这些困难一度似乎是无法克服的，以至于秦始皇请教了一位占卜师。这位占卜师对他说："必须将 10000 人埋在城墙下才能建成。"但是，即使是如此伟大的独裁者，也不愿埋葬 10000 名臣民，以求推进他的计划。不过，他还是与超自然力量达成了妥协，埋葬了一个名叫"一万"的人，此后工作得以顺利进行。

当我们知道南口关的城墙不是最初由秦始皇修建的，仅仅是内部的长城，虽然其年代也相当久远，是公元 555 年由北齐修建的，我们有点失望。

其他朝代的君主继承或修缮秦始皇的长城。例如，有记录显示，一位金国的君主在十天内雇用了一百多万人建造了一段墙，其中有许多人死于强迫劳动。然而如果有一段时间没有做任何冲突发生，城墙就废弃了。在蒙古人的统治下，他们就没有修复过长城，可能因为他们自己从北面来。墙不是国防需要的，没有修复的必要，因此没什么兴趣这样做，马可·波罗就从来没有提到过长城。[②]一旦明朝人推翻了蒙古人的统治，长城就再次发挥了重要作用。在 15 世纪时，明朝用花岗岩和砖块重建了这条保护南口山口的环路，作为对抗北方敌人的屏

---

① 有趣的是，据中国历史学家说，在更遥远的时代，北方农民常常在离游牧民族很近的地方定居。这对一心想征服他们的游牧军队是一种威慑。这种习惯在许多地区仍然盛行。有的地方在边界地区种了一排排柳树，以阻止骑兵的前进。这就是著名的"柳树篱笆"的起源，它曾经使长城延伸到了东北地区。

② 长城的历史和长度参见威廉·埃德加·盖尔的《中国的长城》。

障。事实上，在2000多年的大规模民族冲突中，亚洲乃至整个欧洲不时地遭受重创。尽管这是一堵墙，但它起到了很重要的保卫功能。作为一个对抗冲突的堡垒，它非常有价值，常常成为一个对征服者有巨大影响的象征。入侵一个由这样一个屏障保护的国家，特别是骑兵，需要有坚定的决心和惊人的战前准备。此外，由于在重要关口瞭望塔相距只有一百码远，即使在偏远地区，游牧民族也很难长途奔袭，因为瞭望塔之间只有一英里的距离，他们很难取得成功。而且驻守长城的军队都经过良好的训练，他们熟悉各种信号系统，会通过古老的信息传递方式将危险在最短的时间内传递出去。这也意味着，如果游牧民族在偏远地区袭击长城，这个消息可以在一夜之间传到北京。国家就可以在最短的时间内，动用最多的资源，有效调动军队，迅速做出反应，以维护和平。

现在，外在的威胁早就出现了，但这强大的工事却没用了，而且在这蔓延几百英里之内，也没有多少守卫了。尽管古北口和其他一些点还有些守卫，到了每天傍晚也要关闭关口，但这样做主要就是为了保护附近的城市。那些在长城内反抗成吉思汗的战士已经不在了，从塔楼里挖出来的武器也生锈了，塔楼本身也废弃了。有些地方，长城的城墙都已经滑到了山谷中，许多大石头七零八落地散落着。当初他们在修建长城的时候，排水管被巧妙地放置在墙体中，以期增加侵略者取水的困难，不过，现在它们也已经废弃在荆棘中了。强大的堡垒使得武士们不会在敌人面前屈服。但是时间是最强大的和不可战胜的敌人，也才会毁灭凡人所不能毁灭的东西。

如果你坐火车到长城上去，一定要沿着这条路走回来。这样，你就会对边疆的生活产生真正的印象，并理解屏障本身的全部意义。旅程大约需要四个小时，必须由驴子、步行或坐在二人抬的轿子上完成。从一个峡谷的顶部转弯后，我们就进入了弹琴峡，这里因为有泉水常年流淌，其声音好似琴声而得名。当我们走在这条路上，马上就感觉到了马路的年代感，好似突然回到了中世纪一般，这条道路成为了旅游的一处景观（两千多年来，这条路一直是中国人民和北方人民交往、商业和军事的主要动脉），道路两旁还有捕捉动物的陷阱。这里还有长串的软脚骆驼，戴着当当响的铃铛，经过这里把货物送到北京。在途中，我们遇到了一批从蒙古贩运到北京的羊。路上还有运煤的驴子，蒙古人所驱使的成群的毛茸茸的小马，被灰色的尘埃笼罩着。还有一批骑马的旅行者，坐在由马驼的高高的行李上小憩。披甲弓的箭手在古老的要塞里，看守在城墙上巡逻。这简直是一张过去几百年完美生活的照片。

在明朝，当首都被永乐皇帝搬到北方时，从前南方的许多商业路线也转移到这条公路上了。17世纪，俄罗斯在前哨西伯利亚开放贸易，大大地增加了这个隘口的骆驼交通。许多货物也通过张家口的铁路运到这里进行贸易，南方人过来买毛皮，北方人过来买茶叶等等。但是，在这狭窄的山谷里，仍然有一股人马奔腾的气息，至少足以给我们留下许多风景如画的印象和回忆。

在居庸关附近我们参加了一场山间葬礼。他们用骡车运送棺材，骡车上竖着四根木头柱子，然后棺材被吊在柱子中间。我们不知道为什么还要把一只公鸡拴在篮子里面。在调查中我们了解到，死者曾在游牧部落的土地上从事交易活动，他们生活、放牧、思考，就像他们祖先在挪亚时代所做的那样。长城以内的中国人则不同，每个中国人都不喜欢居住在长城以外，如果他们的生活可以维持的话，他们是不会到长城外谋生的。所以，如果一个人去了关外（长城以外）谋生，并且死在关外，那么他的尸体就会被带回来，埋到这苍凉的地方。因此，为了避免灵魂迷路，运回尸体的时候就带上一只公鸡。因为公鸡会在早上和晚上引导灵魂跟随遗体。

居庸关坚固的村庄像以往一样，它是一个纯粹的军事前哨，而不是一个贸易中心，因此，随着驻军的解除，它几乎也失去了生命。防御工事仍然是古代军事天才的杰作——就像长城本身一样。在他们那个年代，金朝人守卫着居庸关曾经两次打退了蒙古人的入侵，一次还是成吉思汗亲自领导军队。然而，金朝人忽视了其他方面，这让他们失去了这个帝国。因为那位伟大的蒙古领导人选择了另一处攻击地点，这样蒙古军队奇迹般地出现在北京的平原上，而守卫在居庸关的金兵还在等待着蒙古军队的第二次进攻。居庸关有一个地方叫云台，有人说就是为了纪念这一次战争而建的，也有人认为是由蒙古可汗纪念喇嘛领袖修建的。

云台始建于 1345 年，它由大量雕刻成佛像和符号的大理石构成。在云台的基石上，有一个金翅鸟，两爪抓地，立在一对九头蛇王的中间，而这两条九头蛇王的身子都被茂密的枝叶给遮住了。在 50 英尺高的过街塔中，两边都有浮雕，有佛教的四大天王"六拿具"。"六拿具"一直是考古学家讨论的话题。① 四大天王浮雕像之间，有用汉、蒙、维吾尔、藏、梵、西夏等六种文字雕刻的《陀罗尼经咒》和《造塔功德记》。最

---

① 这些铭文是由罗兰德·波拿巴王子破译出来的，并在巴黎发表了一篇举世轰动的论文。

272

后一种语言是最有趣的，因为它的样本现在很少，它对学者来说一直是个谜。这种铭文在显微镜下像杆菌一样，是汉字的一种修饰形式。1903 年，这种文字终于被法国驻北京使团破译，证明是西夏国的字母表。西夏是公元 10 到 13 世纪在西藏和四川中间靠近黄河的一个政权。拱门上刻着在 1445 年修缮者的名字，还有后来清朝统治者加上的描述居庸关"天下第一关"的匾额。

北方的游牧部落经常在没有预兆的情况下，突然率领骑兵来到这崎岖不平的山路中，他们对附近的村落烧杀抢掠后，就马上撤退。所以中央的军队在征服游牧部落的时候，一定会发生残酷的战斗。只有将游牧部落打败，打跑，才能保证这里的一方平安。但是，"仁慈的雨水总是来冲刷石头上的血，太阳又把它们漂白了。而在绿草和树木间却还残留着战士的血迹。群山静静地看着这一切，无动于衷。山间蒸腾的雾气和四季的变化一点点地改变着战争留下的痕迹，直到看上去好像这里从来都没发生过一样。"

距南口关的山谷东面大约 7 英里的地方，坐落着美丽的明皇陵，它与未开化的大自然形成鲜明的对比。

这里由明代永乐皇帝选址，埋葬着明代十三个帝王。永乐皇帝把首都从南京迁到北京后，尽管他的父亲安葬在了南京（他在南京是不受欢迎的），他还是把墓葬选在了这个地方。据说，他的父亲是明朝的创始人，在梦中看到一条黑龙从王座的一根柱子上威胁着他。就去问占星家，但占星家拒绝解释这个梦，并劝洪武大帝密切观察自己的家人。有一天，洪武大帝的 23 个儿子在他周围玩耍，他注意到了这位未来的永乐皇帝。永乐是洪武大帝最不喜欢的儿子，主要是因为他那倔强的性格和黝黑的肤色。当时的永乐拒绝参加游戏，只是抱着一根柱子看着洪武大帝。这使洪武大帝突然想起了他的梦。于是就把永乐送到了幽州来看国门。在幽州，永乐还曾假装发疯，想必是为了避免洪武大帝的猜忌吧！

当洪武大帝还在位时，他希望维持已经确立的长子继承原则。因为自己的嫡长子已经去世了，所以洪武大帝想把王位传给嫡长子的长子（即后来的建文帝）。当建文帝登基后，他的叔父开始觊觎他的王位。于是一场战争开始了。在一次次艰难的战役中，建文帝最终被打败了，永乐占领了南京。据说，建文帝逃到了洪武大帝出家的地方，做了一位和尚。

永乐皇帝登基之后，对侄子建文帝的追随者非常残忍。传说，有一个敢于在永乐面前抗议的人，被当场斩首，而这个人脖子上涌出的血在沙子上形成了"叛徒"的字样。另有一位拒绝给永乐"磕头"的人，被放进了煮沸的油锅里，但即使是面对死亡，这个人也没有向永乐屈服。还有一位反抗者被活剥了人皮，并把这张人皮钉在了南京的城门上。当永乐在一个刮大风的日子骑马过城门时，干燥的人皮就像小丑的膀胱一样，被风吹了下来，狠狠地打了永乐一巴掌，旁观者都笑了起来。这件令人不快的事，正是永乐皇帝决定离开南京的原因。他在那里是如此令人厌恶，而且也有许多令人不快的回忆。后来的事业证明他是一位伟大的统治者。他的军队不仅统一了中国，而且还将蒙古利亚和印度支那置于自己的影响之下。蒙古的帝王帖木儿再没有回来攻打明朝，中国的舰队还同时控制了南海和印度洋。在这一时期，永乐皇帝还主持编撰了《永乐大典》，这是一本大百科全书，汇集了他在位以来的所有文学艺术作品，并将这些辉煌成就留给了后人。

在为自己和后代选择墓葬地点和样式的时候，永乐遵循了皇家墓穴的总体规划，因此他没有采纳大臣提议的周汉以来的帝王墓穴样式。唐朝和宋朝的帝王陵墓中有着许多随葬品和人俑，里面还有他们的祖庙。坟墓上种满了常绿的树林，陵墓就是座小山，拱顶是山坡的顶端。而明皇陵想要做得更大更好。事实上，在这个王朝被推翻之前，明朝皇帝的陵墓无疑是人类亲手布置的最大、最华丽的皇家墓地之一。这些陵墓没有像埃及金字塔那样用巨大的石块垒成，但它设计得更巧妙，样式也非常壮观。

如编年史上记载，一个常用的方法就是首先建一条"通往墓葬的神路"，这神路要为所有在山谷中的坟墓服务。[①] 坟墓的选址不是按时间顺序排列，而是每个皇帝都找适合他的星座的地点。神路是从一个宏伟的五拱大理石牌楼（始建于公元1541年）开始的，这应是中国最好的牌楼，透过牌楼的大门，我们可以看到整个林荫道的全景，林荫道两侧是棕色的山丘。

如果我们回到明朝，我们应该像随行葬礼或祭祀的侍从一样，被迫在大红门（中国所有帝王的一个特征）下马。如果我们可以选择，那我们可能会不理会这种规定，直接乘着马去叫"碑亭"的地方。这里有一块石碑，是一只赑屃驮着一块大石碑，这也是现存的北方最大的石碑。这是明仁宗为了纪念他父亲而修建的（公元1425年）。石碑的背面刻着清朝乾隆皇帝为纪念明朝皇帝写的"三十韵"。这个石碑被四个雕刻着祥云的华表保卫着。我们从这里就进入了"凯旋路"，这路大约

---

① 在明朝时，这条"精神之路"比现在更雄伟壮观，而且两旁都种着庄严的常青树。石碑屋矗立在公园的中间。但是，尽管第一位满族皇帝下令保护十三陵，周围的农人还是会偷偷地砍伐陵墓周围的树木以换取燃料和木材。

有三分之二英里长，整条路由长石铺就，路两旁摆放着人和各种动物的石像共 18 对（这是公元 1436 年建成的）。这里有望柱二尊，坐立狮二对，坐立獬豸二对，立卧骆驼二对，立卧麒麟二对，立卧马二对，持瓜盔甲将军二对，朝衣冠文臣像二对，朝衣冠勋臣像二对。

庄严的石头战士穿着灰色的严整套装，令人印象深刻。我们从这些武士严厉的面孔，能够想象出他们的勇猛。当然，他们的一切都是过时的，无用的。从他们奇形怪状的头盔到他们笨重的靴子，全都过时了，现代的士兵是不会这样穿着的，因为鞋子太大，阻碍前进速度，使得士兵无法迅速做出反应。就实用价值而言，他们已经过时了，因为战争不是重量的问题，而是敏捷的问题。但在他们那野蛮残酷的时代——暴君的时代——还是非常需要这些勇士的。看到他们站在那里，坚定地守护着他们的主人，这使我们想起了一句老话："白天是太阳在闪耀，夜晚是月亮在闪耀，而在战争中是战士在闪耀。"

"敬重他们神圣的主人，如他们活着的时候一样，时刻保持着忠诚。自己的一切都是为了主人，要毫无怨言的服从。这是他和家族的责任，不会因为个人的死亡而停止。"主人的灵魂必须继续被他们保护和尊崇，不能让它进入无人参与的阴影世界。至少有一些为他服务的人一定会跟随他而死。因此，在早期人类献祭的习俗是强制性的，后来改成了自愿。但最后被记录下来的是一位慈悲的皇帝的话："强迫甚至允许一个人为另一个人去死，这是一件非常痛苦的事情。虽然它是一个古老的习俗，但如果它不好，为什么还要继续这样做呢！"从这个时候，宫廷中有位大臣建议，用人和兽的石像把它们设立在坟墓门口，代替人（像古代的人俑一样）为死去的灵魂守陵，这个建议得到了皇帝的认可。

过了最后两个石雕，这条路还得穿过三重"龙凤门"。从这里，我们可以分辨出山上圆形的土丘里 13 座坟墓中的大部分，永乐皇帝在长陵中，这长陵显得比其他陵墓都更加突出。

从龙凤门进去，顺着这条路穿过几座破损的桥，桥下的河在雨季时会有山洪暴发，但旱季的时候，水流很少。过了这几座桥我们就得爬坡了。永乐皇帝真会选择地方，我想他的灵魂一定是在这理想的吉祥宝地中安息了。

永乐皇帝的陵墓入口处有三个门廊，门廊里面是一处有着参天大树的庭院。打开第二个三重门进入第二个庭院，这里有纪念碑和瓷砖炉。

印象中这座陵墓的顶端是祭祀大殿，明朝皇帝在这里祭祀祖先的仪式就是为了纪念永乐。不仅他的子孙在这里祭祀过他，连清朝的顺治和康熙皇帝也曾在这里祭祀过他。

这座大殿非常宏伟，应该是中国最大的建筑之一，这里充满了宁静和庄严。这座巨大建筑的比例是非常值得研究的。三级大理石台阶通向它所处的露台，三大门户与折叠门打开一个巨大的室内窗饰——有 70 码长，30 码深——比威斯敏斯特教堂的十字形翼还要长，长和宽大约是科隆大教堂的一半。40 根金丝楠木柱子，① 每一根的直径都超过一码，高 60 英尺。这些柱子支撑着整个屋顶，在屋顶较低处有离地面约 35 英尺的天花板。这座空荡荡的庙宇非常壮观，除了一张简单的木质祭

---

① 楠木是月桂属的一种，这种树是中国一种非常珍贵的树木，它是中国树木中最高和最直的树。这种树的纹理随着岁月的增长而越来越细密，而且木材逐渐获得一种黄色金丝状的外部纹饰，同时保持其芳香性质，所以被用来装饰永乐皇帝的陵墓。这种树木可以好几百年都能保持自身模糊的香气。——布舍尔

品桌和精神碑的展台，什么也没有。柱子上都涂着朱红和金色的漆，而且在过去500年后，柱子还在支撑着沉重的屋顶，朱红和金色的漆也依然鲜艳如新。天花板被分成几个凹板，每个板上都是龙的浮雕，用红漆上色，栩栩如生。

陵墓本身不在这里，它坐落在庙宇的上方。我们穿过后面的一个庭院（这座庭院和前面一样，也种植了乔木和大叶橡树），到了优雅的"灵魂塔"，里面放着永乐死后刻的石碑。在那里，一条40码长的拱形通道通向塔楼，门被砖石堵上了。一条灰色的石阶爬在黑暗的树木中间，一直爬到墓穴的露台上，俯瞰着这座土墩。人们通常称这为"珠宝城"或"珍贵文物之城"，方圆半英里的假山上种满了青色的松树。下面是巨大的圆顶墓室，里面放着永乐的棺材，棺材色彩斑斓，而且全身都刻着佛经。这座宏伟而精致的陵墓建筑，消耗了当时很多金钱和劳动力（记住，这是中国皇陵的一个最好标本）。天花板和地板两边都铺上了石块，这样可以很好地配合在一起，一滴湿气也不会进去。"在门的里面"，伯恩说（《皇家地理学会议事录》卷5），"石头地板上有一个圆孔，当门关上时，有一个大的石头球跟着它转，然后掉进洞里。这样石头球就被卡在了门旁，且有很大一部分露出来顶住了大门。门便无法再打开了，除非施加足够的力把门粉碎。当这扇门关上时，已故的皇帝应该永远安息了。"①

虽然结束了对永乐皇帝著名陵墓的考察，但我们神经依然兴奋活跃。我们无法想象一个比这个更高贵或更合适的坟墓，不得不说永乐是北京所有伟大和令人印象深刻的事物的创始

---

① 有关帝国陵墓的详细描述，请参阅德·格鲁特的《中国宗教体系》。

人。在中国，在北京，他的时代创造了如此多举世闻名的建筑。他建造了雄伟的长城，建造了宏伟的皇宫，还有庄严的天坛，还有他躺在这里的陵墓。看着他的坟墓，我们认为他甚至在一定程度上战胜了死亡，因为"他创造了美，而美却是永恒的"。

令我们沉醉的美梦不幸被旁边卖苏打水和柠檬水的小贩叫卖声打破了。他在外门的遮蔽处摆了一个小摊，卖一些饮料和香烟。这突然让我想起了欧洲某些地方的自助餐，还有我们熟悉的矿泉水广告；同时也想起了我们曾经入住的巴黎酒店和在美国轮船上拍的照片。坦白地说，它们还是有一点相似的。尽管如此，我们还是买了柠檬水，因为我们觉得很热，也很同情那些贫穷的苦力。因为作为守陵人，他的津贴不再由皇室支付，只能靠这样来维持生活。当他主动提出卖给我们一块屋顶上的黄色琉璃瓦时，我们拒绝购买，这使他大为吃惊。因为我们更喜欢在太阳照耀下，金光闪闪的屋顶，而不是现在这样被杂草覆盖的屋顶。如果屋顶的琉璃瓦可以出售的话，那么用长竹竿就可以将它们一一挑下来。不，不能这样。如果这些迷人的古建筑一定要倒下，就让它们安静地倒下吧，尽管我们对它们的遭遇感到非常可惜，但是也无能为力。

十三陵的其他墓葬，要比永乐皇帝的长陵差很多。除了它们的环境美丽外，几乎不值得去参观。

这些陵墓是：

明献陵，是洪熙皇帝（明仁宗）的陵墓，在他做了十个月的皇帝之后，于 1426 年被葬在了这里。

明景陵，是明宣德皇帝（宣宗）的陵墓，宣德皇帝做了十年皇帝后，于 1435 年被葬在这里，他是一个平和、温和的君主，宣德时期的青铜器，闻名于世。

明裕陵，是明正统皇帝（英宗）的陵墓，于 1465 年被葬于此。明英宗听从了宫内太监的话亲征蒙古，最后被蒙古俘虏。而后，他的皇位被他的弟弟继承。后来，他被蒙古人放了回来，又通过政变重新获得了皇位。

明茂陵，是明成化皇帝（宪宗）的陵墓，他于 1488 年葬在这里，这时候也是明朝的全盛时期。他是人民的恩人，但他所做的还不足以阻止皇宫太监们日益增长的势力。

明泰陵，是明弘治皇帝（孝宗）的陵墓，他于 1506 年葬于此。他是一位善良的君主，治国的能力也一般。

明康陵，是明正德皇帝（武宗）的陵墓，他于 1522 年葬于此。他作为一个放荡的人而被铭记。他忽视了国家事务，但又有着才华横溢的个性，一个著名的语言学家，一个旅行者，也是一位猎手。

明永陵，是明嘉靖皇帝（世宗）的陵墓，他于 1567 年葬于此。他是一个偏执的道教徒，曾下令破坏佛教寺庙。而且在他统治期间，常有蒙古和日本的军队骚扰边境。

明昭陵，是明隆庆皇帝（穆宗）的陵墓，一个早丧的非常有前途的君主，他于 1573 年葬于此。

明定陵，是明万历皇帝（神宗）的陵墓，他于 1620 年葬于此。这位和蔼的人做了许多年的皇帝，在他在位期间，明朝跟日本的丰臣秀吉有过多次海战，并取得了最终的胜利。而此时，欧洲也发生了转折性的变化，满洲也慢慢兴起。外国人主要怀念他那个时代制作的著名瓷器，历史学家却注意到他死后王朝的衰落。

明庆陵，是明泰昌皇帝（光宗）的陵墓，他在位（1620

年）一个月就去世了，很可能是中毒而死的。

明德陵，是明天启皇帝（熹宗）的陵墓，他于1628年葬于此。他被称为"熹宗"。他不理朝政，而且非常钟爱木工，是一位手艺非凡的业余木匠。他当政的时候，出现了一位炙手可热、闻名于世的大太监"魏忠贤"，魏忠贤通过勾结熹宗的养母，独揽朝政。熹宗对他俩盲目信任，从而也导致大明朝每况愈下。他去世的时候，陪葬品是他日常最喜欢的锯和斧子。康熙皇帝也认为明朝的失利，这位明熹宗应负最大的责任，正是因为他的荒诞不经，才使得明朝日益衰落。所以康熙皇帝把他的牌位从帝王庙中给移除了。

明思陵，这里是由清朝的顺治皇帝建造的，但这里安葬的是崇祯（思宗，庙号怀宗）皇帝，最后于1659年葬于此。他倾尽一切心力去重振自己的国家和政府，但是，尽管他殚精竭虑，一心为国，但大明王朝已经积重难返，无力回天了，只能在绝望中做最后一搏。最后，他因为叛军攻克了北京城而选择自缢于煤山，明朝就此灭亡，但这却对满族统一中国非常有利。

当叛军的首领李自成攻进北京后，他用两扇门载着皇帝的尸体和崇祯帝忠诚的太监王承恩的尸体，带到了东华门内。并下令："在此，遗体放置三日，给皇帝换上龙袍，打理干净，并允许人们悼念崇祯帝……"

在四月的第三天，崇祯皇帝和皇后才被临时安葬在田贵妃墓中，但是只有太监和农民参与了安葬过程。后来，当李自成被打败，满族人进驻北京之后，他们的摄政王睿亲王多尔衮，命令建造一座皇陵并规定为崇祯帝哀悼三日。但是现在，明朝最后一位皇帝也应该平静地安息了。

明朝的政权被叛军李自成给了满族的摄政王多尔衮。而这个丧葬仪式的说明，也是非常有趣的，其文大意如下：①

"在北京被占领七天之后，我接到命令，将已故明朝最后一位皇帝葬在他一位已故的妃子（田贵妃）墓中。这项命令需要我雇佣劳工，他们的工资由政府资金支付。劳工需要将田贵妃坟墓打开，还要做其他一些杂务。因此，我雇用了 30 名劳工抬皇帝的棺材，16 名劳工抬皇后的棺材。安排他们运到昌平。掌管财务的部门几乎没有什么收入，李自成的总理大臣拒绝提供已经承诺的资金，我不得已从好心人那里募捐了些银两。由于两个人的慷慨，我们获得了 340 吊钱（相当于当时的 6 英镑）。于是，我们开始干活，打开那条 135 英尺长的坟墓隧道。我们辛苦地工作了三天三夜，才来到通往前厅的石门。在里面，我们发现了一个高耸的大厅，里面有许多祭祀器皿和装饰。在中心有一个石器，上面放着巨大的海象蜡烛（长明灯）。接下来我们打开了中央隧道的门，我们发现了一个更大的殿，大殿中央有一石阶，石阶上放着一个五英寸高、十英尺宽的棺材，这是田贵妃的棺材，上面盖着丝绸帷幔。"

"第二天，崇祯皇帝和皇后的两具棺材通过隧道进入墓室。我们献祭了一只公牛还有纸钱、五谷和水果。在在场的少数官员带领下，我向我们死去的君主表示敬意，跪拜。然后我们把棺材放在石头台阶上，崇祯皇帝在中间，皇后在左边，田夫人在右边。田贵妃是在崇祯帝在位时去世的，所以她的棺材装饰得非常精美。由于现在我们没有太多的经费给崇祯皇帝和皇后置办，所以一切就从简了。我们不得已将田贵妃棺材中的一些

---

① 参见贝克豪斯和布兰德的《北京朝代编年史》。

装饰卸了下来，装在了皇帝的棺材上。当这一切都做完后，我们又重新将隧道填上，把这里按原样封好。到了早晨我们就在陵墓前洒酒祭奠，我在附近农民们的坟墓外竖立了一个土墩，然后在陵墓围墙外5英尺高的地方建造了一座黏土墙。"①

自从崇祯帝身亡被葬明思陵之后，没有任何一个墓志铭比博尔杰独特的评价更恰当的了：

"当他们赶走了蒙古人，明朝似乎已经安定下来，并成为一个普通却强大的统治集团……中国人默许了他们的统治，甚至表现出对他们的特别关心和喜爱。"但除了永乐皇帝之外，"洪武皇帝的继任者们就没什么更有建树的帝王了。"在这些帝王中，我们可以说他们的坟墓要比他们本人的生活高贵得多。

---

① 在这座临时墓穴的大门外，追随皇帝而死的忠实太监王承恩被埋葬在思陵的近旁。

第十七章

清西陵和清东陵

除了明十三陵外，首都附近还有两个皇家墓地，它们在环境的优雅和建筑的奢华方面毫不逊色于十三陵，这就是清西陵和清东陵。这里埋葬了除清兵入关前的两位皇帝外的全部帝王。东陵和西陵都比明十三陵难接近，外国人就更少知道了。但是，西陵对于我们来说是一次不长也不是很困难的旅行。

　　第一阶段，到了高碑店后，可以乘坐京汉列车过去。在良乡县，我们往车窗外看去，被屹立于红土地上的白塔和大宝塔深深吸引。这座宝塔可追溯到宋朝，它还有着一个古色古香的传说。当宋朝的第一位皇帝定都开封府后，发现了他们首要危险的对手，也是后来的得力干将：杨继业。"汉王"（山西节度使），他是六个勇敢儿子的父亲，他的妻子也是一位女将军，曾在丈夫殉国后，多次指挥丈夫的军队。这一时期大约在公元1000年，这时辽国的首都北京也住着一位勇敢的女皇帝，萧太后。我们对她记忆深刻，因为之前就听传说，她是在百望山修建庙宇以纪念自己战死的六个儿子的母亲。现在她面对的敌人是老对手，杨继业。在他们的征战中，杨继业也失去了六个儿子。最后萧太后在悲伤之中恢复了过来,而这位老战士却战败了,绝食而死。也许是同情的共鸣,也许是一位母亲对一位父亲悲伤的怜悯——强烈的人类情感战胜了敌意——她厚葬了这位敌人,表达了自己对他的敬意,并在这里建了大宝塔以示纪念。然而,杨继业的儿子却不感激萧太后,因为自己父亲的尸体还在敌人手里。他在一位勇敢将军的帮助下入伍——这位将军是一位有着神奇力量的人,他能从一个魔瓶中取出火来。当他们用武力打败萧太后时,烧了宝塔所在的山丘,并以超自然的方式进入了杨继业的墓葬。他们将杨继业的棺材带到了开封府安葬,而这座塔所在的土地,从此以后就变成了大火烧成的红色了。不用说,这个孝顺的故事对中国人很有吸引力。

距北京 40 英里处,在涿州附近,我们来到了一个有巨大石碑的村庄。上面的铭文告诉我们,这里是三国蜀汉(公元 221 年)创始人刘备的故乡。再往前一点,立着另一座石碑,这是用来纪念刘备的异姓兄弟张飞的。他们的故事都写在中国人的《伊利亚特》(《三国演义》)中。在这本书中,记录了许多英雄和他们的冒险故事。他们俩还有一个要好的兄弟,那就是被称为战神的关羽,他与刘备、张飞通过著名的"桃园结义"成了异姓兄弟。

高碑店是公元前 3 世纪战国时期燕国和周的边界,边界以两条路相连,这是按照皇太后的意愿建造的,供君主祭拜祖先的陵墓时使用。这条铁路一直通到梁各庄,此处距西陵有不到一个小时的路程。

西陵的遗址是由雍正皇帝派怡亲王带人选择的陵墓地址。他们选择的地址非常好。有什么能比周围起伏的山麓更可爱的呢,在隐蔽幽静的山谷中,建造一个完整的圆形陵墓群,好像嵌在山谷中一样，非常协调。除此之外，这里没有什么有趣的地方，也没有令人印象深刻的传说。这似乎是极佳的私人领域，事实也是如此，这里是清朝皇家的私人属地。满山的松树郁郁葱葱，陵墓中的道路也保持得非常好，因此这里是骑马或散步的理想之地。在一片空地上还有一个巨大的拱门，在阳光的照耀下，显得分外宏伟。巨大的杉木像两排柱子一样，沿着一条蜿蜒的小河延伸，小河上还有一座大理石桥，上面挂着黄色的小百合花。一只蜻蜓轻轻拂过水面，它的样子好像是风扇的设计样本一般。

我们爬上一道不高的山岭去看古墓群的景色。然后，徒步走到陵墓的大门前，绿色的森林像一股永不间断的巨浪一样层层浮动。蓝天万里无云，而"通过苍天才能真正理解神"理念，使得我们似乎感到神就在我们周围。

清皇陵原本计划按明皇陵的样式设计，这些满族墓穴的不同之处在于，每一个都有自己的动物通道，有自己的"龙凤门"和碑刻，但规模都比永乐皇帝的要小。这个是一定的，因为这里面积虽大，足有方圆20英里，但是陵墓很多，各个陵墓又几乎一般大且相互独立。因此，每一个都不及永乐皇帝的陵墓规模大。陵墓之间由墙相连，整座西陵只有一个主大门即"大红门"，它位于漂亮的大理石牌楼侧面。

毫无疑问，雍正的意图是，他所有继任者的陵墓都应该在这里靠近他的陵墓。但是，当他的儿子乾隆皇帝，来到西陵时，更喜欢东陵。他认为如果被安葬在他父亲旁边，那么他的继任者就都会安葬在西陵。那么顺治皇帝和康熙皇帝的陵墓就会孤零零的在东陵了。因此他下旨，继任的皇帝要交错的将陵墓安葬在东陵和西陵。他葬在东陵，他的直系继承人用的是西陵，依次类推。但这样的规矩，却没有得到道光皇帝的遵守，他的陵墓不是在西陵，而是在东陵。因为即使在死的时候，他也不能忍受与父亲分离。

在西陵的帝王陵墓有：

清泰陵，是清世宗雍正皇帝的陵墓，他于1737年安葬于此。这个君主是康熙皇帝在许多儿子中选出来的继承人，享年45岁。虽然在智力或性格方面与他显赫的父亲或他更显赫的儿子无法相提并论，但历史记载他是一位严厉、坚定和值得信赖的君主，无愧于他的皇位，也无愧于他的家族。总之，他是一位非常有作为的帝王。[1]

清昌陵，是清仁宗嘉庆皇帝的陵墓，他于1821年葬于此。他是在满族的荣耀达到顶峰，清朝统治开始走向日益衰弱的时候登基。在他登基后，需要一个强大的队伍来发现，并尽快清除潜在的危机。但是嘉庆既没有完成这个使命，也没有实现他父亲对他的期望——期望他再续大清的辉煌。他统治的时期是一个长期的叛乱时期，境内的起义和秘密组织日益兴起。他那个时代所留下的一切壮丽，都是由于乾隆的伟大成就所致。乾隆给人留下了深刻的印象，甚至在欧洲人看来，中国在他去世近20年后还是一个强大的帝国。然而，说中国皇帝要称霸世界，是非常荒谬的，因为他不可能穿越他的领地去掠夺长城之外的其他国家。嘉庆驾崩时61岁，他是中国版的路易十五。死后留下的是大清国力的减弱，人民的不满。他的前辈为他铺平了道路，他的困境是由于自己的冷漠引起的，他还有严重的身体痉挛，并且还纵欲过度。博尔杰恰如其分地概括了他的性

---

① 参见博尔杰的《中国简史》。

格和统治，他说："25 年来，他对国家的危害不亚于他父亲在
60 年的辉煌统治中赋予国家的优势。"

清慕陵，是清宣宗道光皇帝的陵墓，他于 1852 年葬于此。
尽管他比他的父亲更有大略和决心，励精图治，但是他父亲留
下了一个低效混乱的政府。在嘉庆死后，虽说仍有一个表面的
繁荣，但各种社会矛盾已经凸显。年轻的道光皇帝，曾经历过
祖父统治下的繁荣时期，但是后来国家遭受了一系列的内忧外
患。他本应该卧薪尝胆，但是最终没有勇气去面对这些事情。
值得称赞的是，他意识到了国家的衰败程度，他非常节俭，总
是避免不必要的开支，从不浪费，也不纵情享乐，一辈子都较
为简朴且有男子气概。他死的时候 70 岁，身体不适，精神上也
饱受折磨。然而，他仍然相信，在最严重的危机中他承担了责
任，并且希望在下一个统治时期，他的继任者能够重振国威。

清崇陵，是清德宗光绪皇帝的陵墓，他于 1909 年葬于此。
他是道光的孙子，在三岁的时候就坐上了王位。他也是历史上
最可怜、最无助、最和蔼的人物之一。他是一个傀儡君主，被
他的姑姑慈禧太后软禁了一辈子，在满族帝国存在的最后 50
年里，他一直致力于保持满族帝国的团结。

在这些陵墓中，最好的是清泰陵。像在冷杉树林中有一个
红色、橙色和黄色交错的，置于神龛中的梦。它矗立在一片轮
廓分明的山上，山低矮但有气势。太阳照在突出的岩石上，岩
石如同白银一般反射着缕缕阳光。而山上的树木像美丽的鸟的
羽毛，把它遮住，将阳光变成柔和的蓝色色调。从山上望泰
陵，一眼就能看到一座宏伟的寺庙，其样式远远望去好像一只
色彩绚丽的野鸡一般。在陵墓门口和寺庙之间是大理石桥和笔
直的石头铺就的道路，这条道路一直通向最神圣的墓葬。先是

到大红门，整个大门都用红漆漆成大红色，然后是黄铜做成的镀金的门钉，整个大门显得庄严肃穆，轮廓素朴端庄。整座陵园由红墙包围着，红墙外全都是白杨树。[①] 这就是保存在我们记忆中的清泰陵。

　　飨殿（隆恩殿）前有一个鹤与鹿形的青铜香炉，这香炉色彩艳丽，精致非常。这座庙里面有什么呢？彬彬有礼的看门人爬上梯子，用一个古怪的钥匙去开门上面的锁，然后他打开了门。我们走进了一个房间，这里与永乐的大殿相比显得微不足道，但里面的装饰却别出心裁。镀金的柱子支撑着高高的天花板，在一幅黄色的绣花窗帘背景下，有三座挂满了黄色锦缎的宝座，中间的龙椅上放着皇帝的牌位。另一个三重门直接通向墓穴，在三重门和墓穴之间是栽满松柏的庭院，墓穴的入口是一座塔。"明楼"和墓穴都是仿照永乐皇帝的陵墓建造的，只是小了点，但是关闭墓穴的是石雕而不是石头。在几乎所有的方面，这些清朝皇陵确实和中国明朝皇帝的陵墓相似。这里有和明陵同样的用砖砌成燃烧祭品的炉子，内部的院子里也有同样庄严的树木，同样的石器制品，而且它们都在离树林很远的地方。但在明陵，一切如同废墟，这里的一切却都是辉煌的，仿佛是昨天建造的。在泰陵后面不远是泰东陵，这座陵墓安葬的是雍正的皇后孝圣皇后（钮祜禄氏），他也是乾隆的母亲。除了祭祀大殿的雕刻和刺绣不是龙而是凤凰外，其他的都和她丈夫的墓一样。

　　距离泰陵不远，是嘉庆皇帝的昌陵，还有其皇后的坟墓（昌西陵），这位皇后是道光皇帝的母亲。昌陵和泰陵非常相

---

　　① 参见莱特女士的《我的北京花园》。

似，只是规模略小些。这里只有一个迹象，那就是时代正在衰落，就像生命接近死亡一样。嘉庆既没有享受先辈的辉煌，也没有享受先辈们的盛气凌人。

在中央的牌楼已经没有了，没有了牌楼，便没有了皇家的那种雍容气派了。中间的神道是一条两旁摆放石兽的林荫道。这些神兽也非常古怪稀奇，雕刻狮子的人显然从未见过活生生的真实狮子；他用描述的手法，用傲慢的微笑，对野兽之王作了一幅漫画。朝房还是像其他皇陵中的一样，是用四根雕龙的大石柱支撑着。"龙凤门"上漂亮的琉璃瓦将皇家的威严在树林中也彰显了出来。屋顶上亮丽的琉璃瓦使得周围森林更加宁静。

清西陵中，只有慕陵同其他的陵墓不同。它位于南边的一个小山谷里。这座陵墓和我们想象的不一样，因为它没有模仿明皇陵，而是独具一格。说实话，这陵墓也没有太多的创新之处。我们都知道，葬在这里的道光皇帝非常节俭。他在建坟墓的时候也很节俭，为了省钱，取消了神道两旁的石刻雕像，并拒绝建造昂贵的坟墓，而且也拒绝建造高混凝土覆盖的土墩。[①]然而，像很多细心人发现的那样，他对祭堂却非常用心，建造的华丽非凡，特别奢侈。这个地下宫殿也被描述为"名利之宫"，大殿全用金丝楠木，其简单的抛光比辉煌的绘画更有效，打开殿门，楠木香气扑鼻而来。

有一个经常被游客们忽略的有趣旅行，不过这样的旅行要耗费一整天的时间。这就是从坟墓所在的山脚出发，去游览泰陵和昌陵。这里有三座古老的佛塔，寺庙的残余部分比墓葬更

---

① 这是皇室非统治成员陵墓的常见形式。

古老。如果我们能通过艰难的攀登，到达山腰处，那么大自然一定会以壮丽的景色报答我们。但是山谷里的农民劝我们不要尝试攀登，因为暴风雨就要来了。但是我们还是谢绝了劝告，坚定地去了。我们刚到达山顶，暴风雨就爆发了。在一个多小时的时间里，我们都处在暴风雨的侵袭之中，到处都是轰隆隆的雷鸣声。过了不久，大雨突然停了。当我们准备下山的时候，我们看到了淡淡的、朦胧的雾气，笼罩着大山和森林，远远望去，犹如仙境。我们从山腰上往平原看去，整个大地雾气蒸腾，以至于土地低洼存水的地方，看上去好像石头上的青苔一般。

　　沿着山谷，成群结队的绿色小青蛙沿着小径在我们前面跳来跳去，当它们回到小溪里时，发出一阵阵欢快的蛙鸣。岩石仍然湿漉漉的，闪闪发光。大雨滴颤抖地滴在茅草屋的屋檐上，庄稼好像很累似的倒伏在大地上。在清西陵较远点地方，有一处环形的"风水"墙。虽然从理论上讲，他们被禁止在这块神圣的土地上耕作，但是人们还是不受干扰地在这里耕种着他小块的土地。

　　但当我们再次进入森林时，阳光灿烂，每一片落叶好像都变成了明珠一般。到处都是深褐色，湿漉漉的树木，辛勤的啄木鸟也开始了它一天的工作。金莺在到处寻找食物，鸽子在屋檐上咕咕地叫着。在这里，很少有人去参观皇帝妃子或王爷、公主的墓地，主要是因为他们都在僻静的角落里，且无法与帝王和王后的坟墓相比。但就是因为这里几乎无人问津，才成了动物的天堂，燕子们成群的在这里做窝，大胆的栖息在这幽静的古老建筑之中。它们似乎对我们的到来并未感到不安，仅仅把我们看作是过客而已。事实上，这里的所有动物都没有把我们当回事。

清崇陵，是光绪皇帝的陵墓，这座陵墓实际上是在围栏外面，在返回车站的路上，可能会很方便地看到。这里高大整洁的石碑从远处看跟陵墓的其他建筑组成了一个令人印象深刻的整体布局。但这里整体的建筑较之其他陵墓还是比较简陋。大理石的质量也较为低劣，几处大殿的建造也较为粗糙。也许这是因为这座陵墓是在民国时期建造完成的。尽管这座陵墓确实是政府提供了300万两银子的拨款来完成的，但还是不能让人对这位皇帝的陵墓产生太大的兴趣。隆裕皇后的陵墓就在这座陵墓的旁边。① 这是相当悲惨的，因为她和光绪皇帝在活着的时候互相憎恨，并尽可能地分开居住。但他真心爱的女人——珍妃，却被慈禧太后推到了井里淹死，之后葬在了对面山下一个不起眼的陵墓中。

已经退位的宣统皇帝，尽管他登基的时候还是孩子，但在清西陵的东边已经给他选好了陵墓的地址。距离光绪皇帝的陵墓只有几英里的路程。这种习俗非常古老，在中国人中是很普遍的，他们认为在现实的生活中拥有自己的坟墓是非常庄严的。当它的使用者在有生之年建造时，它有一个特殊的名字"长寿区"。

清东陵要比西陵好许多，面积比西陵更大，森林的树木也更多，而且紧靠长城，并将长城作为北部边界的屏障，山上

---

① 他们认为皇帝已经埋葬过，不能再被打扰，因此他的遗孀必须有一个自己特别的墓室，但这也给宫廷带来了沉重的负担，因为建造墓室是一笔巨大的开支。由于中国人特别不愿上级（男人）在休息时受到下级（妇女）的打扰，因此，按照严格的礼节规定，皇后是否应该躺在配偶身边的问题，一般取决于她是死在他之前还是之后。如果她在他埋葬前死去，她的棺材可能会被放在某个临时的安息处，直到他的坟墓被封起来。但如果她死得晚了，她通常会得到一座属于自己的特殊坟墓。

"如同一位站立的巨人，瞭望着这神奇的土地"。

不幸的是，清东陵距离北京有 90 英里。如果用中国原始的交通工具，需要几天的艰苦旅行才能来到这里，所以，北京人很少来这里游览。[①]

清东陵有五位清朝皇帝的陵墓，这包括清朝最著名的皇帝。

孝陵，是清世祖顺治皇帝的陵墓，他于 1663 年葬于此。人们给予他同忽必烈可汗同样的尊重。他在他著名的叔叔多尔衮的全力支持下，于 14 岁时登基称帝并统一了全中国。新政权形成之后，也编纂了一部法律，巩固了中央政权同西藏之间的联系。他有强烈而虔诚的宗教信仰和宗教情感，以至于传说他退位后，在一座寺庙里隐居终生。约翰斯顿在他的《浪漫帝王》一书中，对他评价道："除了君临天下的荣耀和权势使他感到些许安慰外，身为皇帝的他却对这种烦琐的生活感到厌倦和疲惫，他似乎天生就是一个自私自利的学生，也许生来就是宗教的隐士。"但是，那是传说，现在没有确凿的证据表明他真的放弃帝王的位置隐居寺庙。在满族伟大的创建者中，他的真诚是值得称赞的。他的温和、智慧和远见，对被征服的人民的宽容和仁爱，从而为康熙创建大清盛世铺平了道路。

清景陵是清圣祖康熙皇帝的安息之地，他于 1723 年葬于此。他是顺治的第三子，也是一位各方面都非常有建树的皇帝。在十几岁的时候，他就平定了一场可怕的叛乱。在他统治的大部分时间里，都致力于对蒙古和中亚地区的安抚和平定。

① 为了得到一张好的东陵地区地图，准确地描述，可以参见迪布勒伊上尉的《东陵游览图》。

然而，他依然能有时间去管理国家各种事物，去建立和鼓励文学、艺术等各种文化样态的发展。他的作为赢得了被他请进宫廷的耶稣会教士的钦佩，而且还赢得了与他同时代的沙俄伟大君主彼得大帝的友谊。博尔杰给予这位历史人物很高的评价。他说："康熙在他统治中国的时期，功勋卓著。他和中国历史上两个最伟大的帝王几乎不相上下——唐太宗和他的孙子乾隆皇帝。他具有最好的君主应该具有的各种品质，勇敢、宽容、智慧、积极、警觉而远见，虽然他的权力和财富都是巨大的，但他丝毫没有亚洲宫廷的浮夸和懒洋洋的毛病。"法国的玛利亚也这么描述他。在文学造诣中，他的书法和散文造诣颇高，而且还出版过一本诗集。此外他还通晓拉丁语，蒙语和藏语。然而，这个伟大而善良的人的生命却因家庭纠纷而结束了。不过，他以至高无上的尊严和勇气在辉煌和悲伤的顶峰上死去。

裕陵是清高宗乾隆皇帝的陵墓，他于1799年葬于此，他是雍正皇帝的第四子，被称为"中国最伟大的皇帝"。当我们站在他的墓旁时，我们脑海中闪现出他统治中国的整个辉煌时期，想起当时历史中的各种大事。卓越的战功，无与伦比的文学造诣。这一时期的艺术和政治成就，是同时期世界上任何其他国家都没有（也未曾有过）的繁荣时代。这位君主如何建立了至高无上的地位，如何促进中国各种民族融合，如何利用自己的资源将领地从暹罗扩展到西伯利亚，从尼泊尔扩展到韩国。康熙皇帝收复了许多中国领土，而乾隆则将剩余的全部收复，并有所扩大。乾隆皇帝在他所做的一切上都取得了完全的成功。从军事的角度来看，他已经完成了自己的最高目标。但是他的梦想不仅仅是要成为一位将军，一位武士，而是要成为一位中国最理想的帝王。他通过勤恳务实地关注国家政务实现了这一愿望。然而，随着他的去世，中国的活力开始衰退。盲目的愚蠢，这一宏伟遗产被弄得一塌糊涂，这也许是世界上最悲惨的悲剧之一吧！

清定陵是道光帝第四个儿子清文宗咸丰皇帝的陵墓，他于1865年葬于此，有人认为他是一位放肆、固执、狭隘的继承人。尽管在他登基之初，就拥有实际的皇权，并且公布法令来治理国家，维护民生，挽救国家危机。但最后还是没能扭转大清王朝日益衰败的局面。灾难性的太平天国叛乱和第二次鸦片战争很快证明了这种紧张局势的严重性。他在30岁时在热河行宫去世，将皇位让予了自己的独子。

清惠陵是清穆宗同治皇帝的陵墓，他于1879年葬于此。在他当政的几年时间中，清朝实施的一些改革都是在曾国藩、左宗棠、李鸿章等几位官员和两位皇后的合作下进行的。当他17岁接管实权时，大家都对他寄予厚望，认为他一定会是位有作为的人。但是，在他当政两年后，却死于天花。而且等着和他妻子一起埋葬，他的妻子被认为是和珍妃一样的牺牲者。这位年轻美貌的牺牲者也是死于慈禧太后的谋害之下。

除了这些皇帝的陵墓外，东陵还有几十位皇后和妃子的陵墓。尽管西方流行的观念认为女性在中国没有权利，但是这些后宫的女人有时会为中国的发展做出很大贡献的。她们为康熙和乾隆这样的皇帝生下了许多皇子和公主，而且她们也见证了清朝的伟大与强盛。在森林里，人们总是会碰到这样的坟墓，所有这些都是非常相似的，以至于对每一个坟墓的详细描述都是多余的。然而，每一个人，如果我们有耐心去寻找它，了解它背后的故事，就会对清朝的政权有更深入的了解。

在皇室陵墓的园林之外，我们注意到两座坟墓。一个是康熙老师的陵墓，这位老师受到了皇帝如此大的尊敬和爱戴，以至于将他的陵墓设在自己陵墓不远之地。在这个故事中，有一件非常感人的事，那就是，这位可敬的人对这位君王有着深远的影响，皇帝年轻发泄怒气时，这位老师可以用一句话就能平息，并能以微笑来赞同和鼓励皇帝的言行举止。因为在旧秩序中他代表了所有的勇敢、真实、高贵的东西，这也是师生之间独特的东方关系的一个例子。在这两个人的一生中，他们都是师生关系，即使皇帝的帝位要远远高于他的老师。

在园林之外的第二个坟墓是刚正不阿的吴可读的陵墓。他认为让光绪继承同治皇帝的帝位是不合法的，于是就用"尸谏"的方式来向慈禧太后请愿。

令人奇怪的是，清朝皇室之间关于帝王的陵墓经常会发生不体面的争吵，长期被压抑的不满和激情经常在这里得到发泄，有时争吵非常激烈。[①] 有一个典型的事件就是发生在1909年埋葬慈禧太后的时候。当时同治皇帝和光绪皇帝的妃子都还健在，她们同新皇后隆裕皇后发生过一次大的争吵。这两个妃子拒绝回到皇城，她们想一直待在皇陵中，直到一个帝国派一个王爷去请她们回去才可以，这在西方的东正教中造成了不小的丑闻。

即使在清东陵修建一座皇帝陵墓，一般也都会因为经费问题引发不满和争吵。这无疑是一项巨大的事业。例如，劳动力的征集、大理石的运输途径、石骆驼和大象等各种动物的雕刻，还有木材的运输和大殿的建设等，都会耗费巨大的人力物力。伦尼，英国使节的外科医生，在他的《北京和北京人》

---

① 参见布兰德和贝克豪斯的《中国皇太后》。

一书中描述了一个有趣的故事，讲述了一块巨大的石头是如何被搬运到适当位置并被凿成动物形状的。"1862年，我听说有一块重达60吨的大理石，被装在由600匹马和骡子牵引的六轮卡车上经过北京。这块大理石来自距离首都约100英里的采石场之一，现在正在前往东部皇家墓穴的途中，在皇陵中，要被雕刻成一只大象，作为已故咸丰皇帝陵墓的装饰之一。它的尺寸有15英尺长，12英尺厚，12英尺宽。马和骡子是被两个巨大的缆绳拴着从车的两边平行运行，缆绳的长度几乎有四分之一英里。街区上悬挂着皇家旗帜，卡车上坐着一位官员和一些侍从。后者中的一个人有一只锣，每次停下来，他就会在所有的人都准备好开始的时候敲响。其他人也会沿着这条线敲响锣，在发出信号后，马夫才开始驾驭马匹和骡子，马和骡子才能开始沉重的旅途。而这条线是由一个拿旗的人领导的，所有的命令都是用旗发出的信号给出。"

在对1865年埋葬咸丰帝时的描述中，作为一个典型的帝王安葬，这段描述令人非常感兴趣：

"今年秋天，在咸丰皇帝的皇陵中（这座坟墓的准备工作只进行了四年），与他同葬的是他的配偶萨克达皇后，她于1850年去世，在她丈夫登上王位前一个月就去世了，但是她的遗骸在一座乡村寺庙里等待了15年之久才得以下葬。……和往常一样，葬礼仪式和坟墓的准备工作都涉及大量的开支。仅皇帝的陵墓，名义上就花费了100万两白银，当然，这笔巨款已经被贪污了，被转移去造福其他的家庭和个人了。"

"年轻的皇帝和摄政的皇后都前往东陵参加这场典礼，而且一直在为已故陛下准备葬礼的恭亲王（他准备了五年）也出席了葬礼。"

"君主的遗体被安放在一口用漆涂成的皇家棺材里，而后，这棺材被放在巨大的圆顶坟墓里，在那里接受活人的哀悼。在牌位旁存放着准备摆放棺材的贵金属基座。在君王的棺材旁还摆放着真人大小的木头人和纸人，用来代替君王活着的时候伺候他的那些仆人和侍妾。长明灯放好后，在棺材摆放好就被点燃了，然后就是祈祷者致祈祷词。之后，就按一定的规矩布置好大量珍贵的装饰品：黄金和玉的权杖，珍珠项链都被放到了棺材里。当一切都按时完成时，房间的大门慢慢地放下。咸丰皇帝就在这永恒的夜晚中安息了，在不幸的生活之后，他永远安详地躺在空虚中。"

　　在清东陵举行的最后一次皇家葬礼是"女皇"慈禧太后的葬礼，这次葬礼更是令人印象深刻。在四天的时间里，她那巨大的灵车被数百名纤夫拉着经过专门为灵车修的路，到达清东陵被森林包围的小山前。这座陵墓是慈禧太后的亲信荣禄负责督察建造的。陵墓的花费有政府记录的款项就达 800 万两白银。① 慈禧在她辉煌而又残暴的统治之后，终于找到了安息之处。这座陵墓的各种设计都和她的丈夫咸丰皇帝的陵墓相同，但规模比她丈夫的陵墓要小。这座陵墓在咸丰帝陵墓后面，在咸丰皇帝陵墓的西面是慈安太后的陵墓。

　　很少有人拥有可以与中国皇陵相比较的坟墓，在这里，大自然的美丽提升了中国最好的优秀建筑标本，给游客留下了庄严而又不令人沮丧的印象，以此来缅怀伟大的死者。

----

　　① 这座陵墓已经建造了 30 多年。在她的一生中，特别是在她年老的时候，她对自己最后的安息场所非常感兴趣和自豪，不时地去拜访它，并要求那些负责建筑和装饰的人尽心尽力。在 1897 年的一次，当实际完成时，因为柱子不够大，她又下令重建了。

第十八章

北京的古玩店

当你参观了北京所有的宫殿、寺庙和陵墓时，还有一个不容错过的北京名胜趣味非凡，这就是北京的古玩店。它们是收藏家寻找中国器物的快乐猎场，在这里无论是美丽的还是奇异的古玩，都是收藏家们的最爱。没有几个陌生人能抗拒买旧瓷器、青铜器、刺绣或任何吸引人的东西的诱惑，而在居民中，这种习惯迟早会形成一种特殊的心态。每当我们去中国朋友的古玩店做客，都会厚颜无耻地检查着彼此墙上的照片，在餐桌上将主人的盘子反过来，寻找标记以证明它们的来源，晚饭后用手感受餐桌上的漆，大胆地询问朋友最近买来东西的价格。这种举止在巴黎或伦敦被认为是没有教养的，在古玩店中则被容忍和理解，就像一个机智的旅行者曾经说的那样，在北京，只要你待的时间足够久，你就会觉得自己深深地爱上了它。

　　对于古董，有两种购物方式，一是在家里，一是在古玩店。选择前者，商人们会带着蓝色的布包来找你，他们会不厌其烦地展开，而你则可以舒适地坐在扶手椅上惬意地欣赏。这种购买方式对那些非常无知的人和非常挑剔的人来说是一种优势：

对于那些非常无知的人来说，任何东西对他们来说都非常罕见也非常珍贵；而对于第二种人来说，作为一位老客户，商人们了解他们而且也带了各种他们喜欢的东西，因此这样也就给他们节省了许多淘货的时间。

然而，如果去实际的古玩店里的话，还能感受一种特殊的魅力。遗憾的是，北京是一个发展缓慢的城市。此外，街道上塞满了车辆，古玩店往往相隔甚远。大街上到处都是人力车、小孩还有四处游荡的土狗，也充满了讨价还价的声音，有的说"太亏"，有的说"多少"。

每个陌生人都会参观的展览是法国鉴赏家 M. 格罗斯让藏品。在这里，漂亮的收藏品在和谐的环境中保存得很好，这也是他一个人在尘土飞扬的旧货市场挑选的各种宝贝。另一个比较有名的古玩地点是在北堂附近的"保罗家"。保罗是一位中国基督徒，他能保证收藏的所有古玩的真实性，其中包括古色古香的瓷砖和墓穴中的陶俑。许多瓷片都贴上了古玩所属的朝代，但为了更加保险，我们有时也会对此产生怀疑。"记住"，他说，"中国人是屋顶瓦片的发明者——最古老的样品可以追溯到公元前 5 世纪，而第一批琉璃瓷器标本属于公元 1 世纪，所以，瓦片是瓷砖的始祖，它是从实验中发展而来的。"这些遗物、石榴石和古墓中随葬的艺术品美丽而古老，吸引了许多收藏家，特别是那些高度重视中国本土的收藏家。

在我们看到这些并受到诱惑后，古玩商们估计我们已经开始进入他们的圈套时，又问我们要不要去参观其他的古玩店。

"可以，我们可以看看其他的古玩店。"

于是我们又从古玩店里出来，来到了大街上，街道两旁都是中国老式的商业店铺，店铺前都挂着各种招牌，招牌上在黑色或红色的地方写着镀金的大字。令人感到奇怪的是，这些汉字是如何被修饰得如此漂亮且用来作为装饰呢！中国的汉字给我们的感觉就是它们比字母组合的拼音文字更加漂亮且能给人以更大的印象，它们如同鲜活的图画一般，有时好像活了过来会说话一样，有时又好像在做手势，总之千变万化。① 多亏了这些店铺，我们才能欣赏到这些街道上令人叹为观止的风景。小商贩依然喜欢这种旧习俗，他们习惯把他们的商品图像或符号放在门上。鞋店门前有用纸糊成的大纸靴，远处看去像是童话里山妖的宝物；烟斗店前有个夸张的烟斗模型；典当行门前也有大金币的模型；卖袜子的商店都在店前的屋檐上挂满了袜子；毛刷店门前摆着羽毛制成的毛刷。

没过多久，我们乘坐的人力车在王府井大街的一个店前停了下来。这个店里除了一般常见的古玩外，还有一些比较奇特的宝物，欧洲的手表，华丽的搪瓷，珍珠手链，钻石戒指，中国有钱人喜欢在缎子长袍的腰带上悬挂的美玉。

在 1900 年之前，这些东西相对比较常见，价格也还合理，但 1900 年之后，这些珠宝要价太高了。但是，不懂行的人来到这里买珠宝，就像一条饥饿的鱼一样，疯狂均吞咽钩上的诱饵，然后又美滋滋地讨论美餐的味道。关于手表，我们想起了这样一个可爱的钟表是如何打破友谊的故事。有两位外交官，

---

① "中国的文字就如同绘画一样……那些有着大学问的人都有着画家一样的艺术欣赏力，而且还有着一双画家一样的妙手。普通人物的笔触确实很丰富，轻柔的触感，突然的停顿和优美的曲线，还有那些多变且柔和的线条，都是那么的赏心悦目，也只有经过长期训练才会有这种结果。中国书法向世人证明，一个完美的书法家能够通过他们的图形美，传达出他们所表达的思想，并为他们所揭示的每一个思想赋予一种微妙的内在含义。"——布舍尔

他们是不可分离的同伴，而且都是热衷古玩的收藏家，他们相约一起去寻找手表。后来，他们发现了一件两人都非常想要的财宝。然而，有一个人认为这件古玩太贵了，没有买它，尽管他主动提出第二天回来给他的同伴买。这是他们之间达成的协议，可是到了晚上，在俱乐部里，他的同伴急切地等待着买到这块手表。到了第二天，他们来到古玩店后，"对不起，先生"，古玩店的售货员对这位外交官说，"手表今天早上被别人买走了。"这位外交官非常沮丧而且也非常后悔。但是过了几个星期后，这位外交官在他那位承诺为他买手表的同伴家里看到了同款的一模一样的手表。他同伴家的仆人有个好显摆的习惯，每当来了尊贵的客人，他都领着他们看主人橱柜里最近收藏的好东西，以给主人的客人最深的印象。这个小故事的寓意就是：永远不要和你最好的朋友去古玩店。他可能就是想要你最想要的东西。你又不能跟他竞争加价，因此你有可能既失去了你的朋友，又失去了你的古玩。

在前门外就有文玩市场，但是最著名的要数琉璃厂的文玩市场了。在过去，在封建王朝时期，属于同一行会的商人或工匠都会住在同一地区，这是一条不变的规则。木匠和家具制造者有一条街，灯笼匠、银匠、铜匠等各自都有自己的街道。毫无疑问，这种习俗是为了保证双方安全而又能发展起来。在琉璃厂，出售昂贵古玩的地方，大都用木制栅栏和铁锁封闭起来，一般人不能去闲逛，同时也避免了骚乱和暴动造成的威胁。但如今，这种习惯已不再严格遵循，我们可以在围墙内的任何角落寻找古玩。

不要以为最好的商店必然卖最好的东西。通常，隐藏在死胡同中的商人有着最漂亮的装饰品，就像他的店有着最高调的匾额一样。我们知道一个著名的叫"荣宝斋"的单间小屋，这里有欧洲的钟表，价值3000美元，还有一尊不大的雍正时期的珐琅彩，价格非常昂贵。有的时候，如果你有心，你在前门大街后面的肮脏之地，也能捡到许多好东西。

我们可能会找上几天、几周、几个月，却找不到值得买的东西，但是，我们仍然满怀兴致地希望能够像买彩票一样中得头奖。我们对文玩缺乏相应的知识，而且现有的了解也很不准确，但是只要我们喜欢文玩，我们会积极的学习。商店的石地板冬天很冷，但我们却不以为然。夏天的时候，小小的陈列室非常闷热，我们也不以为意。散布在欧洲博物馆收藏品中的中国艺术奇观，美国和日本出版的各种介绍文玩的书籍，比如布舍尔的《中国艺术手册》等，我们都会反复研读。在外国人眼中，北京就是个取之不尽的宝库，在这里，很容易用低廉的价格买到上好的艺术珍品。当然，有些人认为，某些珍宝肯定是被忽视的或从宫殿偷来的——也许是从1860年或1900年的战利品中留下的东西。

现在那些奇妙的发现和讨价还价的日子已经过去了，现在我们只有在真正的古玩店中才能看到真正的古代青铜器、上好的瓷器和最好的照片。不要再天真的幻想会在市场上淘到什么好东西了，现在市场上假货遍地，如果有真货，也不会逃过任何陌生人的眼睛。无论是在北京还是在其他各省，铜像、图画或有价值的瓷器，都是首先提供给那些等待机会并有充足资金的著名古玩家。例如，日本大经销商山中，他本人就是古玩专家，而且全年都在北京。这样的人自然会得到最好的结果，因为商人了解他们。他们也很难被欺骗，因为他们有着多年的经验，而且非常熟悉中国文玩的各种验证方法，还读了许多中国批评家的书，这些批评家是千百年来对文物鉴赏的顶级专家，他们描述过的大量细节和史实，世界上其他地方都是找不到的。同时，这些公认的买家也为文玩商们提供了一个永久的市场，在这里文玩都会有待售的价值，而且买家也愿意付钱买它。

顺便对新手做一个警告，他们倾向于想象自己在短时间内成为专家，并认为他可能会发现其他玩游戏的人总是忽略了什么东西。因为外国人对瓷器最感兴趣，但我们会说，一个真正的瓷器鉴赏家，纵然有天生的禀赋，也要经过长期的培养，要有长期的鉴赏经验才行。这是一条很好的规则，买昂贵的东西之前，花一些时间在博物馆或私人藏品中学习真正的艺术品，形成品位和眼光，这至关重要。但是，同样重要的是阅读我们的知名作者关于这一主题的书籍，并学会区分各种浆糊和釉料、日期标记等。① 一个人只有经过这些训练和学习后，才能成为半个专家，至少可以聪明到足以逃脱明显陷阱的地步。然而，不能过分依赖于标记或装饰：这主要在于对眼睛的训练上，收集者必须主要依赖样品本身呈现的各种细节加以判断。如果没有训练，就无法将获得的知识转化成经验。旧瓷器上精美的东西，我们可以研究它的颜色和花式，一起确定它的质地和年代。这也是任何想要搜集中国古玩的必经之路。

如果想成为文玩专家，还需要时刻对文玩保持热情，当一些有吸引力的样品撞击你的幻想时，你就必须熟悉中国和西方

---

① 中国瓷器上的标识，通常注明是某一个时期或某一个工厂。由于现在瓷器价格昂贵，所以伪造的往往很多，但仔细研究可以帮助人们发现这些伪造的东西。为了研究这些古玩，外国人也写了许多关于中国陶瓷的书，布舍尔是最伟大的权威之一，可以参考他的《古代陶瓷，中国古代工贸研究》等书。

原始的东西，要弄清古董商的各种把戏。他们剥珍珠，把新造的青铜器埋到地下，染动物的皮毛，抽古墓里的刺绣，造假玉，伪造日期标记，巧妙地将旧底换到新花瓶中等等，这都是他们的手段。欺骗新手的诱惑通常是无法抗拒的，无论是在质量上，还是在价格上，或者两者兼而有之，而最讨人喜欢和最有说服力的推销员往往是最坏的犯罪者。

修补瓷器——现在市面上的许多真品都是用一种精湛的技术来修理的，这一技术会欺骗我们的眼睛。我们通常通过用硬币敲击它们的方式来检测，真的瓷器会发出清脆的声音，而修补过的瓷器则发出沉闷的声音。

我们必须带着怀疑去接近所有的古玩商，以及那些与他们打交道的人。小偷在被证明有罪之前，可以被认为是无辜的。一个一流的康熙年间的花瓶（根据商人的说法）应该是假的，除非有人证明这是真的，而且这个人和这位古董商是没有利害关系的才行。这样的瓷器非常稀有，如果经常出现，而且说是真的，那么每个理由都是不值得信任的。此外，如果经销商提供的一个瓷片是便宜货，而且还告诉你一个关于缺乏资本的硬碰运气的故事，那么你一定要慎重使用你的热情。每当中国卖家给出较低的价格时，最后吃亏的一定是爱看袖珍指南的购买者，而不是店主。在中国的新年前夕，是文玩的价格大幅下降的季节。在这个伟大的结算期，每一位店主都有义务偿还他的债务，而且，为了维持他明年的信用，他通常会廉价地将古董卖给第一个出价的人。

在北京还能买到被低估的上好瓷器。例如，15 年前以 10 美元的价格买到的蓝色"奖章碗"，现在当地市场的售价为 100 美元。康熙的蓝白相间的笔筒最后以 2000 美元卖给了一位中国富商。我们知道有一对花瓶售价 14000 美元，另一对与博物馆中的一些相似，售价 5000 美元。前天，两个乾隆的茶杯最后以 15 美元的价格售出，然而转售的价格却达到了 100 美元。这证明了美好事物的价值是真实的，而不是像一些人虚构的那样，对于那些行家来说，不幸的是，即使是专家有时也会失误，即便它们是极好的投资。

质地中等的中国瓷器在北京的价格要比在巴黎、纽约、伦敦和东京还贵。在正常的货运方式下，在西方收集货物，然后运回来，再卖给中国首都的环球旅行者都是值得的。此外，欧洲仿制的中国瓷器已经售往世界各地，并在当地市场上欺骗游客。一些欧洲制造商早已会模仿中国瓷器的特色。巴黎的桑普森先生以他对东方搪瓷的奇妙模仿而闻名，他最好的标本最具欺骗性。同样，在西班牙托莱多附近，也制作了完美的东方瓷器复制品。

古代青铜器和美丽的瓷器一样珍贵，只是西方人关注这些器物的较少。中国人本身就是青铜的大收藏家。著名收藏家端方收藏的青铜器，在他死后开始拍卖，这吸引了来自各个省份的竞拍者，并在远东艺术界引起了巨大轰动，就像在欧洲举行的希腊大理石拍卖一样。

实际上，这样的金属器皿有着伟大的魅力，尤其是古代的青铜器。因为有很多青铜器艺术品都是在基督耶稣降生前好几个世纪制作的。几乎所有历史作品上的铭文都显示了文字的早期形式，它们的形状让人想起了第一批陶器，当时中国人正慢慢走向文明。最重要的是中国文人对它们的重视，这些青铜器皿是对远古生活和已经消失的历史的模糊记忆。这些记忆已经深深地刻在中国人的血液里，变成了灵魂中的东西。在中国古代皇室和贵族中，青铜器是必需品，有青铜的镜子、香炉、酒杯等，虽然现在这些东西已经不再用青铜制造了，但当时却是无法取代的。

虽然专家们都认为一些优秀的青铜器是在后来的几个世纪里制作的，但当地的业余爱好者认为，只有属于夏商周时期（"三代"约公元前2205—前255年）的青铜器才是最上等的。在秦始皇（公元前255—前210年）焚书坑儒的时候，有很多器皿被埋在了地下。有许多人把它们从墓葬里盗了出来，而且真的器皿仍然是可以得到的，尽管价格颇高，从几百美元到数千美元不等。后来被收藏家买到的一些样品，它和博物馆里的任何东西一样好，特别是有一个茶壶，上面有龙嘴，估计是用来倒祭酒的，还有一只以鸭子的形式镶嵌在一起的容器，用于同样的目的。① 一个小的香炉形状像一个倒置的头盔，安装在三英尺高的架子上。其次是秦汉时期的青铜器，而第三个阶段则是唐宋时期的古铜器。

在明朝时期，佛教的影响促使中国艺术家描绘神和女神，但这些作品都比不上这三个朝代的制作工艺和简单的装饰。后者是通过它们纯粹的形式、设计和它们的铭文来辨认，通过青铜器上的铜绿来断定，是一位汉学家的绝活。然而，最难的判定是年代的断定。真正的铜绿是在青铜器内部的，而且主要来自合金——是金银混合而成，因为青铜器长久的埋在土里，泥沙潮湿造成了铜绿。但是有些造假的人非常聪明地在青铜器的赝品上涂上蜡，这样就不能检测到铜绿了，直到用刀子刮开或

---

① 这种古色古香的动物造型是中国祭祀器皿的原型。

浸泡在沸水中，才能揭露欺诈行为。①

　　在北京，没有比中国的国画更有趣的珍宝了，而且它们更加稀有，非常难找，因此也价格昂贵。然而，很少有外国人会关心它们，因为东方艺术家的方法和我们自己的不同。要正确地欣赏中国画，正如批评家所说，西方人必须抛弃他的艺术教育、批判传统和从文艺复兴到我们时代所积累的所有美学包袱。他尤其要避免将中国画家的作品与欧洲收藏中的任何著名画作进行比较。只有这样，他才能理解东方绘画的意义。

　　在我们对这个问题有所了解之后，我们看到一幅非常吸引我们的画，一张水果和鲜花的画。坦率地说，与东方大师相比，西方画家中最伟大的画家对这类题材的描绘都是笨拙的。惠斯勒，以及他喜欢的奥布里比尔兹利、格拉塞特、切莱和兰特雷等，都承认中国画家的方法对他自己的绘画产生过影响。阿尔弗雷德·库塞尔·华莱士称，他所见过的一批东方植物素描是"最精湛的东西"。他宣称，"每一根茎叶和枝条，都是由画笔的一次画成：非常复杂的植物的特征和前景，以及以科学的方式展示茎叶的清晰度。"这一切都是"由一个天才在手腕上控制，不仅是无与伦比的，而且是我们曾经做梦也想不到的"。

　　后来，我们开始欣赏那些不仅美丽而且完美的风景画。在西山，我们意识到，中国山水画的传统是象征性表现手法，一旦被解读出来，就会显示出比我们的绘画所能表达的更多。尽管它们最初会产生奇妙的不现实病且奇怪的印象，然而，它们

─────────────

　　① 关于青铜器的进一步描述参见布舍尔的《中国艺术手册》，还有《皇家亚洲学会学报》的各种文章。

是对真实的一种反映。一些西方批评家可能认为，任何真正的艺术，其意义都不应该被解释，而中国作品的劣等特征也可以通过承认它的模糊性和不确定性来证明。拉夫卡迪奥·赫恩说："无论是谁提出这样的批评，都必须想象西方艺术在任何地方都同样容易理解……但我可以向读者保证，情况并非如此。"事实上，我们的许多绘画对中国人来说是不可理解的，就像中国画对于从未见过中国的欧洲人一样。"西方人要想感受到中国绘画的真实、美丽或幽默，就必须了解这些绘画所反映的场景。"它们并不是模仿自然，而是一种自然的表现，它在艺术家的心目中留下了艺术的印记。伯恩·琼斯在无意识地与中国绘画接触时说："我的意思是，中国画从来不像实物，而是像一幅美丽浪漫的梦，就像光芒相对于发光一样。"①

最后，我们开始了解中国对人脸和人物的再现。特别是在肖像画中，我们必须习惯于细节的缺乏。绘画是小规模的，不需要精心设计特征，年龄或状况是由服装的风格或服装的时代来表示的。"这是值得注意的"，赫恩说，"中国艺术在面部表情方面的保留符合东方社会的伦理。时代的行为规则已经掩盖了所有个人的感觉，把痛苦和激情隐藏在微笑、和蔼可亲的外表，或无动于衷的顺从之下。这种对个性的压抑，在生活中和艺术中一样，使得我们很难通过这种类型来辨别个性。"②

因为他们比我们更了解中国艺术背后的主观和暗示性原

---

① 参见斯坦利《希腊和中国的艺术理念》。
② 新来的西方人经常抱怨他无法区分一个中国人和另一个中国人，并把这种困难归因于种族中没有明显的相貌。然而，我们更为尖锐的西方特色对中国人也产生了同样的影响。许多人对我说："很长一段时间以来，我发现很难区分一个外国人和另一个外国人。"在我看来，这一切都是一样的。

则，所以日本人是当今北京精美画的最大买家。他们有一个好处，就是在古玩市场上往往首先展示所有的好画。在伦敦或巴黎，一个人只要有钱，就会立刻看到最好的东西。但在东方则不是这样。中国的商人有一句俗话："财不外露。"除非买家知道，否则他永远不会看到真正一流的画作，同样的规则也适用其他古玩，因为经销商不愿意冒险让他最好的商品得不到赏识。只有对懂行的人，懂得欣赏的人，他才会把自己最好的东西展示给他看。随着他们对鸟类生命、昆虫生命、植物生命、树木生命的研究，从画家的画笔上抛出的每一个人物都是一堂课。这是对那些懂得欣赏之人的展示。虽然它"只是一只在风中摇动的蛛网上的蜘蛛，一条阳光中的龙，一对在阴暗之处奔跑的螃蟹，一条在清澈的水流中游动的鱼，一只飞得轻快的黄蜂，一只会飞的鸭子的鸣叫，一只处于战斗位置的螳螂，或者一只雪松树枝上唱歌的蝉。"只有那位理解画家的人，才会在打开画家的手卷时，将那些长的水平卷轴慢慢展开，一点点的欣赏，仔仔细细欣赏整幅画，不会放过任何一点、任何一处。

在中国画中，像瓷器和青铜器一样，辨别其原作和真品的难度是一样大的。丝绸或纸的颜色、风格、质量和艺术家的印章是检验真品严格把关的关键。与签名不同的是，中国印章——最重要的是，水晶印章——永远不能被完全模仿，因为，用手工切割，只有同一把刀，而他很少能制造出两个完全相同的印章。因此，如果我们仔细检查一个真正的印章，就有可能在实践中辨别真伪。检验赝品还有一个小方法就是，可以检验中国画的保存者们的印章。画卷中可能还有作者和收藏者的题诗，这在中国人眼中具有同等的艺术价值。

除了这些标价昂贵的古玩，陌生人经常问："在北京买什么最好？"这个问题很难回答，因为市场总是在变化。两年前，一位穷困潦倒的满族王爷卖掉了一些非常精美的旧漆家具。今天可能很难找到一件真正的东西。一年后，蒙古的寺庙里出了许多珍宝。它们很快就被买下了，以至于一位有进取心的经销商在曼彻斯特复制了其中的许多，并被销往欧洲其他国家。因此，市场不断变化，取决于许多条件，无论是中国的私人收藏品出售，还是贫困迫使僧侣或宫廷太监出售的文玩都是如此。一般来说，任何值得购买的东西都能让买家满意——只要他得到的是他所想要的真品，而不是赝品。那些吸引专家而不是普通收藏家的东西是搪瓷、玉石和漆器。

搪瓷艺术似乎是古代西亚人发明的，在公元前由西亚传入了欧洲，但是直到很久以后，才有证据表明它曾到过中国。最好的例子就是雍正和乾隆时期的搪瓷制品。自从这件作品在西方流行以来，它们就非常稀少了。但是一定要谨防现代的仿制品，那都是不值钱的、庸俗的东西。

有各种各样的漆。其中许多可以追溯到宋朝，还有一些可以追溯到元朝。但是漆器是易腐的，在良好的条件下，很难找到一个真正的旧件。现在的赝品中，大多都是红色的制品，不过我们可以通过颜色、雕刻深度和重量来判断真假。其中最重要的一条规则就是，年代越久远的制品，它就越重。我们在皇宫家具、屏风等中看到的最好的黄金漆器，这些倒是都不如日本人的漆器。这是这些学生超越他们的老师，达到中国人从未达到过的完美境界的唯一艺术。

古老的玉器既珍贵又稀有。像青铜器一样，它们是本土收藏家所追求的至宝之一。因为它们与中国的历史和中国文明的进步有着密切的联系。据历史记载，周代（公元前1122—前

255 年①）时，皇帝祭祀都佩戴玉器，而且还在玉器上雕刻文字和图案。玉玺是在汉朝时期制造的，正如我们所知道的那样，后来玉玺也成了随葬品。玉器、玉带、剑柄和镜子在古代也被人们所熟知，在明清时期，玉器还被用来制作茶壶、戒指、手镯、耳环和祭坛等。

虽然最古老的作品并非总是美丽的，因为它们随着年龄的增长而失去光泽，但是对它们的研究对于理解中国心理学和中国风俗史有极大的价值。如果能看到一块质地和做工都上好的玉器，肯定能令人耳目一新。一个中国的鉴赏家可以从触摸和温度的角度来判断一个作品是否古老。在东方人敏感的指尖上，已经开发出一种新的艺术观念，这种能力是外国人学不会的：他们居然能够凭借直觉判断和触摸就能知道真伪，而且还非常准确。就像 J. C. 弗格森在他的《中国艺术提纲》中指出的那样，我们所知道的只不过是那些肉眼看不见的不可想象的颜色，而这些颜色却被光谱仪所证实。

我用笨拙的手和未经训练的眼睛模仿着他们的样子，使劲地触摸古玩店中的玉器，希望能有什么心得。然而，一些简单的规则可以帮助业余爱好者选择这种半宝石（玉）：

购买彩色玉石时，尤其是有价值的深绿色，记住这样的玉石经常是玻璃仿制的。如果真要挑选，最好选择半透明的颜色。

白玉则常常是用皂石仿制的。这些欺诈行为通常可以通过它们的柔软性来检测，通常用我们的手指甲就能检测出大部分的赝品。中国人也有一种用蜡来填充且抛光不完美的玉块来欺

---

① 应是公元前 1046—前 256 年。——译者注

骗购买者的把戏，所以每件作品在购买前都要仔细检查。

通常，一个陌生人，如果他不是古玩收藏家，而只是一个时尚的爱好者，那么他会问，在北京能否简单地买到任何可以享受的东西，正如豪威尔说的那样："只要他是一个相当真实的人。"

答案是，当然有。刺绣？毛皮？都是啊！

在首都的"特色菜"中，刺绣早已出名，以至于一种非常昂贵的刺绣被称为"北京点"。自从清帝退位以后，华丽的天鹅绒宝座、挂毯和宫廷的长袍被偷了，有的被卖出了紫禁城，有的被可怜的满族人典给了当铺。但是这些东西很容易被包装起来，所以游客买东西的速度和它们上市的速度一样快，只有很少的东西被剩下。真正的旧挂毯，由小块分开编织，缝合在一起，这才是稀有而昂贵的。但较为常见的是装饰的仿制品，今天在杭州，人们常常对"真正的乾隆造"这样粗劣的制品感兴趣。这些挂毯放在火墙（中国北方取暖的夹层墙）上非常好看，各种柔和的色调，可以使得人们更舒适的休息。真正的明代红色和蓝色的老挂毯是无法伪造的，因为染色的秘方已经失传了。但要注意避免苯胺染料产生明亮的颜色。但这种染料很容易分辨，而且闪闪发亮的金线还会褪色。上等的纺织品应该是色泽非常好才行。

王座坐垫和宫廷长袍通常都有龙的图案，但花和几何图案更受西方人的欣赏，他们常常抱怨中国传统的思想阻碍了艺术家创作更多这样的作品。

宫廷礼服可以通过长袍底部的波浪图案，马蹄形袖口，以及那些注定要用于皇室的，还有一组特殊的神秘符号来识别。通常情况下，进入波浪边界的阴影越多，外套就越值钱。织锦长袍比缎子贵，而黄色的长袍，无论是金布、挂毯还是缎子，都是最贵的，因为这种遮阴只供皇帝和皇后穿。龙饰表示它们是由前者，凤凰——后者所穿。

接下来的价值昂贵的是王子和公主们穿的橙色长袍，然后是官员们的红色或蓝色的礼仪长袍。中国妇女在节日场合、婚礼、生日聚会等场合使用的绣花短上衣或蝴蝶花，特别适合做睡袍和戏袍。那些罕见的带有宗教图案的喇嘛礼服或祭坛作品，与其说是美丽，不如说是华而不实。

如今，北京的皮草市场已经萎缩到了相对不重要的地步。在帝国统治下，朝臣们用貂、银狐、貂皮和白狐制作他们的长袍，许多漂亮的皮毛从西伯利亚、满洲和萨哈连被带到这里，并在公开的市场上出售。现在需求减少了，供应几乎也停止了。然而，偶尔能买到一件不错的貂皮大衣，这是一笔不错的买卖，因为与白俄罗斯的貂皮相比，中国的更值钱些，在美国和欧洲，这种貂皮大衣可以卖到北京的三倍。不过，买鼠尾时要非常小心。中国最好的毛皮是金黄色的，深色的。由于这种颜色深受西方人喜爱，所以通常都是染色的。也要小心买旧皮。这些动物多年来饱受极端气候的折磨，毛发容易脱落。白狐、火焰狐、银狐如果真的好的话，都会用貂皮做成大衣。马丁、水獭和满族虎皮都比较便宜，如果条件好的话，这都值得购买。

北京地毯在全世界都很有名。在过去的几年里，这个行业从一种小型的本土手工业发展到了如此大的规模，每年有数千块中国地毯运往欧洲和美国。这些现代地毯的任何图案中都是定做的，制作者对西方图案的模仿也相当令人满意。但是，由于它们都是手工编织的——在哈德门以外的任何一家小商店里，都可以看到这种奇特的过程——而且由于制造商通常忙于订单，所以对于路过的旅行者来说，他们不会在短期内就给他们制作并出售的。地毯是根据羊毛的数量出售的，由于羊毛成本的增加，价格也上涨了。然而，这手工制作的地毯，质量特别好，非常值得购买。骆驼的毛和牦牛尾地毯虽然很吸引人，但它的缺点是气味难闻，因为商队将毛皮运到京城要持续数月，所以这种气味一时无法清除。对于有复杂图案的地毯要小心细致的选择，因为图案的花纹需要人工染料进行涂染，而这也容易褪色。比较好的染料是中国的植物做成的染料，颜色有蓝色、淡黄色、粉红色和砖红色，这种染料不会褪色，而且色泽鲜艳。但是绿色的就非常容易褪色，黑色更是容易和其他颜色混杂了。

剩下的几个老式的康熙和乾隆时期的地毯，还有蒙古产的用西藏出产的羊毛做成的地毯，现在都非常贵，但最好的地毯是看上去如同波斯风格的地毯。它们的区别在于羊毛的光泽、颜色都较为柔和，而棉线则随时间而变黄，从而造成了染色也无法修复的阴影。

在下午，没有比在"黑伍德街"中翻找"中国的齐本德尔"更令人愉快的事。"黑伍德街"是指在中国前门和哈德门之间的街道。在这里，人们通常会发现一些好的二手物品，比城内的商店便宜。在这些商店里，货物要交纳商税。在木匠们把货物送到商人那里之前，人们经常会在木匠的院子里捡到廉价商品。但是在它们被打磨或正在进行修理之前，需要一些经验来判断。乍一看，只适合柴薪的桌子其实是珍贵的紫檀。

紫檀是一种玫瑰木，不是很多人认为的乌木。它有一种红色的色调，颜色会随着树龄的增长，长期暴露在光线下变暗。

真正紫檀的旧家具很黑很重。最好的木料是紫檀树离地面最近的一部分。树枝和树干也会产生坚硬的木材，但质量低劣。有一个小方法，也许会让人学会一些判断紫檀木的技巧，并能将它与红木区分开来。因为紫檀和红木都可以制作成精美的橱柜、桌子、椅子和箱子等且价格不菲。偶尔会见到漂亮的樟脑木（通常被用来制作箱子）、核桃木、梨木，或可爱的棕色楠木，这些木材不仅用于制作家具，而且用其制作的棺材也深受中国富人的追捧。

较之家具，木雕可能更具吸引力，它那简单的装饰形式，加上上等的材质，以及让这些精美木材潜在的美感全部体现出来的造型，无不令人惊羡。在这些木雕中，云中龙、火焰和花卉的设计非常吸引人，而这样的木雕大都是用人们常见的广东黑木雕刻而成。真正的"中国的齐本德尔"，冷静而纯洁，就像它的西方同行一样。它的优点是，无论你把它放在任何环境中，都不会显得出格。

在中国，我们常常惊奇地发现，这些谦逊的工匠们，他们的手指仿佛受到了艺术家灵魂的启发。日常生活中常用的东西也往往令人钦佩。"平凡的事物"，也许只是与文玩和珍宝比起来是普通的，但对于我们西方人来说，这却是珍贵的，好奇的。当我们第一次来北京见到这些事物的时候，特别兴奋。

谁能忘记他第一次穿越中国街道时的惊喜，无处不在的愉悦和新鲜，比如除了胡乱打手势，根本无法使黄包车夫明白你的意思。当他看到面无表情的小贩把货物放在他的面前，定会驻足观看——这些古怪的东西，"多米诺骨牌"、烟斗和黄铜挂锁。他能在旁边的小巷里发现一排银色的小店吗？在那里，店主许诺给我们要做宝塔、马车和推车的模型。他能带我们去看看加工翠鸟羽毛的工厂吗？翠鸟的羽毛非常漂亮，可以做成梳子和发饰。而且还能带我们去看看那些在黄金、戒指或手镯上盖有店铺名章的本地珠宝店吗？这是中国的传统，根据中国本地行会的规定和习俗，只要盖上本店的名字，那么在任何时候购买都不用担心质量问题。北京一家景泰蓝的店铺，就可以制作任何我们喜欢的样式，甚至是军徽。他应该能够找到一个大商场，也许会有人说，是在前门那边吗？是的，这里就像描述的一样，外墙和装饰华丽的大门，前面塞满了马车的小庭院，角落里有手动泵的原始消防车。它不能把水压到第二层，它周围是精心制作的缎子横幅，上面还挂着对火神的图案。中国人对鬼神的信任胜过对软管的信任。[①]

在街上，奇趣和精致的物品让我们感到困惑，因为它们太多姿多彩了。这里有近视眼人士用的刺绣眼镜盒，有专为女人的小脚做的鞋，还有扣子、丝绸、鱼绘碗、鼻烟壶、刺绣香包等等。

女士们通常打算花几个小时在购物上，因为这样的出游是她们难得的娱乐活动之一。看到中国妇女戴着她们的"金色百合花"蹒跚前行时，看到满族女主人戴着金黄的头饰，为挑选服饰和其他华而不实的物件而绞尽脑汁时，或者听见沙哑的留声机播放中国的曲调以陶冶身心时，这一切都会不知不觉让人入迷。在全场聚会前，桌上有摊开的茶和蛋糕，而我们却毫无顾忌地盯着陪伴在她们身边的男仆和女仆，也看着小孩在保姆怀里睡觉或者哺乳。在中国，茶是必需品，如果没有茶，那么

---

① 这是常见的现象，商店的墙上贴着有火光的饰品。有些人把水的文字围成一圈，并有一张通知火神的纸条，告诉它这个地方已经知道了它的来访，它以后不用再来了。

也就谈不成生意，会面也就成了浪费时间。

无论买与不买，我们心里都很满足。店主不强求我们买，因为这些商铺或百货公司是北京比较现代的地方，他们也为自己的现代化而自豪。他们像喜欢购买者一样喜欢进去参观的人，因为这样可以起到广告宣传的作用。一位服务员自豪地告诉我们，他们出售的商品，是以"固定价格"，"完全与美国相同的价格"销售。

而在所有其他有外国人购买的商店，特别是古玩店里，他们的销售策略都是高出正常价格的四分之一到三分之二。顾客购买商品时一般出价略低于店主要价的一半，然后，随着商人逐渐降低他的价格，顾客非常缓慢地增加，直到达成两方都满意的价格。最后把差额平分，商品就归你了。如果一个人急于购买或对这件物品表现出任何热情，那就不可能廉价购买了。一个很好的方案就是当店主害怕失去顾客时，顾客假装离开，这样店主会再次出价，声称这是最低的或接近最低的价格了，这样顾客就赚到了。

中国的古玩商不指望每天都会有交易。一年中的几笔交易就足够了，因为这种交易会带来巨大的利润。

我们经常路过一个古玩店，有时会为某件物品讨价还价好几天或几个星期。"还没卖吗？"我们漫不经心地问。"还没有"，店主同样漠不关心地说。当我们迫不及待地想要拥有我们想要的东西时，我们担心会被其他人买去，这个人几乎和店主一样喜欢讨价还价。事实上，只有当你知道如何讨价还价时，中国人才会将你作为一位买家而欣赏你。而不耐烦的西方人则会认为，浪费的时间可以用在一个更有价值的事情上。

第十九章

集市的乐趣

北京是一个有着成百上千种手工业和产业的城市。然而，我们不能因此得出结论，中国人不关心娱乐。可怜的职员或工匠因为他们挣得不多而没有空闲时间。除了睡觉所需的时间外，他们没有其他剩余时间。他们必须从清晨一直工作到深夜。除非是重大的节日，否则他们不能离开商店或长凳。他们几乎每天都上班，一个月只休息一两天。节日的奢华仿佛不是给他的。他们有句谚语的意思是：聪明人只有饭桶满了才能寻欢作乐。当然，这意味着只有他的家庭有足够的财力时，才能去寻找快乐。但富有的官员和商人经常去茶馆，或者去剧院和前门外的高档酒店尽情消费。

当皇帝下令禁止在内城开办娱乐场所后，他们就选择内城外附近的天桥来开办娱乐场所。① 没过多久，这里就建起了最

---

① 天桥，或"天堂之桥"，就在前门外面，是一座古老的大理石桥。后来经过修缮和改造后，成为了每个游客由前门去天坛的必经之路。它横跨一条运河，曾经是令人厌恶的乞丐的出没之处。因此，在中国人的心目中，它与偷窃、乞丐和道德腐败联系在一起。

好的饭店，里面非常精致。这种华丽的装饰让人觉得应该用玻璃罩住，以免产生灰尘。为了给富有的陌生人提供方便，在同一街区开了上等的旅馆。来到这里的人，受着商店的诱惑，如果有病还能在本地药店抓药，还有城市较为重要的地方——澡堂子。[①]

奇怪的是，所有这些富人的出没之地，距离首都最糟糕的贫民窟仅一箭之遥。在天桥的繁华场所打开门不远处的另一边，便是充满了贫困的东边小巷，更可怜的是它们距离繁华如此之近，却又遥不可及。黎明前，"盗贼市场"在这里被火炬灯所占领。"跳蚤市场"开得晚一点。街上运输着各种货物，但这些货物都是这样，在污秽和垃圾中运来运去，而这种处理方式丝毫不会降低它们的价值。旧瓶子、破碎的门把手、弯曲的钉子与磨损了领子的外国衣服并排躺在一起，破旧的网球拍被扔进一些生锈的废篮子里。紧身胸衣，甚至是破旧的晚礼服，都被那些辛勤的拾荒者捡起来，是他们把北京的垃圾分类，然后自发地组成了这个市场。旧衣服的摊位比比皆是。在那里，人们为了一件像样的衣服而拼命地讨价还价，而在贫民窟的房子中，有位衣衫褴褛的拾荒者睡在恶臭的小屋里一堆鸭子羽毛上。阿贝胡描述过其中的一个旅馆，当顾客偷了供应给他们的棉被后，他们设计了一个公共的大被子，被子像地板一样大，并留有一个脑袋大的洞供人使用，并通过滑轮升降系统日夜发出声音来警告房客。

---

① 白天，它们可以通过用来抽水的箱子来辨别，这个箱子挂在一根高杆的顶部，晚上被一盏红色的灯笼吊起，以示水很热。对男人来说，好的澡堂子是相当干净的。每个人，除了少数有钱人使用单间外，都在一个大的沉陷浴池里洗澡，那里的水几乎处于沸点，空气中充满了蒸气。

我们所发现的贫穷和苦难，在每一个大城市里都存在。让我们忘掉这些令人不快的事物，去游乐区，那里人山人海。前门大街无论白天还是晚上总是很有趣。从前门走过来，穿过每一个邀请你进入的商店，探索每一个迷人的街道，这要用上几个小时的时间，但这却是永无止境的快乐。如果有人研究过去中国最闲适和最劳作阶层的问题，将很难穷尽问题的答案。街上过来一位著名的女歌星，坐着的人力车有六盏闪亮的灯和叮当作响的铃铛。许多男人都被她的微笑迷住了，这些成熟男人都知道她是怎么回事。在一辆由士兵把守的昂贵汽车里，坐着一位某省的独裁将军。在他的车里，我们认出了其中的一位是活佛，据说他很喜欢看戏。在一辆装饰有镜子的马车上，有两个女人指着我们看，她们既不年轻也不漂亮，但是她们知道很多男人和她们闺中密友之间的秘密。只是她们太聪明了，她们会告诉你，那都是首都的流言蜚语而已。那个进入商店的胖商人是中国人李普顿。他那外表优雅的伴侣最近时常在内阁活动。而在他去剧院的路上，出现了一位苗条的年轻人，她有着优雅的身材一副靓丽女孩的形象，当人们看到她时，都停下来欢迎她，她是一位非常受欢迎的著名演员。于是他们就像舞台上的人物一样，纷纷地进入了戏院。商人和牧师，士兵和黑帮，无论是政治、戏剧，还是在情感上，所有的玩家都纷纷进入了戏院。

　　在古代，有的皇帝也是同性恋，只是这种事情都相当保密。明朝的正德皇帝便是如此。我之所以知道这些事情，是因为我最喜欢参观毗邻琉璃厂的书摊，购买那些放荡的故事书和画卷。

　　乾隆曾不止一次地偷偷约会风月场所的一位美丽女子，已经是众所周知的秘密。慈禧太后的不肖子同治皇帝，经常从皇宫里一个专门的出口溜出紫禁城，在城墙下面有一辆由太监驾驭的骡车等着他。这位天子只要出去就经常醉酒，而且弄得自己声名狼藉，到了天亮还要回到自己皇帝的宝座上，不过这对他来说都已经是家常便饭了。而这些也成为了坊间闲谈的趣事。

当然，年轻的满族王子们也不会效仿这个坏榜样。义和团领袖端王爷的大阿哥，曾当做一段时期的皇位继承人。这个人在城外的功绩，比在宫中更显赫。在饭馆和剧院里，堕落的年轻一代贵族经常发生争吵。新的警察局长，与在统治氏族成员打交道时，绝对不是一个快乐的人。这些青年贵族有不少是愚蠢而又无礼，所以警察也不愿意干涉他们的事。例如，他们中的有些人习惯把自己打扮成乞丐，穿着这种装束在街上游荡，以此自娱自乐。

"我特别记得"，贝克豪斯和布兰德在《北京朝代编年史》中曾平淡地援引满族官员的话说，"在 1892 年的夏天，天气很热，一些朋友邀请我和他们一起去南城城门外的'美丽的秋岗'游玩。① 这是个阴凉的地方，中间有一个池塘，里面长满了睡莲和灯芯草。游客可以在露天餐厅安静地喝茶。"

"在我们旁边的桌子上坐着一个年轻人。他的脸黑得像烟灰，看上去疲惫不堪，而且营养不良。他的头发编成了辫子，在夏天的时候，他像北京的流氓那样在头发上插了一根骨头发夹，而且没有穿袜子。他唯一的衣服是一条很破旧的短裤，几乎够不着脚。他浑身都是油污和泥，实际上，他一点也不正派。"

---

① 每年夏天，人们经常去游乐区游玩，有些人在下午早些时候到这样的花园休憩，呼吸凉爽的空气。西直门外的蒋家峰源嘉华苑，前门和宣武门之间的普洱苑，阜成门外的易清华园，都是著名和值得一游的地方，尤其是在牡丹开放的季节，更是如此。

"说来奇怪，这位看着像乞丐的可怜人却有一个绿色的翡翠拇指环，至少值50块银圆（大约80美元）。他拿着一个漂亮而昂贵的扇子，扇子的柄是玉做成的。他的谈话充满了粗俗的北京俚语。然而，我注意到，侍者们对他表现出一种非常特别和热切的注意，几乎没有离开过他的身边。我困惑不解，想知道这意味着什么，这时候突然出现了一辆精致的公务车和一排衣着光鲜的服务员。仆人们拿着一个礼盒和一叠衣服走到那个年轻的乞丐跟前。"

　　"这些仆人跟他说：'殿下，马车已经准备好了。您今晚要到恭王府赴宴。我们现在应该走了。'于是，这位年轻人站起来，拿起一条毛巾，洗了洗脸。我们对这种转变感到非常惊讶。原来脏兮兮的面容已经变成了白皙的皮肤，虽然很瘦，但他具有满族王子的独特特征。穿着整洁而正式的领班将这位王子迎到车上，关上车门，又回头对我说：'这是我们的载王爷。'我听后非常惊讶地问道：'他为什么要有这样怪异的行为？'这个人说：'你不知道我们的年轻王爷在北京的最新风潮吗？'然后他就告诉我，这位小王爷还有其他一些人都是这样做的，虽然这样会引起街头骚乱，但是警察是不敢管他们的……我对这事感到惊骇，说：'这对帝国来说肯定是个不祥的预兆。这样的事情，在南宋后期出现过，后来南宋就被蒙古灭了。而且在唐朝后期也出现过类似的情况。历史上充满了类似的例子。记住我的话，十年以后，中国将陷入可怕的灾难。'"

　　八年以后，即义和团运动之后，大多数曾经的小王爷都倒在街上，不是假的，而是真成为了乞丐。

　　"这对他们来说是对的。他们不应该嘲笑我们。"一个瘸腿乞丐说。这个行乞的人，也是个衣衫褴褛的"哲学家"。你通常会发现他在游乐区，跑在富人的马车后面，哀求施舍。正如中国谚语所说："一文钱难倒英雄汉。"或者他会站在商店外面，做各种恶心的姿势，使得店主厌烦之后，会给他点东西让他走开。"商人为什么不叫警察把你带走呢？"我们问。他最后跟我们坦白说："警察不敢管得我们太严。我可能看起来衣衫褴褛，一点也不重要，但请记住，我是丐帮的人。我们有一个非常强大的组织，有一个帮主和数千名成员。富有的店主是不愿冒犯我们的，就怕我们以后会找他麻烦。如果你不介意的话"，他给我们鞠了大大的一躬，表明他对我们非常的尊敬，"我一定要去游乐场了，那里正在举行几场盛大的宴会。当客人吃饱喝足时，最容易被感动了，也是讨钱最好的时机。"①

　　由于中国人很少在自己的房子里娱乐，所以昂贵的餐馆便成了富有阶层进行娱乐和贸易的场所。人们去那里打扑克牌或"麻将"，喝酒、吸烟、讨论政治或俯身在阳台上观看人群。"人民的脉搏"，中国人一本正经地说，"能在阳台的闲聊中感觉到。"像苏格兰人访问巴黎，他们都是带着自己的妻子去的。但是在中国，这种方式却行不通。中国的风俗是禁止中国女士和男人，甚至是自己的丈夫在这样的场合出现，而当宴会举行时，在场的唯一女性是唱歌的女孩——专业的演艺人员，她们

---

　　① 你会发现这个乞丐是个非常聪明而且特别健谈的人。他可以随心所欲地讲述最精彩而且人性的真实故事。这些故事有些很糟糕，有些会让你笑，有些会让你思考。他和其他的乞丐也相处融洽。他来自一个好家庭，在他还没来得及学习一门生意之前，家庭就败落了，他也突然陷入贫困之中。在中国，乞丐也是有接收机构的，这是向全社会公开的职业，而且人数众多。因此，他就对他妈妈说："妈妈，我知道现在有一件事要做，让我做一名乞丐吧。"他妈妈听了默默地流出了眼泪。因此，乞丐就成了他的职业，不幸中的万幸是，自从他成为了一名乞丐后，他从来不需要诉诸那种可怜的自残——就像挖去一只眼，或者砍掉一条胳膊。我们可以从 D. 伽柏著的《北京，社会调查》一书中了解中国首都日常生活的宝贵见解。

没有什么名望可言。

然而，不要想象中国的盛宴在任何意义上都是对品位的冒犯。不，中国是一个冷静和节制的民族，一个有着高尚文化和古老文明的民族。当我们还在狼吞虎咽地吃半生牛肉，享受狂欢七天的美酒盛宴的时候，他们已经获得了真正文明的标志之———"一点点"而不是"很多"。他们有上好的美酒，精致的酒壶，还有那小巧的酒杯。虽然也有人醉酒，但这种现象非常少见。但是，对于任何一个醉酒的人来说，产生醉酒所需的本地酒要比我们的少得多，因为这种酒酒精度很高，所以他们喝不了多少。

中式宴会的食物不多，但足以满足食欲，尤其要指出的是，这些食物都是精挑细选，特别美味的食材。晚餐上菜的时间是不固定的。他们先提前将菜点好，但必须等到所有客人都到齐了才能开始上菜。这在我们看来是无休止的拖延，而且好像都没有什么充分准备似的。一份非常精致的菜单可能要花 10 美元，而很贵的菜可能要 15 美元一盘。但一顿相当不错的饭菜估计 2 美元就可以了。当然，价格上的巨大差异是因为食材不同。南海燕窝、淡季鱼翅、早期广东黄瓜或其他中国人非常喜欢的进口蔬菜等各种珍贵佳肴应有尽有。①

在中国，一流的餐厅通过把剩余的东西卖给二等机构，再卖到三等餐厅，从而增加利润。很多东西几乎没有浪费，从富

① 素食餐厅是首都的新事物之一。不仅所知的每一种蔬菜都是在中国准备的，而且这些蔬菜也能模仿几乎所有已知的肉食。最近在这里举行的一次盛宴上，共供应了 27 种不同的中餐。烤鸭是用豆腐做的，炸鳗鱼是用植物油煮的某种瓜的皮，鸡、猪肉、牛肉是竹笋、蘑菇等，菜品的新奇之处在于，蔬菜不仅尝起来像各种肉类菜肴，而且造型也像它们。

人的桌子上掉下来的残余物可能最终会在街角的露天自助餐中找到。在那里，穷苦力花几美分买一碗加豆腐的米饭或者能够买一份死于疾病的骆驼和骡子的肉。一个声音洪亮的小男孩发出相当于"先生"的喊叫声，就是想引起有钱人的可怜，而获得食物或一些钱；还有流浪狗在长凳底下徘徊，从柜台前捡起一切可能掉下来的东西。

在一个时尚的中国晚宴上，主办方打破了中国传统习俗，没有按照尊长次序进行排位。这被认为是一种好的风尚，人们感到更加轻松、舒适，可以畅快地享受主办方提供的美食和娱乐。也许是唱歌女孩那刺耳的假声让我们想起了月光下听到的音乐会；也许是一群盲人音乐家，当他们坐下来开始演奏长笛和小提琴时，让人感到惬意和放松。但是值得一提的是，这些盲人音乐家都是因为早年时得了天花而致盲的。他们中的独唱者虽然丑陋但歌喉中却涌出一种迷人的自然声音。声音深沉而甜蜜，有很强的穿透力。我从来没有听到过任何唱歌的女孩能发出这样的声音，也从来没有听过这样的歌。我旁边的一个人问："这个人是谁啊？""他只是一个农民，但却是一位非常非常伟大的艺术家。"真的，他"唱只有农民才能唱的歌，也许是从蝉和夜莺那里学到了声调，他从来都不用现代西方人的方式记录曲调，而是用中国传统记录古曲的方法记录曲调"。当他唱歌的时候，那些倾听的人慢慢变得严肃起来，他们被悲伤的旋律和声音所感动，歌声中充满了所有的悲伤、甜蜜和盲人的耐心，但歌声中从来没有对生命的否定，只是忧伤地寻找着什么。当这首歌结束时，这位歌手，带着盲人的敏感，因为相信他的听众是忧郁的。他突然又一次拉动琴弦，琴弦似乎是出于自己的意愿，突然变成了欢快的舞曲。随着充满活力的快步舞步，外国使馆的演员开始吹奏变奏曲。音乐混合了中国的军乐，还有模仿街头喧闹声，吱吱的推车声，母鸡的叫声，哭闹的孩子声和争吵的女人声，直到客人们都笑了起来。

另一次，主办人选择在剧院招待他的朋友，即在彰仪门街的第一舞台。这是一座半外国风格的漂亮建筑，可容纳10000人。对那些老戏院来说，这也是一个很大的进步。这里经常张贴几英尺的红色海报，上面写着演什么戏。但是在中国，没有必要急急忙忙吃晚饭去赶上即将升起的帷幕，晚来的人也没有在下一幕之前被拒之门外的危险！演出会持续半天，甚至是三四天，观众不断的来来去去，而演出的节目大多是一系列比较受欢迎的历史或神话剧。没有人想保持沉默：事实上，讨论是由聚会的人经常进行的。他们要么坐在炕上的桌子旁，要么坐在宽阔的大堂里，吃着甜食，喝着茶，一起高谈阔论。似乎没有人会听演员们的歌唱和对话，但是在一次精彩的杂技表演或是优美的舞蹈之后，总能引起"好，好!"的喊叫声，以及竖起拇指的赞许手势，这会让人想起科曼圆形剧场里的同样手势。

舞台上的场景稀少或仅仅是暗示性的，一般看起来就像我们在莎士比亚时代所做的那样，都是光秃秃的，没有任何装饰。但是与舞台不同的是，演员的服装非常漂亮，头上装饰着野鸡羽毛、镜子和丝质吊坠，非常华丽。演员全是男性，有的女性角色也是年轻男性来扮演。① 戏剧里面的武夫让我们觉得非常可笑。这是一种形象化的战士，画着花脸，描着深紫色的

---

① 男人和女人从不在同一部戏里一起表演，因为中国人认为这不雅观。少数几家剧团完全由妇女组成，并拥有自己的剧院，但她们被当地观众视为二等演员。我们可以参看 R. F. 约瑟顿的《中国戏曲艺术》一书，从中可以看到中国戏剧艺术的历史和一些故事。

眼睛，穿着华丽的衣服，带着闪光的帽子，背后还插着许多小旗（这些小旗华丽精致，如果孔雀看到了，估计也会自惭形秽），迈着稳健的步伐，唱着令人无法企及的高音，甩着胳膊，捋着胡须，慢慢登场。他们穿着木板鞋在场上走来走去，在绝望的时候不断地翻筋斗。他们跟随着乐队的鼓和钹的节奏，在场上来回打转，然后就退回幕后。而乐队后面各有一处房间以便他们重新整理自己的长袍。但是，喜剧演员们常常很有趣，他们用双关语和妙语来向我们表现了品位。

还有一种戏剧表现手法，将悲剧和喜剧的最佳元素组合起来，有着非凡的舞台效果，服装可以与俄国芭蕾舞相媲美。这是由那位杰出的女角色诠释者梅兰芳发展而来的。他的通俗戏剧，我们可以称之为哑剧，因为身段和优美的手势比情节或语言①更重要，引起了中国人和外国人的热情赞赏，甚至在欧洲和美国也引起了轰动。

过了第一舞台，娱乐广场直接延伸到先农坛。在这里新的餐馆如雨后春笋般涌现，而且还模仿上海建了一座叫"新世界"的游乐园。这游乐园最近已经开业了，里面有屋顶花园、咖啡馆和杂耍表演等。入场费只要 20 美分。虽然费用不高，但来这里的游客很多，所以营业者依然能够赚到钱。

而那些很穷的人，即使这样的入场费也是出不起的，他们

---

① 下面是这些哑剧中的一个简短概要："天女散花"，此剧的典型特点可能会引起人们的兴趣，梅兰芳和其他演员们的华丽色彩和服装效果，使人不太关注故事的具体情节。隐士维摩诘病了。佛祖释迦牟尼指示天女去这位隐士的小屋，把天上的花洒在他的身上。同时，释迦牟尼佛也命令他的弟子去探望维摩诘。这位天女一到维摩诘的家里，就遵照佛祖的指示，将花撒向空中。花儿纷纷落下，维摩诘和佛祖的弟子们都淋了花雨，但是花儿却附着在了那些不圣洁的人身上，却从那些心灵纯洁的人身上掉了下来。

只好在天坛和先农坛之间的空地上寻欢作乐了。而天坛和先农坛之间是垫棚剧院，这里有许多中国的民间娱乐，如踩高跷的，耍杂技的，说书的，还有类似于意大利"即兴表演"性质的，当众喷火的表演。① 这里还有露天茶摊，还有卖上面塞满李子的黄色大蛋糕的，卖炒栗子的等等。这里人员密集，肮脏杂乱，有数不清的苍蝇跟着推手推车卖熟肉的屠夫，因为车上盖了层布，你也看不出这些羊肉是不是让苍蝇给叮了，但中国人似乎并不介意。全家人都会在这些行走的厨房里吃晚饭。这行走厨房就是一个衣衫褴褛的苦工，用一根竹竿挂在他的肩上，上面拴着炉子和所有的东西，在哪儿休息就在哪儿做饭。他有一个粗糙的碗，一双筷子和长木勺，他的菜单包括汤、粗通心粉、油煎的卷心菜条或者是煮的红薯等。他一边卖一边唱："一个铜板买一个热土豆，先暖手，再下肚。"

除了这些较早的娱乐场所外，还有一个赛马场，在这里许多马贩子和绅士骑师在人群面前炫耀着他们的马匹。他们的坐骑中，要数来自蒙古的马匹最为昂贵，有的要比一只上好的水獭更值钱。中国人认为马鞍不可以太高，因为这样马镫就会短些。尽管马鞍高一些的话，会使速度比较快，但人很不舒服。当这些漂亮的矮马，带着光鲜的马鞍飞逝而过时，那场景令人欣喜若狂。骑士们骑着马一会儿站在马镫上，一会儿昂首，一会儿侧身，那种表演常常引起站台上的群众阵阵掌声。

在附近阳光充足的开阔地，遛鸟的人经常带着他们养的画眉鸟出来透透气，听听鸟儿的欢唱。这种方式被认为是中国绅

---

① 这些人气喘吁吁，满口俚语和俏皮话，能把人们逗乐。他们经常会疯狂地工作，不停地打手势，直到汗流满面。他们会不自觉地使用心理学规律引导观众，以达到最好的演出效果。

士最有尊严的消遣。许多鸟类是天生的歌唱家，如云雀和画眉。但是当它们被关在笼子里时，都是闷闷不乐的，而且拒绝唱歌，除非经常把它们带出来，轻轻地摆动它们的笼子，才能引起它们的欢唱。而有些更加向往自由的鸟儿，人们则不会把它们关在笼子里，是把鸟食抛在地上，让它们自己找食吃。作为成年人的消遣，我们应该嘲笑这种娱乐方式。但毕竟，它证明了中国国民性格中的优雅和诗意。小鸟无论是在笼子里喳喳叫或优雅的飞来飞去，还是大胆的落在人的胳膊上或站立在为它们准备的小树枝上，都是那么的可爱和优美。

　　如同法国人一样，中国人也是天生的花花公子。他们喜欢热闹，喜欢去公园游玩，在那里他们可以悠闲地站着，或懒洋洋地晒太阳。几乎每天下午都有许多马车和人力车拉着各种人去西直门外的度假村。这个度假村包括一个植物园和一个动物园，起初是一个农业部的官员创办的实验基地。植物园里有几个温室，里面种了各种各样的花。动物园是慈禧太后时修建的，里面有许多外国使节送给她的野生动物。后来，这些野生动物都死了，现在动物园变成了博物馆。这个博物馆场地宽敞，有漂亮的湖泊和游船供出租，还有精致的茶馆和长满莲花的池塘。池塘的水被荷叶掩盖，这些植物就像一片银绿色的草坪一样一直延伸到阳台。这些植物那么宽阔，那么强壮，大叶子像一个将要摔倒的巨人一样挂在它们的茎上，露珠或雨点聚集在毛茸茸的表面，有的叶子卷曲成一个杯子形状，一大滴水在绿色的大叶子上闪闪发光。许多大水滴在叶子中，懒洋洋地躺着，花儿就像飞翔的鸟儿一般从植物的茎中绽开。这些花有白色的和粉红色的，每一朵花都由一片大叶子衬托着，美丽的花庄严地站在叶子中间，无意间就透露出了尊贵和优雅。

如果你想要看到中国北京最美好的风景，那么你就应该在夏天下午的五点到七点间来到这些花园，或是去城市的中央花园去参观。中央花园会更方便，并且欣赏的也更愉快。因为这里曾经是宫廷的御用花园，各种假山、摆设、水池和人工湖都非常精致。光顾这些景点的人，穿着极其讲究、高雅，而且作为首都最好的阶层的居民代表，他们也很有趣。

　　在过去，当这些度假村都不存在的时候，人们唯一消遣的地方就是庙会。举办这种交易会的习惯由来已久，而且全国上下都非常重视。仅举一例，乾隆就曾在新年的时候，在他的颐和园主干道上竖起了摊位，供宫廷娱乐。那里有古玩摊位，刺绣店以及太监负责的画展，还有北京各大门店的产品。一切都是在真正的市场中公平完成的。就连小贩也被允许来此做生意，侍者和服务员也被从城里的主要餐馆带来以增添气氛。当皇帝陛下穿过集市时，侍者会大声喊当天的菜单，小贩们会叫喊他们的货物，店员们也会忙着叫出他们的产品。热闹的气氛让皇帝和他的客人们非常高兴，清朝的高官要员和他们的妻子也被邀请去买东西。这种盛况一直持续到第一轮结束时，摊位被拆除为止。①

　　在 1900 年之前的庙会，都是热闹非凡的。1900 年后，庙会则只能在英国使馆围墙外的蒙古市场举办。在这里，蒙古商人出售战争小号、佛像、祈祷轮、茶壶和镶嵌青绿色的粗糙银器等各种商品。这里的人群总是对少数民族的奇怪物品感兴趣。陌生人也会忍不住盯着草原上的女人们，因为她们身上有坚硬的衬垫和长长的辫子，而且辫子上还有用珍贵的珊瑚串成

---

① 慈禧太后在 1898 年从国家事务中退休后，在颐和园恢复了这种习俗。

的宝石。精明的中国商人都想尽办法诈骗这些女人，还有她们和蔼而憨厚的配偶。他们穿着羊皮袄，蹲在地上摸着几乎是方形的马靴。蒙古男人之于北京人，就像奥佛涅人之于法国小姑娘，或者是英国驾牛车去伦敦的乡巴佬之于伦敦的出租车司机一样。这些蒙古人无论他们去哪里，都会被人说笑话，而且经常被骗。

现在，北京的庙会还是热闹非凡，最著名也是最繁华的应数隆福寺、护国寺和琉璃厂庙会。隆福寺每月举行三次庙会，分别在中国农历的每月初九和初十、十九和二十、二十九和三十。隆福寺是明朝时（公元1451年），以极大的代价建造的所谓"永恒幸福"的寺庙，而且这座寺庙由喇嘛做主持。在雍正统治时期，隆福寺开始有了庙会，以庆祝寺庙的节日。从那以后，即使在1901的灾难性大火摧毁了宏伟的建筑后，庙会仍在继续。

这里出售各种各样的廉价商品。在外门，一群人围着一位带着许多小狗的人，这些小狗品种多样，而且它们有着红色的法兰绒舌头，非常可爱，惹得人们纷纷询问价格。

在庙会里面，现代的铜板、托盘和大小不一的古玩散落在地上或摊子上。庙会的一个角落里是卖蟋蟀和金鱼的市场，他们用精致的笼子装蟋蟀，而金鱼则各种各样，不过它们都有着美丽的尾巴，有的是两条尾巴，有的则是四条。我们想把它们全部买下来，然后放在盛满清水的盆里。但是小贩解释说，如果我们用清水盆养金鱼，金鱼就会死掉的；因为金鱼喜欢阴暗的角落，而且不喜欢清水。

不远处有一群寻找发饰的满族妇女，她们在围着卖人造花的小摊讨价还价。这些人造花都有着"纤细、细腻、完美的编织图案"，而且还像风吹叶子时，叶子随风摆动那样柔顺优雅，令人着迷。

我们跟着人群走到庙会中央，这里的摊位更多了。卖假发的摊位出售特别长的头发；卖蜡烛的摊位前摆满了婚礼专用的成盒的红色蜡烛；梳子摊，不仅卖梳子，还有几十把用来刮脸颊的小刀，小刀非常锋利；还有卖裤腿绑带的以及卖各种日用品的摊位。

在这些摊位中还有一些卖小吃的摊铺，他们将热气腾腾的食物放在露天的桌子上，疲惫的购物者们大都在这里休息并买些食物。兑换货币的人坐在他们旁边，手里拿着一排现金，放在他面前有沟槽的木盘里。而卖药草的人则选择一处比较清静的角落。在卖药草摊位的附近，有一位老头子，他摊位前整齐摆放着几十颗牙齿，他有声有色地叫卖着，随时准备为顾客服务。不远处还有算命的摊位，摊位前摆放着竹筒，里面放着好多细长的竹签。如果要算卦，那么他就先摇动竹筒，让算卦者自己抽竹签。如果是长竹签，那么祝福你，是支幸运签；如果是短竹签，那就代表不幸。不过你可以改天再过来算算。他边敲小锣，边念着一句孩子气的诗句做宣传语：

未卜先知，半仙卦，

算富贵，算平安，样样都灵验。

即使是先知，你也知道，除非他告诉人们他是先知，否则他永远不会因为预言而获得荣誉。

修眼镜的、剃须剃发的和卖廉价珠宝的，都在自己的摊位上忙着交易。如果你看到卖布的人，你一定无法拒绝他，因为他拉着棉布，一边唱着押韵的赞歌，一边展示着他的力量：

十文钱啊，十文钱，

再多花一点钱，

这布就赛从前，

只要十个大子，

布结实又好看，

只要你想买，

其他都好算。

他的歌曲可能并不怎么押韵，但是手势、声音、节奏都是独一无二的。下午的时候，我们打算慢慢穿过人群，打道回府，可是我们该如何形容这里如此诱人的、却又如此吵闹的庙会呢？这让人很难找到确切的形容词。

当我们走到玩具摊位的时候，感到一阵羞愧。我想每一个外国人都会被中国玩具制造商们惊人的聪明才智所打动。因为这些玩具的成本花费很小，但几乎与我们昂贵的玩具一样好。贫穷的日子教会了他们使用廉价的事物获得快乐，而并不需要昂贵成本。这是创造美好而神圣艺术的前提。几片粘在马毛上的小纸片被做成了在铜制托盘上跳舞的玩具，这种通过对托盘边缘的轻轻敲击而产生跳舞的设计令人感到非常好玩，但玩具的价格只有几分钱而已。还有一群玩具鹅，人只要通过松开或拧紧上面的弯曲柱子就可以操控它们，而且这种玩具也只要一分钱。纸上的蝴蝶在轻盈的树枝上飞舞。假花附着在真正的枝头上，绝对能够以假乱真。这些匠人们通常用纸、竹、稻草、黏土、木头或羽毛等最便宜的材料，做成最不可思议的玩具。但是，与欧美的洋娃娃相比，中国的儿童玩具更是独具特色。它的材料非常简单便宜，有的是烟盒，有的是泥巴，通过中国艺人的巧手制作成女神的塑像、穿着衣服的各种妖怪、各种大动物、小动物等等，应有尽有。这些形象如此传神，又如此有趣的玩具，让人看了爱不释手，不得不买。

护国寺的庙会，是仅次于隆福寺庙会的第二大集市。这个庙会每月有三次（在中国农历当月的初七和初八、十七和十八、二十七和二十八），这护国寺是一个为纪念忽必烈而建的喇嘛庙。明代的时候，这里曾经住着西藏的活佛，但是现在却成了一片废墟。在寺院里面举行的庙会是为了满足普通百姓的日常生活需要：扫帚、羽毛抹布、剪刀、勺子、堆成小堆的花生、最脆弱的玩具、最便宜的玻璃首饰等，各种货物，一应俱全。通往寺庙的街道两旁满是花店。这里还有不少古树，至少有一个是明朝时期①的，商贩们骄傲地介绍了两棵历史上可追溯到清朝的棕榈树，这种棕榈树也就是中国人常说的"铁树"。

这种树一般一个世纪只开一次花，根据历史记载，自从满族入主中原之后，这种树已经开了两次花了。外国游客对参观冬天的花草屋都非常感兴趣。这花草屋三面都是泥墙，还有泥屋顶，南面的窗户上贴着厚厚的白纸。这种屋子非常保暖，可以为棕榈树和各种花类提供温暖、湿润的庇护所。在干燥晴朗的冬季，这里可以长久保持均衡的温度。其中一些热屋还有地下烟道，这样可以使植物在新年时开花。在节日过后，花朵会慢慢凋谢，而花草屋内持续提供的暖气也使得牡丹花早早地绽放了。这里的矮橘树已经结了果实，还有一种叫"佛指"的花树，也结了果实，这种果实外形酷似人的手指，所以被人们形象地称为"佛指"树。这里的花和树，都是新年里人们最喜欢的礼物。商贩们通常将花树放到纸板篮中，里面再放个暖

---

① 北京的几家老店都有同样古老的历史，比如前门外的同仁堂药店。这家药店仍然使用现在无价的明代罐来保存来自欧洲和美国的最新药品。

手的火盆以免在运送途中凋谢。这些都准备好后，就送到买方指定的地点，在欢乐的季节，给房子或商店带来喜庆和吉祥。

在北京乃至全国各地，农历新年都是一个欢庆的节日——一个持续数周的节日，一个无限欢庆的节日。就好像全体人民大喊一声"把旧的一年扔掉，然后再换上一套新衣服"似的！新年中，最欢庆的庙会要数琉璃厂了。

如果有机会，我们一定要去。导游告诉我们，必须经过灯市街才能过去，我们听后欣然前往。因为交通太拥挤了，我们的人力车还没有步行快。但我们并不抱怨，因为街道上正在上演一场无止境的戏剧表演，人力车缓慢的速度让我们有更多的时间观看这里的热闹景象。街上几乎每个人都为这个节日买了一盏灯笼，而他们这个做法，令我们这些欧洲人感到非常困惑。有些是比较大的灯笼，有些是多角的或用纱布蒙着的灯笼，上面写着象征幸运愿望的字或者是主人的名字。有的灯笼是纸做的，有的是用木雕做成的，有的是丝绸的，还有一些有奇特的鸟形、螃蟹形或有节的甲虫和大黄蜂图案的灯笼，放眼望去，各种形状的灯笼令人眼花缭乱。不过这些东西很便宜，因为它们只是个玩具，它们没有光，要在里面放上蜡烛才行。但如今，随着路灯的改善和油灯的普遍使用，灯笼不再是装饰中国生活的必需品了。[①]

再往前走几步，我们发现自己来到了卖书的大街上。我们花了几个小时来游览这个中国文人们的度假胜地，就像我们巴黎的朋友在塞纳河边的小摊子做的那样。像寻宝藏一样寻找旧书，找那些著名的碑刻拓片，卷轴画卷。这些卷轴上还有诗词

---

① 在过去的日子里，所有的阶级都拿着灯笼，即使是哨兵也会在值班时使用。

和书法作品。我们留意了一幅画作，上面有迷人的风景——白雪皑皑的山脉，稻田里鸟儿飞舞在谷地上空，巨大的峡谷间有很多树木，一层层的山峦飘着云雾，是那么迷人。但是这是现代的画作，坦率地说，它的价格在 1 美元到 20 美元之间。

庙会上通常有各种各样的摊位，而在一个很大的空地上还有摔跤、坐骑、杂耍和木偶表演。当我们转到一条狭窄的小路上时，我们看到了一座火神庙。但这里已经不是庙宇了，它变成了一个商铺，里面出售珍珠、玉器和瓷器等商品。庙会是个充满诱惑的地方，真是人山人海啊！在这里走每一步都是挤来挤去。虽然举步维艰，但所有的人都在移动，更确切地说是从一个摊位挪到另一个摊位。这么多的人，如同浅滩上拥挤的鱼儿一般，一点一点地滑动着，但耐心和幽默感使人克服了头和肩膀的明显压力，使得相互之间都没有妨碍。

我们注意到，到庙会的最后一天，价格变得异常的高了。事实上，是令人望而却步的高。似乎商人们几乎没有期望卖出。这里的东西真的是摆着展览的，以吸引买家的注意，他们以后会去商店私下讨价还价，购买他们所见过和欣赏过的东西。然而，即使是看那些摆放出来的东西，也是一种幸福。

在琉璃厂外面的街道上，穷人们大都在这里的水果摊上买廉价的水果。这里就是北京的白梨堆。中国人有自己保鲜水果的秘方，他们把紫色的葡萄、红润的苹果和橙色的柿子放在一个古老的陶器里，然后用他们自己的冷藏方法储存起来，这样可以放一年，而且拿出来时还是鲜亮如新。这里的孩子们最喜欢的是用竹签串起来的冰糖葫芦，小贩经常用肩扛着一个插满冰糖葫芦的大棍子沿街叫卖。据说，冰糖葫芦是蒙古人发明的，他们脖子上系着绳子，戴着用这种方法保存下来的水果，经常在骑马或讨价还价的时候从项链上咬一口。其实，蒙古人发展了亚洲的甜食，带着他们对糖的爱，在征服过程中传给了土耳其人、波斯和东方的其他民族，所以他们的糖果可以追溯到曾经强大的可汗时期。琉璃厂著名的果脯店在原有配方上进行了改进，从而提高了自己的声誉，他们在绿色的玻璃瓶里为热心的顾客提供了一百种美味的蜜饯。

就像一些人所说的那样，北京人最喜欢的两种消遣就是：糖果和爆竹。当我们回去时，街道两边都燃放起了爆竹，这是中国人在庆祝幸福节日的结束。一切都像美梦一样过去了。现在，每家每户人家的祝福礼物——小梅树，都在凋谢。新的一年，辛苦的生活又要从头开始了，但宴会的欢乐气氛似乎仍然萦绕在客房里。也许这只是东方忙碌且辛苦的人们所特有的气氛，也许是千百年传承的记忆。

图书在版编目（CIP）数据

北京纪胜／王慕飞译著 . —北京：中国文史出版
社，2018.7
ISBN 978 - 7 - 5205 - 0440 - 9

Ⅰ．①北… Ⅱ．①王… Ⅲ．①名胜古迹—介绍—北京
②北京—地方史—史料 Ⅳ．①K928.701②K291

中国版本图书馆 CIP 数据核字（2018）第 175680 号

责任编辑：李军政

出版发行：**中国文史出版社**

社 址：北京市西城区太平桥大街 23 号 邮编：100811
电 话：010 - 66173572 66168268 66192736（发行部）
传 真：010 - 66192703
印 装：北京地大彩印有限公司
经 销：全国新华书店
开 本：710 × 1020 1/16
印 张：22.5
字 数：200 千字
版 次：2018 年 8 月北京第 1 版
印 次：2018 年 8 月第 1 次印刷
定 价：68.00 元